CATALOGUE

DU

MUSÉE ÉGYPTIEN

DE MARSEILLE,

PAR

M. G. MASPERO,

MEMBRE DE L'INSTITUT.

PARIS.

IMPRIMERIE NATIONALE.

M DCCC LXXXIX.

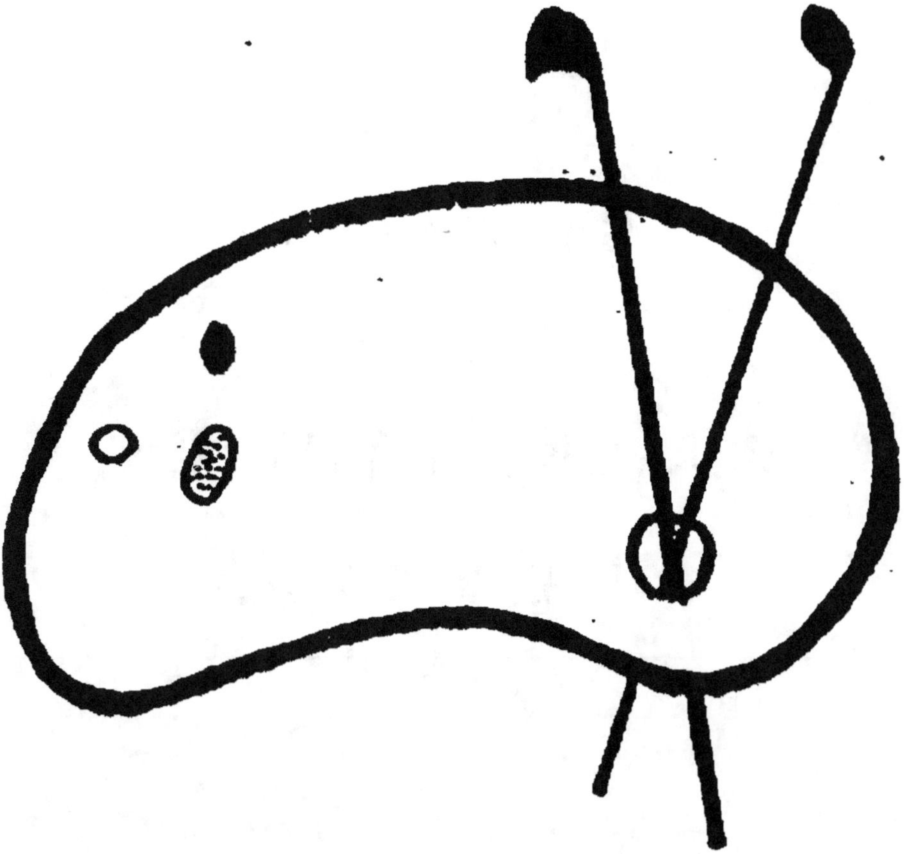

FIN D'UNE SERIE DE DOCUMENTS
EN COULEUR

CATALOGUE

DU

MUSÉE ÉGYPTIEN

DE MARSEILLE.

CATALOGUE

DU

MUSÉE ÉGYPTIEN

DE MARSEILLE,

PAR

M. G. MASPERO,

MEMBRE DE L'INSTITUT.

PARIS.

IMPRIMERIE NATIONALE.

M DCCC LXXXIX.

AVERTISSEMENT.

Les rapports entre la Provence et l'Égypte ont été continués pendant tant d'années qu'on s'attend naturellement à trouver ici un beau musée égyptien. Dès la fin du XVIe siècle, les savants marseillais priaient ceux de leurs compatriotes qui résidaient à Alexandrie de leur envoyer ou de leur rapporter des momies, des cercueils, des sarcophages, des statues; mais tous ces objets, après s'être arrêtés quelque temps en Provence, passaient aux mains des grands collectionneurs de Paris. Plusieurs, après avoir fait pendant longtemps l'ornement du Cabinet du Roi, ont fini par trouver asile à la Bibliothèque nationale ou au Louvre. Les seuls monuments qui soient demeurés à Marseille sont ceux qui y vinrent par hasard, apportés par des patrons de navires comme lest sans valeur : oubliés dans le coin d'un château (n° 7) ou dans un des magasins de l'Arsenal (n° 6), ils reparaissent à la lumière, l'un après l'autre. Quelques objets, offerts par des particuliers généreux (nos 2, 7, 32, etc.), furent recueillis par l'Ancien Musée, quelques autres achetés dans les ventes (nos 107, 112, etc.). Le tout réuni aurait tenu aisément dans une armoire, et Marseille serait aujourd'hui encore très pauvre en monuments égyptiens, si Clot-Bey ne lui avait donné d'un seul coup un musée complet.

La vie de Clot-Bey est trop connue pour qu'il soit nécessaire de la raconter en détail. Antoine-Barthélemy Clot, né à Grenoble le 7 novembre 1793, appelé en Égypte par

Mohammed-Ali en 1825, avait amassé une fort belle collection, pendant le séjour de trente-cinq ans qu'il avait fait en Égypte : établi à Marseille en 1860, il la céda à la ville, en 1861, pour un prix tellement modéré, qu'on peut considérer le marché comme un don déguisé. Il y a deux façons d'estimer une collection, par le nombre des objets qui la composent ou par la valeur : la sienne réunissait la quantité et la qualité. Non seulement il avait beaucoup acheté, durant son exil en Égypte, mais il avait choisi avec un discernement rare ce qu'il y a de plus intéressant parmi le fatras que les marchands d'antiquité ont l'habitude de vendre aux étrangers. Il laissait de côté les grosses pièces, ce dont on ne peut guère lui faire un reproche; les particuliers n'aiment pas d'ordinaire les monuments de transport et de placement difficiles. Il acquit pourtant, même en ce genre, des morceaux de très grande valeur : la table d'offrande à laquelle les égyptologues ont donné son nom (n° 4), l'autel en granit de Ramsès II (n° 5), la statue mutilée de Ramsès VI (n° 9). Mais les objets de petite dimension, statuettes en bronze ou en terre émaillée, amulettes, perles de collier, ustensiles de culte ou de vie privée, attirèrent son attention de préférence à tout le reste. Sans doute, les grands musées de Turin, de Paris, de Londres, de Boulaq, de Leyde, de Berlin possèdent plus de statuettes et en meilleur état qu'il n'en posséda jamais : la collection qu'il en assembla n'en est pas moins une des plus riches qu'un seul homme ait faite depuis le commencement de notre siècle. Certaines séries, celle des enseignes sacrées par exemple (n°s 632-648), n'ont d'égales qu'au Louvre et au British Museum. Les bronzes étaient ce qu'il aimait le plus, et l'affection qu'il leur portait leur a nui quelquefois. Il passait son temps à les nettoyer, à les parer, à les restaurer, et ces opérations exécutées parfois avec plus de zèle que de prudence, l'ont amené à en dénaturer quelques-uns. J'aurai à signaler plus d'une fois ces altérations, qui ont atteint même des statues en granit ou en bois. Le fait est regrettable; il serait impardonnable aujourd'hui; mais du temps de Clot-Bey, la manie des nettoyages et des remaniements à outrance était si forte, que personne n'y échappait, pas même les archéologues les plus renommés.

La collection Clot-Bey, transportée au Château-Borély, fut rangée par les soins de MM. Penon et Augier. Entretenue avec un soin particulier par ses deux conservateurs, elle s'est assez peu enrichie depuis lors. Elle reçut les quelques monuments qui se trouvaient à l'ancien Musée de la Ville, puis un lot assez fort de menus objets que le Musée du Louvre lui envoya: l'exemple de Clot-Bey ne trouva aucun imitateur parmi les nombreux Marseillais qui vont faire fortune en Égypte, et qui tous plus ou moins y achètent des antiquités. Les lacunes sont pourtant considérables. Sans doute, une ville ne saurait consacrer à l'achat des sommes aussi considérables que celles que le Gouvernement dépense pour le Louvre; cependant ce qui manque au musée de Marseille est si peu de chose à côté de ce qu'il possède déjà, qu'on obtiendrait beaucoup avec assez peu d'argent. Un musée égyptien doit avant tout donner l'idée de ce qu'étaient la religion, les mœurs, l'industrie de l'Égypte; il doit renfermer des spécimens de l'art à toutes ses époques. La collection Clot-Bey, formée par un homme qui n'était pas égyptologue, ne renferme pas certains objets d'usage commun dont les formes grossières ou mal connues n'attirent pas l'attention de l'amateur: on n'y trouve que fort peu d'armes, par exemple. La suite des stèles n'a qu'un fragment qui remonte jusqu'aux premières dynasties. Celle des cercueils n'a aucun spécimen des sarcophages en bois carrés à couvercle en dos d'âne, de la XXIIe dynastie. Ces lacunes seraient faciles à combler: quelques milliers de francs, dépensés judicieusement, compléteraient bientôt les séries.

On trouvera peut-être ce catalogue un peu long: j'aurais pourtant voulu l'allonger encore. L'Égypte est si loin de nous dans le temps, ses mœurs et sa religion diffèrent tant de notre religion et de nos mœurs que tout ce qu'on y rencontre a besoin d'être expliqué. Nous comprenons à demi-mot ce que l'antiquité grecque ou romaine peut avoir à nous raconter : nous sommes ses héritiers directs et son esprit n'est point mort parmi nous. Jupiter ou Zeus, Minerve ou Athéné, Poseidôn ou Neptune nous sont familiers dès l'enfance; César ou Trajan nous sont si bien connus par leurs portraits que nous les reconnaîtrions s'ils venaient à ressusciter au milieu de nous. Mais que dire d'Amon et de Khonsou, de Bîsou, de Sokhit, des Ousirtasen et des Thoutmos? L'âme égyptienne n'est point notre âme, l'univers égyptien n'est pas notre univers; à moins d'avoir étudié des années durant, nous avons peine à concevoir quelle tournure de corps ou d'esprit avaient les momies qui sont dans nos musées, du temps où elles n'étaient pas momies encore. Aussi ai-je multiplié les notices et développé les explications. D'autre part, je ne pouvais faire, à propos du Musée de Marseille, un cours complet d'archéologie égyptienne; le temps et l'espace m'auraient manqué. Je me suis donc résigné à supprimer beaucoup de détails intéressants, à dire brièvement bien des choses qui auraient gagné à être dites longuement, surtout à supposer connus du lecteur des faits et des principes que la plupart des lecteurs ne connaissent certainement pas. Ce catalogue piquera souvent la curiosité plus qu'il ne la satisfera : s'il peut l'exciter au point de pousser quelqu'une des personnes qui le feuilleteront à se renseigner auprès des savants spéciaux ou des livres d'égyptologie, je m'estimerai heureux.

Paris, le 25 décembre 1887.

G. MASPERO.

CATALOGUE

DU

MUSÉE ÉGYPTIEN

DE MARSEILLE.

§ 1. — STATUES, NAOS, AUTELS,

FRAGMENTS DE GROS MONUMENTS.

Le Musée de Marseille n'a point beaucoup de monuments qu'on puisse faire rentrer dans cette catégorie, mais la plupart de ceux qu'il possède présentent un grand intérêt pour l'histoire et pour la chronologie de l'Égypte.

1. **Basalte noir.** — Haut. 0 m. 45, larg. 0 m. 20 sur chaque face.

Fragment d'un petit obélisque, qui porte encore des inscriptions sur trois faces. Deux d'entre elles nous donnent un des titres de Ramsès II : «l'Hor vainqueur, riche en années, le très victorieux». La troisième racontait l'érection du monument : «le roi a fait un obélisque de basalte et l'a établi» devant un temple dont le nom est malheureusement détruit. Il y a des raisons pour croire que le fragment vient de Sân, et que l'obélisque auquel il a été arraché était un des nombreux monuments élevés par Ramsès II dans le grand temple de Tanis.

Les obélisques étaient probablement au début la forme régularisée de ces pierres levées qu'on érigeait en commémoration des dieux et des morts chez les peuples à demi sauvages. Les tombes les plus anciennes de l'Égypte en renferment déjà qui n'ont guère plus d'un mètre de haut et qui ne nous apprennent que le nom et les titres du défunt. A la porte des temples, ils atteignent souvent des dimensions considérables : 20 m. 75 à Héliopolis, 23 m. 59 et 23 m. 03 à Louqsor, 33 m. 20 à Karnak. Les obélisques étaient presque tous établis sur plan carré, avec les faces légèrement convexes et une pente insensible de haut en bas : on en rencontre pourtant, comme celui de Béguig dans le Fayoum, qui sont dressés sur plan rectangulaire. La pointe était

IMPRIMERIE NATIONALE.

coupée en pyramide et revêtue parfois de cuivre ou de bronze doré. Des scènes d'offrandes dédiées à différents dieux sont gravées sur les pans du pyramidion et s'étagent à la partie supérieure du prisme; le plus souvent les quatre faces verticales n'ont d'autre ornement que des inscriptions en lignes verticales consacrées exclusivement à l'éloge du roi constructeur ou à l'histoire du monument. — XIXᵉ dynastie. — TANIS.

2. **Granit rose.** — Haut. 1 m. 74, larg. 0 m. 94.

Naos donné au Musée de Marseille par Drovetti, ancien consul général de France en Égypte, le même dont la collection, achetée en 1820 par Charles-Félix, roi de Sardaigne, forme aujourd'hui le noyau du Musée de Turin. Les naos sont de petites chapelles en pierre ou en bois, munies de portes, où logeait en tout temps l'esprit, à certaines fêtes, le corps même d'un dieu, représenté par une statue, par un emblème tel qu'un sistre ou une égide, par un animal vivant, épervier, chacal, chat, bélier. Le naos du musée de Marseille ne porte aucune inscription; le fini du travail me porte à l'attribuer à la XIIᵉ dynastie, ou à une autre dynastie du Moyen Empire. Il est surmonté d'une sorte de fronton triangulaire qu'on ne rencontre pas d'ordinaire sur les naos de style purement égyptien. — XIIᵉ dynastie. — BASSE-ÉGYPTE.

3. **Granit gris.** — Haut. 0 m. 55, larg. 0 m. 43.

Tête et buste de la déesse Sokhit, à mufle de lionne. La déesse Sokhit, originaire de Létopolis, dans le Delta, mais devenue à l'époque historique l'épouse favorite du dieu Phtah de Memphis, était représentée d'ordinaire sous la forme d'une femme à tête de lionne. Le roi Amenhotpou III de la XVIIIᵉ dynastie lui avait consacré dans le temple de Mout, à Thèbes, une salle spéciale qu'il avait remplie de ses statues : il en restait encore plus de cent cinquante au siècle dernier, et c'est probablement de cette sorte de réserve que vient le fragment du Musée. Acheté en Égypte par Louis-Denis-Joseph Borély dans la première moitié du XVIIIᵉ siècle, il décorait le grand vestibule du château et fut vendu à la ville de Marseille par le dernier propriétaire, avec quelques autres monuments de même origine. Le travail en est excellent; la justesse des proportions, la finesse du modelé, la vérité de l'expression révèlent la main d'un artiste habile. On distingue encore par endroits les traces des couleurs dont la statue était revêtue ; les yeux étaient peints en rouge, le collier de poils qui encadre la face était blanc relevé de rouge, les pendeloques étaient rouges et blanches.

On trouvera, au nº 12, un autre fragment de même origine. — XVIIIᵉ dynastie. — THÈBES-KARNAK.

4. **Calcaire blanc.** — Haut. 0 m. 18, larg.

Le monument le plus important du Musée de Marseille. Il a déjà été publié et commenté dans les *Mémoires de l'Académie de Metz, 1863-1864*, par M. Ernest de Saulcy, frère du célèbre archéologue (*Étude sur la série des Rois inscrits à la salle des ancêtres de Thoutmès III*, Metz, F. Blanc, 1863, 102 p. et 13 pl.).

C'est une table d'offrandes. On appelle ainsi un bloc de pierre, le plus souvent rectangulaire et muni sur un des côtés d'une saillie creusée en gouttière, qu'on plaçait devant une statue ou devant une stèle pour y déposer les dons qu'on présentait aux dieux ou aux morts. La face supérieure en est évidée plus ou moins et porte fréquemment des pains en relief, des cuisses de bœuf, des vases à libations couchés à plat et les autres objets qu'on était accoutumé à employer au sacrifice. Une inscription gravée sur le pourtour ou sur la tranche nous apprend d'ordinaire le nom du personnage à qui la table était dédiée et celui des dieux auxquels l'offrande était adressée. La table du musée était décorée, selon l'habitude, de pains et de gâteaux disposés régulièrement aux deux extrémités, de deux vases à libations et à parfums, d'un grand panier chargé de figues. Elle appartenait au *Scribe dans la place de Vérité*, *Qen[na]*, qu'on voit sur la tranche de droite agenouillé et les deux mains levées en signe d'adoration devant une série de cartouches royaux : cette partie est assez maltraitée et les jambes du scribe ont disparu ainsi que la dernière syllabe de son nom. Ce sont les cartouches qui font l'importance du monument. On en compte en tout trente-quatre, répartis un peu irrégulièrement sur la face et sur les tranches. Ils ne représentent pas trente-quatre rois différents : plusieurs d'entre eux se trouvent en deux endroits et se rapportent à un même souverain. Même en tenant compte des répétitions et des doubles emplois, il nous reste dix-huit personnages, deux reines et seize rois qui se classent sans peine dans les XIe, XVIIe, XVIIIe et XIXe dynasties. Les noms des reines sont tracés sur le plat de chaque côté de la rigole, Ahmas-Nofritari à droite, Ahhotpou à gauche. Les douze cartouches qui sont disposés en guise de cadre autour des offrandes sont introduits par une formule qui montre que la prière était récitée en l'honneur des rois énumérés : « Proscynème au roi Ousirmari-Sotpenri, au roi Amenhotpou, au roi Menkhopirri, au roi Akhopirniri, au roi Menkhopriouri, au roi Zoserkhopriouri, au roi Menpehtiri, au roi Menmâri, » et à droite : « Proscynème au roi Ramsès-Miamoun, au roi Khrôounibri, au roi Akhopirkeri, au roi Nibmâouri. » Les vingt cartouches gravés sur la tranche appartiennent les deux premiers à Ramsès II, les deux derniers à son père Séti Ier. Dans l'intervalle s'échelonnent les noms de Snakhtouniri, Soqnounri, Ouazkhopirri, Nibkhrôouri, Nibpehtiri, Ahhotpou, Ahmas-Nofritari, Akhopirkeri, Menkhopirri, Akhopirniri, Zoserkeri, Akhopriouri,

Menkhopriouri, Nibmâouri, Zoserkhopriouri, Menpehtiri. Chaque roi égyptien avait deux noms, celui qu'il recevait à la naissance et celui qu'il prenait au moment de monter sur le trône. La plupart des rois ne sont mentionnés sur la table Clot-Bey que par ce nom d'intronisation : les voici dans l'ordre chronologique, avec leurs noms de naissance.

XIe DYNASTIE.

Nibkhrôouri [Mentouhotpou].

XVIIe DYNASTIE.

Snakhtounri.
Soqnounri [Tiouâqen].
Ouazkhopirri [Kamos].

XVIIIe DYNASTIE.

Nibpehtiri [Ahmos] et sa femme Ahmas-Nofritari.
Zoserkeri [Amenhotpou I] et sa femme Ahhotpou.
Akhopirkeri [Thoutmos I].
Akhopirniri [Thoutmos II].
Menkhopirri [Thoutmos III].
Akhopriouri [Amenhotpou II].
Menkhopriouri [Thoutmos IV].
Nibmâouri [Amenhotpou III].
Zoserkhopriouri [Harmhabi].

XIXe DYNASTIE.

Menpehtiri [Ramsès I].
Menmâri Siti-Minephtah.
Ousirmâri-Sotpounri Ramsès II Miamoun.

On s'est demandé pour quelle raison tant de noms royaux étaient réunis sur un monument dédié par un particulier. Le titre que porte celui-ci suffit à nous l'apprendre. Il était *Scribe de la place de Vérité*, c'est-à-dire attaché à la garde du grand cimetière thébain. Les rois avaient leur culte qu'on leur rendit des siècles encore après leur mort, et Qen[na], en sa qualité de *Scribe de la place de Vérité*, devait être attaché au culte de tous les Pharaons nommés sur sa pierre : au lieu de leur adresser son hommage à chacun séparément il leur adressa un hommage collectif.

Peut-être pouvons-nous rétablir l'état civil de ce Qen[na], si dévot. La stèle n° 38 du Musée a été dédiée à un certain Anhourkhâoui par son fils le prêtre de Phtah Qenna : malgré la différence des titres, je pense que ce Qenna est identique au Qenna de la table d'offrandes. Anhourkhâoui et toute sa famille appartenaient en effet au personnel de la *place de Vérité* : Anhourkhâoui a même fait représenter dans son tombeau une série de princes parmi lesquels on retrouve une bonne partie des personnages énumérés sur la table. Je suis porté à croire que notre monument et la stèle n° 38 proviennent d'une même trouvaille. — XXe dynastie. — THÈBES (GOURNET-MOURRAÏ).

5. **Granit noir traversé diagonalement d'une large veine rouge.** — Haut. o m. 54; larg. o m. 35 à la base, qui est écornée.

L'autel égyptien se composait d'un pied arrondi à base rectangulaire, surmonté d'une cuve hémisphérique. Le monument n° 5 est un pied d'autel brisé vers le milieu : les cartouches qui le recouvrent sont ceux des rois auxquels il était consacré. Il avait été dédié d'abord par Ramsès II, dont la légende royale est gravée sur la face antérieure; trois autres rois y inscrivirent successivement leurs noms, Ramsès III à droite, Ramsès VII à gauche, Ramsès IX sur la face opposée. Ce dernier, non content d'une seule mention, a intercalé ses cartouches prénom et nom de chaque côté de la légende de Ramsès VII. — XIXe-XXe dynastie. — MEMPHIS.

6. **Granit noir.** — Haut. o m. 15, larg. aux épaules o m. 45.

Statue de femme debout, brisée vers le milieu de la cuisse. La tête est fine et douce, malgré la mutilation du nez : elle était coiffée d'une coufiéh rayée dont les deux bouts retombent sur la poitrine. Le cou est paré d'un collier à cinq bandes, terminé par un rang de pendeloques. La robe, sorte de fourreau collant qui prend sous le sein et descend d'ordinaire jusqu'à la cheville, est garnie d'une bordure de o m. o3, rayée et peinte. Elle est assurée par deux bretelles étroites qui s'attachent symétriquement à la bordure vers le creux de la poitrine et montent droit vers le cou, pressant latéralement sur les seins de manière à les écarter l'un de l'autre. Le bouton du sein se cache sous une rosace dont la circonférence affleure à la bretelle. La main droite, qui pend le long du corps, serre une croix ansée à demi brisée; la gauche, ramenée sur la poitrine, tient un sceptre couronné d'une fleur de lotus épanouie. Les poignets sont ornés de bracelets. La colonne contre laquelle la statue est appuyée portait une inscription que Ramsès II a effacée soigneusement et remplacée par ses propres légendes : aussi, Ampère, qui signala le premier notre monument (*Voyage en Égypte et en Nubie*, p. 3-6), le prit-il pour le portrait d'une des filles de Sésostris. Le faire, qui est celui de la XIIe dynastie, nous oblige à repousser cette attribution. Je crois, pour mon compte, reconnaître les traits mutilés d'une reine Nofrit, femme d'Ousirtasen Ier, dont les statues sont à Boulaq.

Cette statue, originaire de la Basse-Égypte, peut-être de Tanis, fut apportée à Marseille au siècle dernier, probablement comme lest. Oubliée longtemps dans un coin du vieil Arsenal, elle en fut tirée au commencement de notre siècle et déposée au Musée de la ville : Fauris de Saint-Vincent l'y mentionne expressément dans le catalogue qu'il dressa en 1805. C'est là qu'Ampère la découvrit en 1843 dans l'angle d'une petite salle par où l'on passait pour aller du Musée à la Bibliothèque. Elle en sortit, vers 1864, pour venir rejoindre au Château-Borély la collection de Clot-Bey. Elle n'est point sans valeur artistique : les bras et la gorge surtout sont traités avec un sentiment et une liberté remarquables. C'est un bon morceau d'une époque dont les œuvres sont rares dans les musées européens. — XIIe dynastie. — BASSE-ÉGYPTE.

7. **Granit rose.** — Haut. 0 m. 67, larg. à l'épaule, 0 m. 38. (Don de M. de Crosets d'Alayer).

Un homme debout, coiffé de la perruque courte, vêtu du jupon rayé tombant à mi-jambe, serrant de la main gauche contre la poitrine un bâton ou un sceptre brisé. Le nez a été cassé, les bras ont disparu ainsi que les jambes. Aucune inscription ne révèle le nom du personnage représenté ; à n'en juger que par le style du morceau, il devait vivre vers l'époque de la XIIe dynastie.

Comme la précédente, cette statue a été trouvée en Provence, dans des fouilles exécutées au château de Vents, siège d'une ancienne commanderie de l'Ordre du Temple. Elle fut apportée du Delta, sans doute comme lest, à la suite de quelque expédition ou de quelque voyage. — XIIe ou XIIIe dynastie. — BASSE-ÉGYPTE.

8. **Granit noir.** — Haut. 0 m. 39.

Homme accroupi tenant à la main une fleur de lotus. Les inscriptions qui recouvrent les trois faces ont été publiées et traduites par M. Édouard Naville (*Un fonctionnaire de la XIIIe dynastie, d'après un monument appartenant au musée de Marseille*), dans le *Recueil de travaux relatifs à l'archéologie et la philologie égyptiennes et assyriennes*, t. I, p. 107-112.

Le personnage ainsi représenté était un prince héréditaire du Fayoum qui vivait dans les premiers temps de la XIIIe dynastie. Il s'appelait Sovkhotpou, fils de Kapou et de la dame Miri, et l'inscription tracée sur le côté droit de sa statue nous fait connaître sa biographie. « J'ai suivi [mon maître] et j'ai empli le cœur du roi ; car, lorsque Sa Majesté voulait se réjouir et se divertir à son heure en parcourant les fourrés de plantes aquatiques du Fayoum et en faisant des battues sur les étangs pour tuer [l'hippopotame], percer du trident les poissons et chasser les oiseaux, comme un roi chasseur qu'aime [le dieu des chasses] et que chérit Sovkou, un maître des deux mondes qui conçoit et exécute lui-même [ce qu'il conçoit], alors j'étais [derrière lui].» Les deux autres inscriptions ne contiennent que des prières en faveur de ce grand chasseur. En face, c'est un «proscynème à Sovkou, dieu de la ville de Shoditi (capitale du Fayoum, la Crocodilopolis des Grecs), Hor [qui est coiffé] du diadème flanqué des deux plumes, et dont le front est orné de nombreuses coiffures, pour qu'il donne ce qui paraît sur la table du dieu, d'entrer et de sortir librement de son temple par la grâce du roi, de recevoir les gâteaux qu'on met devant le dieu, en ses fêtes, au double du prince héréditaire, compagnon du roi dans les districts intérieurs du Fayoum, le vrai favori de son maître, surintendant des chasses de plaisance, surintendant des prophètes de Sovkou, dieu de Shoditi, commandant en chef du Fayoum, Sovkhotpou». A gauche, Sovkou et Osiris du Fayoum sont adjurés de donner «des rations en pains, liqueurs, bœufs, volailles, étoffes, parfums, solides et liquides, au double du prince héréditaire, surintendant des prophètes de Sovkou, Sovkhotpou». Ce personnage prend la parole: «O vous qui vivez encore sur terre, Pères divins, prêtres, officiants, horoscopes, tous tant que vous êtes, qui avez dévotion pour Sovkou de Shoditi, Hor résidant au Fayoum, dites: «Offrande en milliers de toutes choses bonnes et pures au double du commandant du district du Nord et du district du Midi, Sovkhotpou». — XIIIe dynastie. — FAYOUM.

Nous retrouverons sur d'autres statues, sur les stèles, sur des objets mobiliers en bois ou en pierre, la formule du proscynème qui se lit sur le monument de Sovkhotpou. C'est que les idées qui ont présidé à la fabrication et à l'érection de tous ces objets dérivent toutes d'une source commune: la conception que les Égyptiens avaient de l'âme humaine, de sa nature et de ses destinées. Ils envisageaient de différentes manières ce qui survit de l'homme après la mort. Pour les uns, c'était le *double*, c'est-à-dire un second exemplaire du corps en une matière moins dense que la matière corporelle, une projection colorée de l'individu, le reproduisant trait pour trait, enfant s'il s'agissait d'un enfant, femme s'il s'agissait d'une femme, homme s'il s'agissait d'un homme. Pour d'autres, c'était une ombre, l'ombre même qui suit le corps pendant la vie; pour d'autres, une forme lumineuse (*khou*); pour d'autres, quelque chose de léger et d'aérien qu'on représentait sous la figure d'un oiseau, épervier à tête humaine, vanneau, grue (*baï, bi*); pour d'autres enfin, je ne sais quoi de composite qui tient à la fois du double et de l'ombre, de l'esprit et de l'oiseau. Le lieu où réside cet être mal défini est, pour les uns, le tombeau même qui renferme le corps; pour les autres, notre monde entier ou celle des régions de notre monde où il lui plaît de se transporter; pour beaucoup, un monde différent du nôtre et qu'on atteignait après un voyage plus ou moins pénible. Sous quelque forme et en quelque lieu qu'on se l'imaginât, l'âme était sujette à la souffrance, à la faim, aux accidents, à la mort même, comme le vivant dont elle était le reste. Il fallait lui assurer un appui, la protéger, l'habiller, la nourrir, l'armer, et c'est à quoi servaient, comme nous aurons occasion de le voir, tous les objets déposés dans la tombe, presque tous ceux qu'on rencontre dans nos musées. Les statues lui étaient aussi nécessaires que le reste. Le corps sur lequel elle s'était appuyée pendant la durée de son existence terrestre, défiguré par la momification, ne rappelait plus que de loin la figure du vivant. Il était d'ailleurs unique et facile à détruire : on pouvait le brûler, le démembrer, en disperser les morceaux. Lui disparu, que serait devenu le double? Il s'appuyait sur les statues. Les statues étaient plus solides, et rien n'empêchait de les façonner en la quantité qu'on voulait. Un seul corps était une seule chance de durée pour le double; vingt statues représentaient vingt chances. De là ce nombre vraiment étonnant de statues qu'on rencontre quelquefois dans une seule tombe. La piété des parents multipliait les images du mort, et, par suite, les supports, les corps impérissables du double, lui assurant par cela seul une presque immortalité. Cette conception exerçait nécessairement une influence considérable sur l'art du sculpteur. Du moment que la statue est le soutien du double, la première condition à remplir pour que celui-ci puisse s'adapter aisément à son corps de pierre, c'est qu'elle reproduise au moins sommairement les proportions et les particularités du corps de pierre. La tête est donc un portrait fidèle. Le corps, au contraire, est un corps moyen qui montre le personnage au meilleur de son développement et lui permet d'exercer parmi les dieux la plénitude de ses fonctions physiques : les hommes sont toujours dans la force de l'âge, les femmes ont toujours le sein ferme et les hanches minces de la jeune fille. C'est seulement dans le cas d'une difformité par trop forte qu'on se départait de cet idéal. On donnait à une statue de nain toutes les laideurs d'un corps de nain, et il fallait bien qu'il en fût ainsi. Si l'on avait mis dans la tombe une statue régulière, le double, habitué pendant la vie terrestre à la difformité de ses membres, n'aurait pu s'appuyer sur ce corps redressé et n'aurait pas été dans les conditions nécessaires pour bien vivre désormais. La statue, faite à l'image du corps, en était censé posséder toutes les fonctions : on lui offrait les viandes et les boissons du repas funéraire, on lui récitait les prières et, pour que leur efficacité ne s'affaiblît point, on les traçait sur la base, sur le dos, sur les genoux. Une portion de l'âme y était enfermée par la consécration et y vivait désormais. Cette croyance religieuse, changée en superstition populaire, subsiste encore aujourd'hui en Égypte. Les statues sont, au dire des fellahs, habitées par un mauvais génie, par un âfrite, dont on ne peut annuler l'influence que par des coups ou des mutilations répétées. C'est pour cela que la plupart d'entre elles sont brisées ou perdent au moins le nez et les oreilles au moment de la découverte.

9. **Granit gris taché de rose.** — Haut. 0 m. 72, larg. à l'épaule 0 m. 37.

Statue royale, brisée au-dessus du genou. Deux cartouches tracés l'un sur l'épaule droite, l'autre sur l'épaule gauche, nous apprennent qu'elle représente Ramsès VI; l'inscription gravée dans le dos n'est que le commencement d'une légende banale à l'éloge du Pharaon. Ramsès VI était coiffé de la perruque courte : il tenait à deux mains un emblème brisé, dont l'extrémité s'étalait sur le bas de la poitrine. La facture du morceau est des plus médiocres et trahit la décadence. — xxe dynastie. — Thèbes.

10. **Granit noir.** — Haut. 0 m. 54, larg. aux épaules 0 m. 22; haut. du socle 0 m. 065, long. 0 m. 35, larg. 0 m. 31.

Ce monument a été fabriqué pour Clot-Bey avec les débris de deux statues d'époque saïte, représentant l'une un homme debout sans inscription dans le dos, l'autre un homme accroupi avec inscription dans le dos. La partie supérieure est en un granit noir semé de grains blancs, l'inférieure en un granit noir semé de points rouges. Les deux pièces sont soudées au moyen d'un ciment très dur peint en noir brillant; la ligne de suture est partout très visible. L'ensemble manque de proportion : la statue qui a fourni le buste avait une taille légèrement supérieure à celle qui a fourni les jambes.

Aucune inscription n'indique le nom du personnage dont la partie du haut nous a conservé le portrait. La partie inférieure appartenait à un certain cousin royal Petoubastit, qui vivait sous le Pharaon Apriès et avait pris comme surnom le nom Ouahibri, de ce monarque. Les inscriptions sont mal gravées et remplies de fautes : le sens en est cependant très clair, grâce aux formules de même espèce qu'on rencontre fréquemment sur les monuments. La première est écrite sur la table d'offrandes que la statue tient appuyée sur ses genoux. Le mort prend la parole et s'adresse à la postérité : «O vous tous, prophètes, prêtres, horoscopes du temple de Phtah, qui avez accompli les liturgies pour les dieux et les mânes sur la table d'offrandes, de votre propre main, et qui avez dit : «Proscynème à Phtah-Sokaris pour «le double de Petoubastit, afin qu'il soit sur la barque de Sokaris et «qu'il reçoive sa part d'éternité à la tête des bienheureux», puissiez-vous transmettre vos dignités à vos enfants!» La seconde, qui est tracée en avant des genoux, sur le plat du socle, et se prolonge sur la tranche, est comme la suite de la première : «Les grands [le] louent à cause de ses qualités; les petits l'adorent à cause de sa bonne nature, lui le basilico-grammate Petoubastit, et il dit : «O vous tous, «prêtres, horoscopes du temple de Phtah....., je suis un noble sage «en tout ce qu'il a fait; j'ai fait ce qu'aiment les hommes et ce que

« louent les dieux; je suis entré au palais sur le rapport favorable des « prophètes et des prêtres; j'en suis sorti en joie par l'ordre du roi « Apriès, vivant à jamais. Levez la voix, ô vous qui viendrez plus « tard, voyant que nul autre n'a fait pareille chose pour vous, et disant : « Nous qui sommes la postérité, c'est la vérité que disent les ancêtres; « ces qualités excellentes subsistent encore [parmi nous]. » Cette fin de panégyrique n'occupe que deux des côtés du socle. Le texte qu'on lit sur les deux autres ne contient plus qu'un éloge relativement modéré du personnage : « Le bienheureux près Phtah-Sokaris et près le roi Apriès, vivant à jamais, celui qui a levé le bras dans le temple avec l'offrande, les parfums, la libation, avec toutes les choses bonnes et pures dont vit un dieu, pour le double du cousin royal Ouahibri. » Les deux lignes mutilées qui sont gravées dans le dos nous font connaître les restes d'une formule de dédicace fréquente à l'époque saïte, et d'une prière adressée à un dieu, probablement Phtah-Sokaris, pour que la statue demeure à jamais debout dans son temple. — XXVIe dynastie. — Mit-Rahinèh (Memphis).

11. **Calcaire blanc.** — Haut. 0 m. 26.

Ce monument a été publié et commenté par M. Édouard Naville (*Le roi Teta Merenphtah*) dans la *Zeitschrift für Ægyptische Sprache und Alterthumskunde*, 1878, p. 69-72. Il représente un petit naos rectangulaire, sur lequel était assise une statue dont il ne reste plus que les jambes : deux personnages, homme et femme, aujourd'hui sans tête, sont agenouillés devant le naos, les bras levés en signe d'adoration. Le dossier de la statue, les deux faces du naos, la base du monument sont couverts d'inscriptions.

Elles nous apprennent que la statue à moitié détruite appartenait au premier roi de la VIe dynastie, Teti, et que les deux personnages agenouillés s'appelaient : l'homme, Amenouahsou, scribe de la table du roi; la femme, Honitouôtbou, chanteuse d'Amon de Karnak. Au dossier et sur la base, ce sont des proscynèmes à Osiris, roi de l'éternité; à Isis, la grande mère du dieu; à Phtah-Sokaris, pour qu'ils accordent diverses faveurs à Amenouahsou, « une longue vie, un corps en joie, la durée pour sa statue en présence des dieux. » Jusqu'à présent, il n'y a là rien de bien important : les figures et les légendes du naos offrent plus d'intérêt. Le roi y est représenté debout dans une pyramide pointue, son nom à côté de lui, deux fois avec cartouche, deux fois sans cartouche. A gauche, la prière est récitée par Amenouahsou : « Adoration à Osiris, proscynème à Teti Mirniphtah, que fait le scribe de la table royale, Amenouahsou, disant : « O vous tous, gens qui viendrez pour faire offrande en cette place, qui donnerez des gâteaux et répandrez la libation en présence de cette statue, qu'on vous donne [en récompense de votre piété] des pains du temple de

Phtah, la libation et les offrandes d'Héliopolis, dans la nécropole de Memphis.» A droite, Honitouôtbou répète une formule analogue en agitant le sistre. Le son du sistre avait la vertu d'écarter les mauvais esprits et, par conséquent, d'assurer l'intégrité du sacrifice.

La pyramide du roi Teti a été découverte en 1881, un peu au nord-ouest du village de Saqqarah. Tous les rois recevaient un culte après leur mort, et les monuments nous prouvent que ce culte se perpétua jusqu'à l'époque romaine : il n'y a donc rien d'étonnant à le trouver en vigueur, sous la XIXe dynastie, au temps où la statue du Musée de Marseille fut érigée et consacrée. Teti reçoit ici l'épithète de *Mirniphtah*, l'aimé de Phtah, qu'il n'avait point portée pendant sa vie. Peut-être faut-il l'expliquer par un simple sentiment de piété qui poussa Amenouahsou à exprimer l'estime dans laquelle le dieu local Phtah devait nécessairement tenir un roi enterré sur son territoire; peut-être faut-il y reconnaître une allusion à l'histoire de l'époque. Les Pharaons de la XIXe dynastie avaient une dévotion spéciale pour Phtah; les deux Séti joignent à leur nom la qualification d'*aimé de Phtah*, qui sert de nom au successeur de Ramsès II, Minéphtah, et un autre se fait appeler *Siphtah-Minéphtah*, le fils de Phtah aimé de Phtah. Amenouahsou a probablement ajouté au nom du vieux roi Teti le nom ou le surnom d'un des rois sous lesquels il vivait. — XIXe dynastie. — SAQQARAH.

12. **Granit rose.** — Haut. 0 m. 19, larg. 0 m. 16.

Mufle de lionne provenant d'une statue de la déesse Sokhit, analogue à celle qui est enregistrée plus haut sous le n° 3 (p. 2). — XVIIIe dynastie. — THÈBES.

13. **Calcaire blanc.** — Haut. 0 m. 28.

Fragment de statue représentant un homme paré de la robe plissée et de la perruque à petites tresses du temps de Ramsès II et de Minéphtah. Le tout est peint en jaune clair. Dans le dos, double proscynème à Osiris-Onnophris, roi de l'éternité, et à Phtah-Sokar-Osiris dans le cercueil, interrompu par la cassure du monument. Le nom du personnage a disparu. — XIXe dynastie.

14. **Schiste verdâtre.** — Haut. 0 m. 27, haut. du socle 0 m. 09, long. 0 m. 28, larg. 0 m. 105.

Personnage agenouillé : le torse manque. La statue représentait un certain Bisa, fils de Zodisi-Afònkh. Il tenait devant lui, à deux mains, un petit naos dans lequel est debout un Hor enfant, nu, le doigt à la bouche, la longue natte de cheveux pendant sur l'oreille droite, et foulant aux pieds neuf arcs, symbole des peuples ennemis de l'Égypte, gravés devant lui à l'extérieur du naos, sur le soubassement. Trois disques ailés superposés ornent la corniche; sur les montants de droite et de gauche s'étale la légende royale de Psamitik II, sous qui vivait notre personnage. Les inscriptions gravées sur le plat du socle, sur la tranche, sur le dossier de la statue, sont à moitié détruites: la pierre dans laquelle le monument a été taillé s'effrite chaque jour et efface les textes lettre à lettre. C'était, selon l'usage, un éloge du mort et des souhaits de prospérité en faveur de son âme. — xxvie dynastie.

15. **Schiste verdâtre.** — Haut. o m. 17, haut. du socle o m. 064, long. o m. 20, larg. o m. 073.

Personnage agenouillé, tenant à deux mains un naos évidé pour recevoir une image de dieu; le haut du naos et le torse de l'individu ont disparu. Le nom est écrit sur le plat du socle: «Le cousin du roi qui l'aime, Ouahibri-menkhou, fils de la dame Sitâhâ.» Il dit: «Je me suis mis à la suite de tes perfections, ô Osiris!» L'inscription gravée sur la tranche exprime la même idée un peu plus longuement développée: «Le bienheureux près d'Osiris Ouahibri-menkhou, fils du général Pentanouhibabit, dit: «Je me suis mis derrière Osiris, car il protège les membres [du mort], et je sais qu'il est plus grand que les dieux.» Sur le dos de la statue, débris d'une inscription terminée par le nom du mort. — xxvie dynastie.

16. **Granit noir.** — Haut. o m. 365.

Personnage debout, tenant devant lui, à deux mains, un naos sur le devant duquel est appliquée une grande figure d'Osiris-momie. Travail très fin, mais le nez est endommagé; les yeux sont relevés de noir et de blanc. Dans le dos, version abrégée de la légende ordinaire de cette époque, donnant le nom du personnage représenté, le chef de ville, Osirinakht, et celui de son fils Ouahibri, qui lui dédie la statue. — xxvie dynastie.

17. **Bois.** — Haut. o m. 63.

Homme debout, marchant, vêtu d'une jupe courte et coiffé d'une perruque de petite taille à boucles étagées. Le pied gauche a été refait; l'uræus en bronze que le personnage porte au front est une fantaisie de Clot-Bey. Cette statue, trouvée dans un tombeau de Gizèh, remonte à l'ancien empire: la facture en est médiocre et rappelle celle des trois statues en bois du même temps que le Louvre a achetées il y a une quinzaine d'années. — ive ou v[e] dynastie. — Gizèh.

18. Bois. — Haut. 0 m. 36.

Statue analogue à la précédente. Le personnage est vêtu de la longue jupe et peint entièrement de rouge, sauf les cheveux, qui sont barbouillés de noir. Les deux pieds avaient disparu : l'un d'eux a été remplacé par un pied moderne. Le travail est très soigné, mais exécuté par une main malhabile. — IVe ou Ve dynastie. — Gizèh.

19. Bois. — Haut. 0 m. 31. (Don du Louvre, E 5348.)

Statuette représentant un homme debout, revêtu du caleçon serré à la taille, coiffé de la perruque à petites mèches. Les pieds et les bras ont disparu ; les jambes ont cruellement souffert. La face a été retaillée brutalement par une main moderne. — XIXe-XXe dynastie. — Thèbes.

§ 2. — STÈLES.

Les plaques de pierre rectangulaires ou arrondies au sommet qu'on appelle *stèles* ne sont pas de simples épitaphes chargées de rappeler aux générations futures l'existence de tel ou tel individu. Elles marquaient à l'origine l'endroit du tombeau par où le mort était censé avoir accès au caveau où reposait sa momie : c'était la porte simulée de la *maison éternelle* et on lui donnait la semblance d'une porte, un peu étroite, un peu basse, munie d'un seuil et d'un linteau, mais close. Des figures sont tracées sur les montants et représentent le mort ou des personnes de sa famille. Une inscription, gravée sur le linteau, nous apprend son nom et ses titres. Une petite scène, sculptée sur la pierre qui ferme la baie, le montre assis devant sa table, et souvent même on a pris soin de tracer devant lui le menu du repas. La stèle est comme un résumé du tombeau entier : elle figure en petit la maison du mort, et les formules ou les tableaux dont elle est couverte assurent au personnage nommé sur elle les moyens de vivre dans l'autre monde. Le musée de Marseille ne possède malheureusement aucun spécimen complet de ce qu'étaient les stèles de l'époque la plus ancienne qui nous soit connue jusqu'à présent ; il n'a qu'un seul fragment insignifiant d'une grande stèle de la Ve dynastie.

20. **Calcaire blanc.** — Haut. 0 m. 14, long. 0 m. 24, (Cl.-B. n° 31).

Linteau d'une stèle votive en forme de porte. Les hiéroglyphes tracés en trois petites colonnes verticales nous donnent les titres et le nom du mort : «*Le* cousin royal de Pharaon, Shepseskafônkh.» Son nom était, selon un usage fréquent, formé avec le nom du roi sous lequel il était né, *Shepseskaf* et d'une épithète, ici *ônkh*, *vivant*, et signifiait donc *Shopseskaf-le-vivant*, *Shopseskaf-vit.* Shopseskaf est le dernier roi de la quatrième dynastie, le successeur immédiat du Mykérinos qui construisit la troisième des grandes pyramides. Le fragment n° 20 remonte donc à quatre mille ans au moins avant notre ère. — Gizéh.

Plusieurs stèles du type de celle dont provient le fragment n° 20 atteignent les dimensions d'une porte monumentale. La plupart sont assez petites, et chacun des éléments qui les composent a perdu sa valeur architectonique. Les montants, les linteaux, la baie ne sont plus indiqués que par un relief de quelques centimètres; bientôt même, le relief disparaît complètement et il ne demeure plus qu'une dalle plate. Elle est parfois surmontée d'une corniche en saillie; parfois aussi elle s'arrondit au sommet. En même temps que la forme se modifie, la nature des représentations et le sens des inscriptions changent sensiblement. La formule qu'on y rencontre le plus fréquemment est conçue à peu près en ces termes : «Présentation par le roi de la table d'offrandes au dieu X, pour qu'il donne des provisions en pain, en eau, bœufs, volailles, en lait, en vin, en bière, en vêtements, en parfums, en toutes les choses bonnes et pures, dont vit un dieu au *double* de *N*, fils de *N*.» Les vivants n'étant pas en communication directe avec les morts, étaient contraints d'employer plusieurs intermédiaires pour arriver jusqu'à eux. Ils commençaient par déclarer que c'était le roi et non eux-mêmes qui faisaient l'offrande : le roi, descendant du dieu soleil et son incarnation sur terre, était en effet le seul homme en Égypte qui eût assez en lui de la nature des dieux pour s'adresser directement à eux. C'est là ce qui nous explique la présence constante de cette phrase : «Présentation par le roi de la table d'offrandes» *Souton di hotpou*, en tête de la formule des stèles. D'autre part, le roi, étant sur terre, ne correspond point par lui-même avec les morts : s'il leur remettait directement quoi que ce fût, il empiéterait sur les droits de suzeraineté des dieux leurs maîtres. Il prie donc un dieu de leur transmettre l'offrande. Le seul privilège qu'eût le dédicateur ou la famille était de choisir parmi les dieux celui qui lui plaisait le mieux ou qu'il croyait devoir accueillir le plus favorablement sa prière. Le *double* des pains, des boissons, de la viande, parvenait au dieu désigné, qui en prélevait une partie pour lui-même, comme droit de courtage, et remettait le reste au *double* de l'homme qui s'en nourrissait. Il n'y avait même pas besoin que cette offrande fût réelle pour être effective : le premier venu répétant la formule de l'offrande en faveur d'un mort lui assurait par cela seul la possession de tous les objets qu'il énumérait. Aussi ajoutait-on parfois à cette première formule une seconde adjuration adressée à ceux que le hasard amènerait devant la stèle : «O vous tous qui vivez encore sur terre, scribes, prêtres, gens de la ville qui passez devant ce monument, si vous aimez la vie, si vous détestez la mort et que vous vouliez transmettre certainement votre héritage à vos enfants, dites de votre bouche : «Offrande par milliers de pains, de vases d'eau, de bœufs, de volailles, de parfums, d'étoffes, de toutes les choses agréables et douces dont vit un dieu à N, fils de N.» Ces deux inscriptions forment la partie importante de la stèle : le reste n'a plus qu'une valeur secondaire. Parfois on met en tête un nom de roi et une date : c'est par là que les stèles funéraires rendent souvent de grands services à l'histoire. Plus rarement, on raconte la vie du mort, les rois qu'il a connus, les faveurs qu'il a reçues, ses vertus, ses richesses. Quelquefois, il est figuré seul, ou accompagné de sa femme ; le plus souvent, on a placé devant lui celui des membres de la famille qui a dédié la stèle, la famille entière jusqu'à la quatrième génération, les domestiques, les amis et connaissances, chacun avec l'indication du degré de parenté et du métier qu'il exerçait. C'est la société égyptienne tout entière qui revit devant nous depuis Pharaon jusqu'au plus humble de ses sujets. Le Musée de Marseille, sans être très riche en stèles, en possède d'assez intéressantes.

21. **Calcaire blanc.** — Haut. o m. 31, larg. o m. 25.

C'est une simple plaque rectangulaire. Le «parfait selon Osiris, maître de l'Occident, Hotpi, né de la dame Hotpitiou», et sa femme, la «parfaite selon le dieu grand maître du ciel, selon Anubis, Titi, née de la dame Koukou», sont debout devant une table d'offrandes basse. Entre les deux, un petit personnage armé d'une badine est debout, leur fils Antouf, né de Titi. Les figures sont ciselées avec toute la délicatesse dont est capable le ciseau égyptien. Le corps de la femme dessine sous le fourreau d'étoffe qui la serre des formes d'une élégance un peu grêle : le corps de l'homme, plus ferme et plus massif, n'est pas traité avec moins d'habileté que celui de sa compagne. La stèle n° 21 est l'œuvre d'un artisan fort habile et instruit des traditions de la grande école de sculpture memphite. — XIIe dynastie. — Abydos.

22. **Calcaire blanc.** — Haut. o m. 40, larg. o m. 31.

Dans le cintre, plane le disque du soleil muni de deux longues ailes. Sous le disque, un grand cartouche debout renferme le prénom Rânimâît d'Amenemhâît III, de la XIIe dynastie. A droite, Osiris en forme de momie, debout, le sceptre aux mains, à gauche, le dieu-chacal guide des chemins célestes, seigneur du tombeau, assurent le roi de leur amitié éternelle. Comme on voit, la scène est au ciel, parmi les divinités auxquelles le roi va transmettre la prière adressée en faveur du mort : «Offrande à Osiris, dieu grand, maître du ciel pour qu'il donne le pain, l'eau, les bœufs, les volailles, les étoffes, toutes les productions de l'année, toutes les denrées, un millier de toutes choses bonnes et pures au double d'Ousirtasen-sonbou, Sovkhotpou, fils de Sovkariou». Aux registres suivants, nous sommes sur terre. A droite le mort et sa femme sont assis devant un tas de victuailles qu'ils paraissent présenter au père de Sovkhotpou, le propriétaire Amoni, qui est assis à gauche et flaire une fleur de lotus largement épanouie. Les quinze colonnes verticales d'inscriptions tracées sous ce tableau renferment les noms des parents et des domestiques qui ont participé à la cérémonie. C'est l'employé Hotpou et sa femme Honti, l'employé Hantiounofir et sa femme Ati, une autre dame Ati et une dame Pepi, puis le pilote d'avant Kaï et sa femme Kimous, un mécanicien attaché au prince Pepi, un second pilote d'avant Animabti et sa femme Mirit, le propriétaire Hotpou, et enfin le chasseur au désert de la maison d'Amoni. Tout ce monde appartenait à la petite bourgeoisie, aussi la stèle est de travail médiocre : elle n'a pas dû coûter cher à graver. — XIIe dynastie. — ABYDOS.

23. **Calcaire blanc.** — Les figures coloriées, les bandes d'hiéroglyphes passées au jaune. — Haut. 0 m. 40, larg. 0 m. 31.

Dans le cintre, deux chacals affrontés sont accroupis sur un petit piédestal en forme de chapelle. Ce sont les deux guides du soleil à travers le ciel du midi et le ciel du nord, c'est-à-dire, sur les chemins qui mènent de l'Orient au Sud et du Sud à l'Occident le long des parois du monde, pendant le jour, à travers les vallées de l'autre monde pendant la nuit : ils servaient de guide au mort qui est identifié avec le dieu Soleil. Le chacal de droite s'appelle *«Celui qui préside à la bandelette»*, le chacal de gauche *«Celui qui est sur sa montagne»* et ces deux noms font allusion au double rôle du dieu chacal Anubis : il veille à l'ensevelissement de la momie et l'accueille dans la montagne où est creusé le tombeau.

Le personnage à qui la stèle est dédiée est figuré au troisième registre. C'est le cousin royal Khnoumsou, fils de la dame Ki. Il est assis devant un tas d'offrandes que deux rangées de parents accroupis devant lui présentent à son intention au dieu des morts, Phtah-sokar-Osiris, maître d'Abydos. La généalogie de sa famille se rétablit comme il suit :

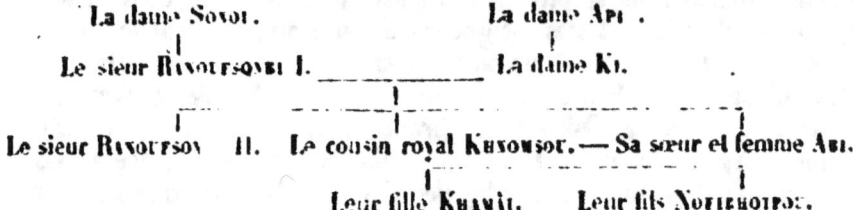

La dame Sovou. — La dame Api.

Le sieur Ranoursonbi I. ——— La dame Ki.

Le sieur Ranoursonbi II. — Le cousin royal Khnomsou. — Sa sœur et femme Abi.

Leur fille Khamaï. — Leur fils Nofirhotpou.

Elle fait ressortir une des particularités les plus remarquables de la famille égyptienne : l'usage de marier l'un à l'autre le frère et la sœur. Khnomsou épouse sa sœur Abi, née comme lui de la dame Ki, et c'est d'elle qu'il a ses deux enfants Khamaï et Nofirhotpou. Cette coutume, qui se retrouve au début de l'histoire de presque tous les peuples anciens, se prolongea en Égypte jusqu'à la chute du paganisme. Elle s'imposa même à la famille macédonienne des Ptolémées : la célèbre Cléopâtre épousa ses deux frères l'un après l'autre, avant de réussir à régner seule.

Les personnages énumérés dans les autres registres sont très probablement des clients du riche Khnomsou, qui se sont réunis pour lui dédier la stèle et participer avec lui aux bénéfices de l'offrande. C'est au premier registre Sovkouhinib qui reçoit l'hommage du gardien de la paneterie Kimniptah, puis du maître d'hôtel du palais à Abydos, Abi, fils de la dame Bibi, d'un autre Abi qui était porteur d'eau attaché au verger, enfin d'un gardien de la maison de la princesse Sobkounofriou, Habi, fils de dame Safkhitou. Au second registre, le chef des gardes des hautes terres, Phtahoirou, reçoit l'hommage du propriétaire Abihit, fils d'Abi, des deux dames Ituinib, Sorith, et de leur mère Nofrit, fille de Sinit. — Fin de la XIIe dynastie. — Abydos.

24. **Calcaire blanc.** — Haut. 0 m. 62, larg. 0 m. 36.

Stèle du même type que la précédente. Dans le cintre les deux chacals affrontés, celui de droite qui guide le soleil sur les chemins du nord, celui de gauche qui le guide sur les chemins du midi. La prière s'adresse à « Osiris, maître de l'Occident, dieu grand, seigneur d'Abydos, pour qu'il donne la gloire au ciel, la force sur la terre, de recevoir des pains et tout l'ensemble des offrandes, de sortir de la tombe pendant le jour, d'avoir toute chose bonne et pure que donne le ciel, que produit la terre, que le Nil apporte au double de Sonbousni » : celui-ci partage les bénéfices de la prière avec le juge Tobou et Khomou sa femme. Les deux fils Sihâthor et Anhourisonbouf ainsi que les amis de Tobou assistent ce dernier. Ils sont de plus haut rang que les gens dont les noms couvrent les stèles précédentes : on y voit deux scribes attachés au gouverneur de la province, un jardinier en chef du temple d'Amon, Aoufnirsonou, avec la nourrice Nakht, et plusieurs membres de leur famille. La forme des noms indique le milieu de la XIIIe dynastie. — Abydos.

IMPRIMERIE NATIONALE.

25. **Calcaire blanc.**— (Les bandes d'hiéroglyphes sont relevées de jaune.) Haut. o m. 39, larg. o m. 24.

Dans le cintre, les deux yeux entre les deux chacals. Nous connaissons déjà le rôle des chacals (cfr. p. 16, n° 23). Les deux yeux expriment la même idée sous une autre forme. Ils sont les deux yeux du ciel, l'œil droit représentant le soleil, l'œil gauche la lune, et leur présence au sommet de la stèle garantit au mort la faculté de parcourir le firmament de jour et de nuit.

L'offrande est offerte à Osiris, maître d'Abydos, pour le compte d'un scribe du cadastre Montousir, par son fils Aoufniposshou qui remplissait le même emploi : Aoufniposshou est assisté de sa femme Ransonbou, fille de Rotousonbou. Aux deux registres suivants, le reste de la famille et les amis prennent part à l'offrande : on y remarque quatre prêtres, Antouf, Ouaï, Amennakht et Montâatif, probablement des prêtres du temple d'Osiris où notre stèle avait été déposée. — XIIIe dynastie. — ABYDOS.

26. **Calcaire blanc.** — Haut. o m. 42, larg. o m. 29.

Dans le cintre, le sceau entre les deux yeux. Le sceau marque le parcours décrit par le soleil autour des parois du monde et complète l'idée exprimée par les deux yeux. L'offrande principale est faite à l'intention d'un scribe du harem du prince (d'Abydos ou plutôt de Thinis) Khnomou et de sa femme Sitapi, par les fils et les filles du mort ainsi que par des amis, l'habitant de la ville Rissonbou, le chef des mystères du dieu Anhouri de Thinis, Anhouriâa. — XIIIe dynastie. — ABYDOS.

27. **Calcaire blanc.** — Haut. o m. 42, larg. o m. 28.

Stèle rectangulaire, encadrée d'un tore assez saillant et couronnée d'une corniche. Au premier registre, à gauche, le maître d'hôtel du palais royal, Ransonbou, fils de la dame Sitkhnoumou est assis : le propriétaire Sovkoïrran brûle de l'encens devant lui. L'inscription qui remplit le bas de la stèle nous fait connaître les noms de ses frères et sœurs. Il avait cinq frères, Sisovkou, Imhotpou, Izesef, Nofiriou, Ransonbou et quatre sœurs, Tomhabi, Tihanit, Khrodounimoutsenou, Ouapitouam. Les familles égyptiennes d'alors étaient, comme on voit aussi nombreuses que les familles égyptiennes d'aujourd'hui. A la suite viennent les dépendants de Ransonbou : deux domestiques Sihâthor et Akoni, fils de Ki, le fermier en chef Snofroui, quatre paysans, Sonbou, Noutiroummiri, Ransonbou, Phtahoïrni, une paysanne Sitkhnoumou, fille de Sonbou, et le matelot Ransonbou, fils de la femme Tafnouit. — XIIIe dynastie. — ABYDOS.

28. **Calcaire blanc.** — Haut. 0 m. 49, larg. 0 m. 23.

Dans le cintre, les deux yeux, entre deux groupes de trois lignes ondées, signe de l'eau : c'est le symbole des eaux d'en haut qui coulaient au firmament et portaient la barque du soleil. L'offrande est présentée à Osiris, dieu grand maître d'Abydos, pour le double d'un scribe du harem du prince Sovkhotpou, fils de la dame Ranousrisou, au nom de quelques amis, l'habitant de la ville Kaï, un prêtre d'Amon Amenemhâït, trois nourrices et une chanteuse, attachées probablement au harem du prince, enfin les membres de sa propre famille : ses frères Ransonbou et Sovkhotpou, sa sœur Noubournhabi (l'or en fête), et les enfants de sa sœur, fils et filles. — XIIIe dynastie. — ABYDOS.

29. **Calcaire blanc.** — Haut. 0 m. 37, larg. 0 m. 24.

Dans le cintre, les deux chacals couchés et affrontés entre les deux yeux : celui de gauche est intitulé « maître d'Abydos », celui de droite « maître du cimetière ». Le mort Oubnounofir (bon lever du Soleil) est assis devant une table d'offrandes, au-dessus de laquelle trois vases à parfums sont rangés. L'inscription s'adresse aux passants : « O vous qui vivez encore sur terre, officiants, prêtres, prêtres des morts, si vous aimez être en faveur auprès d'Ouapouaîtou (le chacal guide des chemins célestes), maître d'Abydos dieu grand maître de l'éternité, dites : Offrande à Osiris, à Minou, Hor puissant, maître d'Abydos, pour qu'ils donnent le doux air de la vie au *double* de l'ingénieur royal Oubnounofir ». — XIIIe dynastie. — ABYDOS.

30. **Calcaire blanc.** — Haut. 0 m. 26, larg. 0 m. 18.

L'inscription est tracée dans le cintre et demande les provisions ordinaires pour le prêtre des morts Ouahka, fils de la dame Adoutiou, qui est assis à gauche, et respire béatement un lotus en compagnie de sa femme Sonou, tandis que son fils Ouahka lui présente l'offrande. Les huit femmes accroupies dans les deux registres inférieurs sont sa mère Adoutiou, ses filles Adoutiou, Horouïposshouïnakht, Adoutiou, trois autres filles dont les noms sont illisibles, et sa sœur Shitpouï : le nom d'Adoutiou plaisait comme on voit aux femmes de la famille. La stèle n° 29 montre à quel degré de maladresse et de barbarie pouvaient descendre les mauvais sculpteurs provinciaux, vers la XIVe dynastie. — ABYDOS.

31. **Calcaire blanc.** — Haut. 0 m. 38, larg. 0 m. 25.

Dans le cintre, le sceau entre les deux yeux. Les deux registres de figures forment un tableau de famille, d'abord le fondeur en chef

Amenmésès et sa femme Tounaï reçoivent l'offrande de leurs enfants, puis le père d'Amenmésès, le fondeur Ahmos, et le père d'Ahmos, Sonbou, participent à l'hommage. La généalogie de ces personnages se rétablit comme il suit :

Sonbou. —— Sa femme Taïo.
|
Le fondeur Ahmos. —— Sa femme Apouïbou.
|
Le fondeur en chef Amenmésès. —— Sa femme Tounaï.

Nebsni (fils). Amenemhi (fille). Ahmotpou (fille).

Les noms nous reportent aux premiers temps de la XVIIIe dynastie, vers le dix-septième siècle avant notre ère. La formule qui occupe le bas de la stèle est une prière à «Osiris dans l'ouest, à Ouapouaïtou, maître du tombeau, pour qu'ils donnent les pains, l'eau, la bière, les œufs, les volailles, toutes les choses bonnes et pures dont vit un dieu, le doux vent du nord, au double du fondeur Amenmésès.» — XVIIIe dynastie. — Abydos.

32. **Calcaire blanc.** — Haut. o m. 88, larg. o m. 64. (Ancien Musée de Marseille, don de M. Drovetti, ancien consul général de France, en Égypte.)

L'un des monuments les plus intéressants du musée. Au premier coup d'œil, on dirait qu'il a été mal équilibré par le graveur antique et que le soleil ailé dont le disque occupe d'ordinaire le milieu du cintre a été déplacé par inadvertance. A considérer les choses de plus près, on reconnait que le déplacement est intentionnel : l'artiste a voulu mettre le disque juste au-dessus du dieu Osiris, et l'a repoussé un peu vers la gauche. Le premier registre nous montre l'image de la barque sacrée du grand temple d'Abydos. Le tabernacle où se cachaient les dieux était placé sur une grande barque en bois d'accacia, de cèdre ou de sycomore, qu'on lançait sur un étang creusé à cet effet dans l'enceinte des temples, et qu'on y faisait manœuvrer de la façon dont on imaginait que les dieux naviguaient sur les eaux du ciel. La barque d'Osiris, s'appelait Noshemit. La proue et la poupe se recourbent en fleur de lotus épanoui. Au milieu se dresse une chapelle en bois soutenue de colonnettes minces : Osiris-momie, y est assis, le fouet et le crochet aux poings, accompagné de sa sœur et femme Isis, dame du ciel. La table d'offrandes est devant lui; au-dessus, deux béliers sont debout sur des supports potencés et rappellent les deux béliers, âmes vivantes du dieu, adorés à Busiris et à Mendès dans la Basse-Égypte. L'équipage est composé de dieux. A l'arrière, «Hor», défenseur de son père à tête d'épervier, et «Ouapouaïtou» maître de la nécropole, résidant en Abydos, à tête de chacal, manœuvrent les grandes rames-gouvernails; à l'avant, le chacal guide des chemins des deux mondes et l'ibis Thot, maître de Khmounou, dressés sur de hautes enseignes, jouent le rôle du pilote d'avant, qui observe le courant, sonde le chenal et signale aux pilotes d'arrière les bancs de sable qu'il faut éviter. Deux rois sont admis dans la barque, ou plutôt, un roi en deux personnes dont la première porte le cartouche-prénom « *Le dieu bon, Nibpehtiri* » et la seconde le cartouche nom « *Fils du soleil Ahmos* ». Le double roi adore Osiris et lui présente l'hommage de « l'artisan d'Osiris Nibmosou », qui, debout le long de la tranche droite, contemple la scène, les deux mains levées en signe de prière.

Les deux lignes d'inscription tracées au bas du monument indiquent qu'il a été dédié au prêtre d'Osiris Noutirmosou et à sa femme Sonhotpou par leur fils Nibmosou « qui fait vivre leur nom ». *Faire vivre le nom* des ancêtres, c'est-à-dire, empêcher qu'il ne fût oublié, le répéter soi-même, établir des fondations ou des monuments grâce auxquels il serait redit de génération en génération, c'était un devoir impérieux de piété pour le fils, ou, à défaut du fils, pour le représentant direct, homme ou femme, de la famille en deuil. Au registre qui suit le registre de la barque, Noutirmosou et sa femme Sonhotpou reçoivent l'hommage de Nibmosou, auquel prennent part le père et les frères et sœur de Sonhotpou. Il est difficile de dire quel lien de parenté rattachait Nibmosou aux personnages qui occupent le reste de la stèle. Le graveur ne s'est pas soucié de nous l'apprendre. Il a même poussé la négligence jusqu'à ne point détacher au ciseau le nom de deux d'entre eux, les dames Nouboumouoskhit et Hontnimihit : l'esquisse que le dessinateur en avait tracée à l'encre noire est demeurée lisible. De tous ces éléments, on peut dresser la généalogie suivante :

HIRMOS.
|
La dame SONHOTPOU. ——— NOUTIRMOSOU.
|
NIBMOSOU.

La forme des noms et la présence du roi Ahmos dans la barque d'Osiris montrent que la famille de Nibmosou vivait pendant les derniers règnes de la dix-septième dynastie, et pendant les premiers de la XVIIIe. — ABYDOS.

33. Calcaire blanc — Haut. 0 m. 52, larg. 0 m. 42.

Dans le cintre, à droite, Osiris dans l'ouest, maître d'Abydos, roi de l'éternité, momie à chairs vertes, comme un cadavre atteint par la décomposition, est assis sur une estrade, le fouet et le crochet aux mains. Derrière lui, le signe de la vie, muni de deux bras, tient un énorme chasse-mouches; devant lui, la table d'offrandes et un groupe de quatre personnes, le fondeur en chef du temple d'Amon et de Khonsou, préposé aux travaux d'orfèvrerie d'Abydos, domestique de la grande neuvaine des Dieux, Aamtini, sa femme et sœur Mirit, sa fille Nofirmmiris, et sa seconde fille Moutnofrit. Au registre suivant, c'est Aamtini et sa femme qui sont à la place du dieu et reçoivent l'hommage de leurs deux fils Psar et Houi, tandis qu'en face d'eux une de leurs filles Nofirmmiris, et son frère et mari, le chef fondeur d'Amon Nibtini, morts probablement à cette époque, reçoivent une libation d'eau fraîche par la main de leur fils Amenemhabi. Au troisième registre c'est Mirit qui tend un vase plein de liqueur à sa mère Nofritari et à une dame Moutnofrit qui est probablement la mère d'Aamtini; elle est suivie d'un frère de son mari puis d'hommes et de femmes dont le nom seul est écrit sans indication de parenté. De cette mêlée de personnages un peu confuse, sort la généalogie suivante :

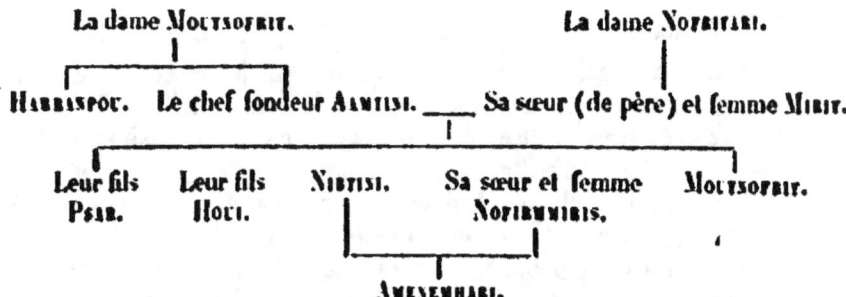

La dame MOUTNOFRIT. — La dame NOFRITARI.

HARMINPOR. Le chef fondeur AAMTINI. —— Sa sœur (de père) et femme MIRIT.

Leur fils PSAR. Leur fils HOUI. NIBTINI. —— Sa sœur et femme NOFIRMMIRIS. MOUTNOFRIT.

AMENEMHABI.

D'après la forme des noms, cette famille devait vivre vers le milieu de la XVIIIe dynastie. — ABYDOS.

34. **Calcaire blanc.** — Haut. 0 m. 63, larg. 0 m. 41.

Dans le cintre, le sceau entre les deux chacals accroupis. Au-dessous, double scène d'offrandes par le célébrant d'Amon Miri en l'honneur de son père, le héraut et scribe royal Amounozhou, accompagné à droite de sa femme Hontnofrit, à gauche d'une seconde femme, sa sœur Haou. Le second registre est consacré en partie à un haut personnage, le fils royal Ranna et à sa femme Tanozmit qui reçoivent l'offrande de Miri. La généalogie de la famille s'établit presque certainement comme il suit :

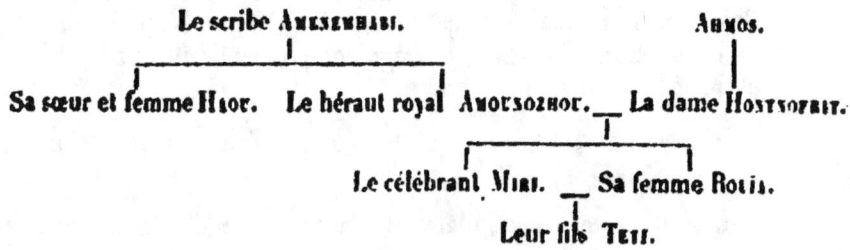

Le scribe AMENEMHABI. — AHMOS.

Sa sœur et femme HIOR. Le héraut royal AMOUNOZHOU. —— La dame HONTNOFRIT.

Le célébrant MIRI. —— Sa femme ROUIA.

Leur fils TETI.

L'inscription de quatre lignes qui termine la stèle est adressée à «Osiris, maître des habitants de l'occident (les morts), à Hor défenseur de son père, à Isis, mère divine, à Anubis dans le tombeau, pour qu'ils donnent le pain, l'eau, les bœufs, la volaille, les étoffes, les parfums en poudre, les essences odorantes, le vin, le lait, toutes les choses bonnes et douces dont vit un Dieu, que donne le ciel, que produit la terre, que le Nil apporte de ses retraites mystérieuses, de sortir ici-bas comme âme vivante, de respirer le vent frais du nord, au double du scribe royal Miri»

Un Amounozhou, contemporain de Thoutmos III, était en son temps riche et influent. Il se fit creuser dans la colline de Sheikh Abd-el-Gournah, au cimetière de Thèbes, un grand tombeau qui a été décrit et publié par M. Virey (*Recueil de Travaux*, t. VIII, p. 32-46). Il n'a rien de commun avec l'Amounozhou qui est nommé sur la stèle n° 34 du Musée de Marseille, — XVIII° dynastie. — ABYDOS.

35. **Calcaire blanc.** — Haut. 0 m. 90, larg. 0 m. 59.

Elle est carrée, surmontée d'une corniche et encadrée d'un tore assez saillant, que suit une large bande d'hiéroglyphes formant cadre avec deux prières affrontées, adressées, celle de droite à Osiris habitant de l'occident, dieu grand, «roi de l'éternité», celle de gauche à Anubis, en faveur du chef-cordonnier Iapou et de sa femme Takhâït.

Le premier registre nous montre Osiris-momie, debout dans son naos, et trois personnages debout devant lui, les bras levés en signe d'adoration, Iapou, son fils le cordonnier Miriri, et Takhâït. Le second registre est demeuré inachevé. A gauche dans la partie supérieure, on voit Iapou et sa mère, assis sur le même fauteuil en face de Iapou et de sa femme : ce dédoublement d'un même personnage n'est pas rare sur les stèles. Sous le premier groupe le graveur a laissé subsister un vide, en avant duquel sont représentés trois fils de Iapou, Hori, Piaï et Pou.

Les chairs sont peintes en rose : les couleurs paraissent avoir été retouchées par une main moderne. — XIX° dynastie. — SAQQARAH.

36. **Grès.** — Haut. 0 m. 42, larg. 0 m. 23.

Les deux cartouches accolés du Pharaon maître des deux mondes, Khounirî-sotpounrî Siphtah Minephtah: Siphtah vivait entre Ramsès II et Ramsès III aux époques troublées de la XIX° dynastie, et sa place dans la série royale n'est pas encore bien définie. D'après le catalogue de la collection Clot-Bey, ce fragment proviendrait de la Nubie, sans autre indication de provenance.

37. **Calcaire gris.** — Haut. 0 m. 35, larg. 0 m. 25, épais. 0 m. 12.

Bloc presque rectangulaire, légèrement évidé à la face antérieure comme pour figurer une petite chapelle cintrée, au fond de laquelle Osiris-momie, «maître de l'éternité», reçoit un bouquet énorme du fils royal (*sic*) Sit-Ahmos d'ailleurs inconnu : le personnage agenouillé au dessous est le donateur de la stèle, le domestique d'Osiris, Nibnakhtou. Nibnakhtou est encore représenté deux fois sur les tranches, une fois en compagnie de sa sœur et femme Bokit. — xxe dynastie. — Abydos.

38. Calcaire blanc. — Haut. o m. 24, larg. o m. 32.

C'est une petite plaque oblongue, dédiée à un personnage connu, Anhourkhâoui, par ses deux fils Khema et Harmésès. Le roi Amenhotpou Ier de la xviiie dynastie et sa mère Nofritari avaient laissé une mémoire vénérée de tous les Égyptiens. Leur tombeau, qui s'appelait *l'Horizon Éternel*, était devenu le centre du quartier le plus important du grand cimetière de Thèbes : un sacerdoce nombreux y était attaché, dont les membres étaient chargés de la surveillance des tombes royales et privées qui s'élevaient de ce côté et de l'exécution des cérémonies célébrées perpétuellement en l'honneur des morts. Le nom général du quartier était, comme nous l'avons déjà vu, *Isit-maâît* «la place de Vérité», (cfr. n° 4), et les membres de ce sacerdoce s'appelaient «les domestiques de la place de Vérité», «les prêtres de la place de Vérité». Anhourkhâoui faisait partie de la corporation des «domestiques», ainsi que son second fils Harmésès, et se place sous l'invocation d'Amenhotpou divinisé. Son protocole complet lui attribue les titres de «supérieur de maison dans la *Place de Vérité*, chef des travaux dans l'*Horizon Éternel*, qui exécute les cérémonies commémoratives dans les places mystérieuses [des morts], le favori de son maître.» Son tombeau, d'où notre fragment n° 37 provient sans doute, existe encore aujourd'hui dans la montagne de Thèbes, près du village de Dêir el Médinéh. — xxe dynastie. — Thèbes.

39. Calcaire blanc. — Haut. o m. 34, larg. o m. 22.

Le dédicateur de cette stèle appartient à la même corporation qu'Anhourkhâoui : il était graveur ou sculpteur au service de la *Place de Vérité*, et se nommait Mosou. Il est représenté au bas de la stèle, dans l'angle à droite ; il se tient à genoux, les bras levés dans l'attitude de la prière, et invoque le soleil dont la barque flotte dans le cintre. «Adoration à Harmakhis [le Soleil], quand il se couche en vie dans l'horizon occidental du ciel; voici que tu apparais dans la moitié occidentale du monde [dans le monde de la nuit] comme le dieu Toumou qui réside dans l'obscurité, et venant en ta force tu ne rencontres point de résistance. Tu as en effet régné au firmament en la personne de Râ, te levant et culminant sur le dos de ta mère [la déesse du ciel]; quand tu parais en roi, les dieux qui font la vérité s'inclinent devant toi, l'équipage de ta barque t'adore, et tandis que tu parcours le ciel, ton cœur est joyeux, les flammes des espaces célestes s'apaisent, les ennemis tombent et ne sont plus, les serpents de la nuit fuient ta présence, car tes corps sont ceux du dieu Toumou. Donne que je sois comme ton favori à ta suite, chaque jour, moi le sculpteur dans la *Place de Vérité*, Mosou, à la voix juste.» Mosou demandait au Soleil de monter dans sa barque et de traverser sous sa protection les régions périlleuses de l'autre monde. — XXᵉ dynastie. — THÈBES.

40-43. **Calcaire blanc.** — Haut. moy. 0 m. 76, larg. 0 m. 50.

Ces quatre stèles proviennent du tombeau d'un certain Kasa, scribe royal et général, qui fut enterré à Saqqarah. Son père s'appelait Hâtaï, sa mère Isit; d'après le style des hiéroglyphes, il devait vivre vers la XIXᵉ ou la XXᵉ dynastie.

Les stèles qu'il nous a laissées et qui sont aujourd'hui au Musée de Marseille ont été publiées par Ed. Naville (*Les quatre stèles orientées du Musée de Marseille*, Lyon, 1880, in-8°, 23 p. et IV pl.). Ce sont des monuments uniques jusqu'à ce jour. Le mort, exposé à mille dangers dans l'autre vie, était obligé pour y parer de se concilier les bonnes grâces des dieux qui présidaient aux quatre maisons du monde, celles du Sud, de l'Ouest, du Nord et de l'Est. Il y réussissait par divers procédés qu'il serait trop long de décrire, et entre autres, en ornant les quatre murs de sa tombe d'inscriptions et d'amulettes spéciaux. Les vignettes du *Livre des Morts* nous montrent, au chapitre CLI, une chambre funéraire ainsi meublée. Les quatre parois, rabattues afin qu'on puisse voir à l'intérieur, portent les légendes et les figures que nous trouvons sur nos stèles. Grâce à ce moyen un peu naïf, le mort était protégé contre les dangers qui le menaçaient des quatre points cardinaux, et avait la faculté de parcourir impunément les quatre maisons du monde à l'aide des quatre dieux, les fils d'Hor, qui les gouvernaient.

N° 40. La stèle n° 40 était appliquée contre la paroi nord du tombeau. La partie cintrée qui est réservée dans le haut, entre le mot *Nord* deux fois répété, est occupée par le sceau, posé sur l'eau et le vase, flanqué à droite et à gauche des deux chacals couchés sur leur naos. Dans le bas, Kasa est accroupi devant une cavité dont les contours reproduisent d'une manière générale la forme d'une brique sur laquelle on aurait placé une de ces figurines en bois, en pierre ou en faïence si fréquentes dans nos musées. Les inscriptions expliquent clairement ce tableau. Voilà, disent-elles, «ce qu'il faut faire au mur du Nord. «Toi qui viens à moi pour [me] prendre au lasso, je ne me laisserai point prendre par toi: toi qui viens à moi pour [me] jeter bas, je ne [me] laisserai pas jeter bas, car je suis, je suis l'amulette protecteur de défunt Kasa.» C'est la figurine elle-même qui prend la parole et s'adresse au génie qui vient pour prendre le mort au lasso et le renverser à terre comme on fait du taureau du sacrifice : les âmes ainsi arrêtées dans leur course servaient aux repas de divers dieux astraux et surtout d'Orion (Sâhou), le chasseur du ciel septentrional. La fin de l'inscription décrit l'objet sur lequel cette conjuration doit être prononcée «Paroles prononcées sur une brique de limon frais sur laquelle est gravé ce chapitre. Prendre une figure en bois de palme, haute de neuf doigts, lui ouvrir la bouche, la dresser sur la brique et l'incruster dans la paroi nord du tombeau, la face au sud, la face voilée. Le Tat est à l'ouest, la face à l'est; le chacal est à l'est, la face à l'ouest, la tige sèche de sureau au sud, la face au nord, la figure en bois de palme au nord, la face au sud.» Les mots *lui ouvrira la bouche* demandent quelques explications. La mort et la momification, en fermant la bouche, les yeux, les oreilles de l'homme, et en lui liant tous les membres, le rendaient incapable d'accomplir les actions de la vie. Pour lui rendre sa liberté d'allures dans l'autre monde, on accomplissait sur la momie, ou sur la statuette représentant le défunt, de longues cérémonies, dont l'ensemble s'appelait, d'après l'incident principal, *l'Ouverture de la Bouche.* Une fois *la bouche ouverte,* la momie ou la statue vivait et pouvait manger, parler, se mouvoir. En *ouvrant la bouche* à la statuette posée sur la brique, on en faisait un amulette animé, représentant Kasa, et doué des vertus nécessaires pour protéger son mort contre les périls qui l'attendaient dans la maison septentrionale du ciel, surtout contre les entreprises du chasseur Orion.

N° 41. La stèle du sud remplace les chacals par les deux yeux. Les contours de la cavité du bas reproduisent la figure d'une mèche enflammée, posée sur une brique. Je dis *mèche,* faute d'un meilleur mot. Les anciens, qui ne connaissaient point nos procédés expéditifs pour allumer le feu, avaient soin de conserver toujours un tison ardent, qu'ils emportaient avec eux en voyage : ce tison était naturellement d'un bois qui se consume lentement et par conséquent reste longtemps allumé sans qu'on ait besoin de le remplacer. Le mot employé dans notre inscription sert à désigner une plante herbacée, probablement le sureau, dont la moëlle servit, selon la légende grecque de Prométhée, à transmettre le feu aux hommes. Le mort avait besoin de flamme et pour s'éclairer dans la nuit de l'autre monde, et pour écarter de soi les animaux et les esprits menaçants, et pour cuire ses aliments. La consécration du sureau et la prière qui l'accompagnait lui en assuraient la possession. «Ce qu'il faut faire sur le mur sud de la tombe de défunt Kasa. Il dit : Je suis celui qui frappe et mets en pièces ceux qui se dissimulent [dans la nuit] : quiconque se précipite vers la flamme de [l'autre] monde, je lui fait rebrousser chemin, car je suis l'amulette protecteur de défunt Kasa. — Paroles prononcées sur une brique de limon frais, sur laquelle est gravé ce chapitre; y poser une tige de sureau et l'allumer, puis l'incruster dans la paroi sud, la face au nord.» Les inscriptions tracées à droite et à gauche du tableau sont empruntées au chapitre CXXXVII du *Livre des Morts* et confirment l'action de la première formule. «O flamme! Qu'on éclaire de flamme ton double, défunt Kasa! Qu'on éclaire de flamme la nuit après le jour, car voici que l'œil d'Hor [la flamme] se lève en cette chapelle, il se lève à ton front, il se pose sur le sommet de ta tête, il accomplit sur toi sa vertu magique, et écarte de toi tes ennemis, o défunt Kasa! — Tu es un esprit puissant dans l'autre monde, car tu as été jugé dans la salle des deux divins plaideurs [Thot et Sit], et tous ceux qui ont agi contre toi sont sous toi, tu peux leur trancher la tête toi-même, ô défunt Kasa.»

N° 42. La stèle ouest a, dans le haut, la même scène que la stèle sud. En bas, deux figures de Kasa sont agenouillées à droite et à gauche d'une cavité dont les contours reproduisent sommairement la figure d'un *Tat*, debout sur une brique. Le *Tat* est une sorte d'autel à quatre tablettes superposées, et représente une des formes d'Osiris. Osiris stable à jamais. «Le défunt Kasa dit : «O [toi] qui viens à moi, cherchant ceux qui se présentent à toi, dieu à la face voilée qui éclaire ce caveau, moi, je me tiens derrière le Tat, repoussant tous les coups grâce à lui, car je suis l'amulette protecteur de défunt Kasa.» — «Paroles prononcées sur un Tat de cristal, dont les découpures sont dorées; l'envelopper de fin lin et faire couler de l'essence sur lui. Le poser sur une brique de limon frais, qu'on frotte d'encens concassé, et sur laquelle est gravé ce chapitre, puis l'incruster dans la paroi ouest, la face à l'est.»

N° 43. La stèle est présente dans le haut la même scène que la stèle nord. Dans le bas, Kasa est agenouillé devant un chacal accroupi sur son naos : le soubassement du naos est évidé pour recevoir la brique, et la silhouette du chacal est creusée profondément dans la pierre. «Ce qu'il faut faire sur la paroi est : Veille sur le défunt Kasa, veille [Anubis] qui es sur ta montagne, l'heure de ta colère est repoussée, j'ai repoussé les crocodiles, car je suis l'amulette protecteur de défunt Kasa.» Paroles prononcées sur un chacal de limon, frotté d'encens concassé, le poser sur une brique de limon, sur laquelle est gravé ce chapitre, puis l'incruster dans la paroi est, la face à l'ouest.» — XIX°-XX dynastie. — SAQQARAH.

44. **Calcaire blanc.** — Haut. o m. 48, larg. o m. 44.

Moitié d'une dalle formant linteau au-dessus de la porte d'une chapelle funéraire ou d'un tombeau. Elle est surmontée d'un simple tore arrondi, sans bandes coloriées. A l'origine, elle portait les deux cartouches nom et prénom du roi Ramsès XII gravés au-dessus de deux petits personnages accroupis et tenant à deux mains des hampes d'étendards : un haut fonctionnaire en adoration devant les cartouches était figuré à droite et à gauche. La portion de droite a disparu ; celle de gauche a conservé le cartouche prénom Menmâri-sotpouniphtah, le petit génie tenant une hampe terminée en tête de bélier, et un fonctionnaire agenouillé. Les monuments de ce Ramsès XII, le dernier Pharaon de la xxe dynastie, sont assez rares pour que le fragment du Musée, tout mutilé qu'il soit, ait une certaine valeur. — Provenance inconnue. — xxe dynastie.

45. **Calcaire blanc.** — Haut. 0 m. 57, larg. 0 m. 35.

Dans le cintre, le sceau entre les deux yeux. Osiris-momie, assis à droite devant une table, reçoit la libation d'un certain Amennakhtou en faveur de Maani. Ce Maani et sa femme Taouïa sont figurés à gauche, au second registre : d'après la forme de certains noms, Harkhobi, Karomâmou, que prennent les personnes de leur famille, ils devaient vivre vers le ixe siècle avant notre ère, au temps de la xxie ou de la xxiie dynastie. — Abydos.

46. **Calcaire blanc.** — Haut. 0 m. 28, larg. 0 m. 40.

Phtah était adoré à Memphis sous la forme d'un taureau, Hâpi, qui devenait après sa mort un Osiris, Osar-hâpi, le Sarapis, Sérapis, des Grecs. Les funérailles de l'animal divin étaient célébrées en grande pompe. Le tombeau commun à tous les Hâpi défunts, le Sérapéum, restait ouvert pendant la durée du deuil ; les dévots y venaient en pélerinage et y consacraient des stèles où ils se recommandaient à la protection du dieu récemment passé au ciel. Notre stèle a été dédiée à un des Hâpi de l'époque persane, par un certain Peqâou, fils de Harhkobi et de la dame Tameu. La scène représente la chapelle du Sérapéum, supportée par deux colonnes dont les chapiteaux simulent un bouquet de feuilles de palmier. Une triade divine y trône : d'abord « Hâpi, aimé d'Osiris, résidant en Occident, maître du temps, roi des dieux », qui est représenté comme un homme à tête de taureau, ensuite Imhotpou, le fils de Phtah, le dieu des sciences et des lettres, enfin « Phtah au beau visage » au corps de momie, droit dans son tabernacle. Le dévot Peqâou, vêtu de la longue robe sacerdotale, est debout à droite dans l'attitude de la prière et demande aux dieux, en une inscription de deux lignes assez mutilée, « une bonne sépulture après une vieillesse longue et heureuse plus que toute chose, et que sa maison demeure ainsi que ses enfants à toujours et à jamais. » — Époque persane. — Saqqarah.

47. **Calcaire blanc.** — Haut. 0 m. 27, larg. 0 m. 22.

Il n'est point nécessaire d'avoir étudié longuement les antiquités égyptiennes pour remarquer combien cette stèle diffère par l'aspect et la disposition des stèles précédentes. Elle a été gravée dans le siècle qui précéda immédiatement notre ère, à une époque où l'Égypte asservie aux rois macédoniens était en pleine décadence artistique. Le disque ailé, image d'Horus, dieu d'Edfou, remplit le cintre; au-dessous, Osiris et ses deux sœurs Isis et Nephthys accueillent la dame Ânkhounisi et la dame Zadmout qui s'avancent, revêtues d'un long manteau flottant, sous la direction du signe des régions occidentales où les morts résident. La prière s'adresse à Osiris et à Phtah de Memphis. — Époque ptolémaïque. — Abydos.

48. **Bois stuqué et peint.** — Haut, 0 m. 37, larg. 0 m. 28.

Cette stèle et les suivantes sont d'époque romaine : les Césars ont succédé aux Ptolémées, et la vieille civilisation égyptienne est sur le point de s'éteindre. On continue à tracer par routine l'image des dieux, mais la plupart des manœuvres auxquels est confiée l'exécution des monuments funéraires ne comprennent plus le sens de ce qu'ils écrivent et mutilent les formules de prière. La stèle n° 48 est encore à peu près lisible. Râ-Harmakhis, momie à tête d'épervier, et Toumou maître des deux Héliopolis, celle du nord et celle du midi, sont adossés sous le disque et reçoivent l'hommage de Zahosir, qui leur demande les faveurs accoutumées «le pain, l'eau, les bœufs, les volailles, le vin, le lait, l'encens, des milliers de liqueurs, des milliers de gâteaux, des milliers d'offrandes, des milliers de toutes les choses bonnes et pures, des milliers de toutes les choses agréables et douces dont vit un dieu.» — Époque des Césars. — Abydos.

49. **Bois stuqué et peint.** — Haut. 0 m. 26, larg. 0 m. 29.

Sous le disque ailé, Anubis à tête de chacal amène la dame Taisi par la main à toute une compagnie de divinités, Harmakhis-momie à tête de bélier qu'Isis se prépare à envelopper de ses bras frangés d'ailes, puis cinq autres momies à tête humaine, Ouapouaïtou, le guide des chemins célestes, Amsit, Tioumoutf, Qabhsonouf, Hâpi, les enfants d'Hor, gardiens des entrailles et du corps embaumés. La prière est à «Osiris dans l'Occident, dieu grand, maître d'Abydos, à Sibou, prince des dieux, à Râ-Harmakhis, dieu grand, maître du ciel suzerain des dieux, quand il sort de l'horizon, à Toumou, maître des dieux Héliopolis, à Phtah-Sokar-Osiri qui est dans le tombeau, à Anubis, le maître de l'embaumement sur sa montagne funèbre, seigneur du cimetière, à Osiris Ounnofri (l'être bon), le roi du temps, pour qu'ils donnent tous les gâteaux, toutes les offrandes, à la dame Taisi». — Époque des Césars. — Abydos.

50. **Bois peint.** — Haut. 0 m. 46, larg. 0 m. 30.

Le disque ailé remplit le haut du cintre : les deux serpents qui s'en échappent encadrent un champ rose sur lequel un scarabée se détache en noir. Les deux chacals noirs sont allongés à droite et à gauche en face l'un de l'autre. Le défunt Pnakhti revêtu d'une jupe blanche, un manteau bleu jeté sur les épaules, fait l'offrande à Osiris momie, paré, comme lui, du manteau bleu : derrière Osiris s'avancent une Isis à chairs vertes qui lève les mains, Hor à tête d'épervier, Anubis à tête de chacal. L'inscription presque illisible ne renferme point de phrase suivie : le dessinateur a tracé le verbe *dire*, puis un nom de dieu, *dit Osiris, maître d'Abydos, dit Toumou maître des deux Héliopolis*, et ainsi de suite pendant sept lignes. Il ne comprenait plus évidemment ce qu'il écrivait. — Époque des Antonins. — Thèbes.

51. **Bois peint.** — Haut. 0 m. 49, larg. 0 m. 38.

Elle a été brisée au bas et a perdu une partie du texte qui la couvrait. Le style en est encore plus barbare que celui des stèles précédentes, et pourtant la personne à laquelle elle est dédiée appartenait à une des familles importantes de Thèbes. C'était une joueuse de sistre d'Amon-râ, fille d'un prophète et d'une prêtresse du dieu. Le dessin des figures est grotesque, les couleurs sont criardes et assemblées sans harmonie, les roses, le vert pomme, couleurs inconnues aux temps pharaoniques, y sont prodigués. Le mouvement général de la scène est le même que sur la stèle de Pnakhti : Anubis amène la morte à Osiris, à Harsitsi, à Isis, à Nephthys. La longue inscription est presque inintelligible. Au revers, on a tracé, à l'encre rouge sur le stuc blanc, une représentation où sont résumées les croyances de la morte, un disque solaire placé entre les signes de l'orient et de l'occident répand sa lumière sur le monde figuré par l'hiéroglyphe des régions montagneuses. Comme leurs ancêtres, les derniers des Égyptiens païens espéraient encore s'unir au soleil pour renaître chaque jour. — Époque des Antonins. — Thèbes.

52. **Calcaire blanc.** — Haut. 0 m. 10, long. 0 m. 55, larg. 0 m. 30.

Quelquefois les tables d'offrandes, au lieu d'être séparées des monuments qu'elles accompagnaient, étaient réservées dans le même bloc qu'eux ou unies étroitement au bloc dans lequel ils étaient taillés de manière à ne former qu'un avec eux. La table d'offrande n° 53 est faite pour recevoir une stèle qui a disparu. Elle est creusée de quatre bassins rectangulaires, à bords coupés en pente raide. Les objets d'offrandes sont représentés entre les bassins, et le tout est encadré, comme par une bordure, de légendes qui commencent au milieu du côté contre lequel la stèle s'appuyait et se terminent près du goulot. La prière est adressée sur la gauche, à Osiris et aux dieux du cimetière, sur la droite, à Minou, Hor vaillant, à Ouapouaîtou, maître de Siout, chef des deux régions du monde, Hor redoutable, pour le compte du chancelier Sonbi-sheraou et du surintendant du palais Sovkhotpou. Les deux courtes inscriptions tracées sur la tranche ne renferment qu'une formule d'offrande, sans nom propre. — Provenance inconnue, peut-être Abydos. — XVII-XVIIIe dynastie.

§ III. — CERCUEILS ET SARCOPHAGES.

La mode des cercueils a varié en Égypte presque autant que la mode des coiffures et des habits. Aux temps les plus anciens, on préférait les grandes cuves en granit ou en calcaire et les grandes caisses en bois de sycomore à couvercle et à fond plats. La décoration des sarcophages en pierre est des plus simples. Ils présentent ordinairement des parois nues sur lesquelles se détachent en grands et beaux hiéroglyphes le nom et les titres du mort; quelquefois, ils sont taillés en forme de maison, avec portes, fenêtres et corniches. Les cercueils en bois sont plus chargés de légendes et de figures. Une longue bande d'hiéroglyphes occupe à l'extérieur le milieu du couvercle; la surface intérieure est enduite d'une couche épaisse de stuc blanc, sur laquelle on inscrivait le chapitre XVII du *Livre des Morts* aux encres rouge et noire. La cuve est ornée le plus souvent de grandes portes monumentales. Le cercueil est en effet la maison propre du mort, et, comme tel, il est décoré de tout ce qui peut rappeler à l'esprit l'idée d'une maison. Les peintures sont l'abrégé et comme le résumé des tableaux qui s'espaçaient sur les murs de la tombe entière et avaient pour objet d'assurer à l'homme ce dont il avait besoin dans l'autre vie.

A côté de ces boîtes rectangulaires, on trouve, rarement d'abord, des cercueils dont les contours et le modelé reproduisent d'une manière générale les contours et le modelé de la momie.

Les pieds et les jambes sont réunis; les saillies du genou, les rondeurs du mollet, de la cuisse et du ventre sont indiquées de façon sommaire; la tête, seule vivante sur ce corps inerte, est dégagée entièrement. Mais ailleurs ce n'est plus la momie, c'est l'homme lui-même qui a servi de modèle à son enveloppe. Il est étendu sur sa tombe, et sa figure, sculptée en ronde bosse, tient lieu de couvercle. La tête est chargée de la perruque; la casaque d'étoffe blanche voile le buste; le jupon couvre les jambes de ses plis serrés; les pieds sont chaussés de sandales; les bras s'allongent ou se croisent sur la poitrine; les mains tiennent des emblèmes divers, presque toujours le tat, symbole de durée, et la croix ansée, signe de vie. A partir de la XIXe dynastie, on ne se contenta plus d'une seule caisse : on voulut en avoir deux, trois et même quatre emboîtées l'une dans l'autre et couvertes de peintures ou d'inscriptions. Souvent alors l'enveloppe extérieure est un sarcophage carré à couvercle en dos d'âne. L'usage de la cuve en pierre, relativement rare à Thèbes pendant la durée du Nouvel-Empire, reparut à l'époque saïte et se prolongea jusqu'au milieu de la domination macédonienne. Vers la fin, on en revint aux caisses doubles et triples, mais chargées de peintures et de dorures criardes.

Le musée de Marseille ne possède aucun sarcophage en pierre ou en bois qui soit antérieur à la XXe dynastie.

53. **Bois.** — Haut. moy. 1 m. 75.

Les trois objets désignés sous le n° 54 proviennent de la même trouvaille, mais n'appartiennent pas au même individu. La cuve et le couvercle mutilé aux pieds appartiennent «au Père divin d'Amonrâ, roi des dieux, chef des archivistes du trésor d'Amonrâ, roi des dieux, scribe et surintendant des magasins de l'or d'Amon, surintendant des travaux de tous les monuments d'Amon, de Mout et de Khonsou, Khonsoumos». Le petit couvercle monté sur pivot vient du cercueil de la dame Tentamon, chanteuse d'Amon et femme du précédent. Le tombeau de la famille fut découvert au commencement du siècle et les dépouilles partagées entre les marchands d'antiquités. Le papyrus de Tahirit, fille de Khonsoumos, s'en alla à Leyde (Leemans. *Cata-*

logue, t. III, p. 232 et suiv.); l'un des cercueils de Khonsoumos et le second couvercle de Tentamon, achetés par Clot-Bey, sont aujourd'hui au Musée de Marseille; le reste doit se cacher dans quelque musée secondaire ou dans quelque collection particulière (cf., p. 82, n° 218 de ce catalogue).

Khonsoumos et Tentamon vivaient à la fin de la xxe ou au commencement de la xxie dynastie. A défaut d'autre renseignement, l'aspect du cercueil suffirait à le prouver : c'est à cette époque en effet qu'on a fabriqué à Thèbes ces beaux cercueils à vernis jaune, couverts entièrement de scènes et de légendes colorées. L'ordre des inscriptions et des tableaux n'est pas arbitraire : il répond en gros aux idées qui avaient présidé à l'ornementation du tombeau et se retrouve presque toujours le même, mais avec plus ou moins de développement, sur tous les cercueils du même type. Comme nous l'avons déjà dit, le couvercle reproduit d'une façon générale l'aspect du mort idéalisé. La tête et les mains sont libres : le reste du corps est serré étroitement de bandelettes. La figure est douce et souriante; les yeux, grand ouverts, sont peints à simuler l'émail; la barbe tressée, qui dépasse le menton en longue pointe, annonce le corps d'un homme. Une perruque, peinte en bleu sombre, encadre la tête et le cou. Sur la poitrine s'étale un large collier en émail ou en verroteries multicolores, dont les attaches se cachent sous les pointes de la perruque. La momie portait, collé sur le sternum, un gros scarabée en pierre, emblème du cœur. Le scarabée apparaît sur le couvercle à la place correspondante : il semble pousser le disque solaire devant lui et tient entre ses pattes de derrière le sceau d'éternité. Tous ces symboles accumulés sont autant de promesses de vie et de durée pour le cadavre et pour le double. Les deux mains sont allongées et se croisent sur la poitrine; un bracelet fort large est passé à chaque poignet. La partie du linceul qui enveloppe l'avant-bras est ornée de scènes religieuses; à droite, sur le bras gauche, c'est la déesse de la Vérité accroupie, la plume au poing, devant le serpent ailé qui représente la déesse du Nord; à gauche, sur le bras droit, de petits personnages en adoration supportent l'emblème couché du dieu « Nofirtoumou, soleil protecteur des deux terres, dieu grand, seigneur de l'autre monde », au-dessus duquel plane un œil ailé. Grâce à ces images, les deux moitiés du mort étaient placées chacune sous la protection de son dieu : la moitié gauche sous la protection de la divinité du Nord, la moitié droite sous celle de la divinité du Sud et de l'Ouest. Au delà, le reste de l'avant-bras est couvert de bracelets, dont le dernier va se perdre dans une fleur de lotus épanouie qui sort des bords du couvercle. Les vides qui subsistaient entre les bras et le collier ont été employés à montrer l'âme, grand oiseau à bras et à tête humaine, en adoration devant Anubis, le guide des chemins célestes, qui doit lui ouvrir les voies du Nord et du Midi. La partie située au-dessous des bras et qui cor-

IMPRIMERIE NATIONALE.

respond à la poitrine nous montre l'effet immédiat de ces prières. Elle est coupée en deux registres par une longue bande peinte en bleu sombre, image du firmament. Dans le registre du haut, on aperçoit un pectoral en forme de naos, attaché au collier en guise de pendeloque. Les peintures qui le décorent font allusion aux soins que les deux pleureuses d'Osiris, Isis et Nephthys, prenaient du Soleil mort; le dieu est figuré par son emblème, les deux plumes sortant d'une fleur de lotus, qui servent de coiffure à Nofirtoumou. La présence de ce pectoral sur le cercueil était d'un grand avantage pour le mort : elle obligeait les deux déesses à le traiter comme elles avaient fait leur frère Osiris, comme elles faisaient le Soleil chaque jour, à pleurer sur lui, à conserver son corps, à le maintenir intact dans l'espoir d'une renaissance prochaine. Les deux divinités à tête d'épervier qui sont assises à droite et à gauche représentent Horus aux deux horizons du matin et du soir, Harmakhis, le Soleil qui naît et le Soleil qui va mourir; elles sont escortées chacune d'une grande uræus qui se dresse le long du pectoral, et rappellent une fois de plus la division du monde en deux grandes régions. Khonsoumos, en costume de cérémonie, leur présente à genoux le plateau chargé d'offrandes qui doit lui concilier leurs bonnes grâces et lui permettre de circuler sans crainte dans leur domaine. Les mêmes idées se répètent au second registre, avec cette différence qu'au lieu d'être dans le ciel, comme au registre précédent, nous sommes sur terre. La déesse du ciel, Nouït, agenouillée sous le firmament bleu, la face à droite, étend deux longs bras frangés pour embrasser ou plus exactement pour couver le cadavre qui gisait au-dessous, dans le cercueil. La double déesse du Midi et du Nord, Ouazit, plane de chaque côté de Nouit, en forme d'uræus ailée, accompagnée des deux yeux d'Horus, le Soleil et la Lune. Les bas côtés du panneau sont remplis par deux scènes symétriques où «l'âme vivante de Khonsoumos» rend hommage à l'emblème d'Osiris, son maître. Toutes ces scènes formaient comme les pièces d'une armure magique qui défendait le mort contre le malheur et la destruction.

Le bas du couvercle, au-dessous de la poitrine, est divisé en deux sections parallèles par une large bande d'inscriptions qui descendait jusqu'à la pointe des pieds. Chacune des quatre colonnes d'hiéroglyphes contient une invocation à un dieu différent. Khonsoumos a obtenu ce qu'il demandait plus haut : il a commencé ses voyages dans l'autre monde à la recherche du paradis où il vivra dans l'abondance et la sécurité de toutes choses. Il demande au Soleil, Harmakhis-Toumou-Khopri, qui parcourt le ciel dans sa barque, de vouloir bien lui donner une part de toutes les offrandes qui paraissent sur l'autel, et qui sont destinées à le nourrir éternellement, à Selkit, la déesse Scorpion, fille du Soleil et régente du tombeau, de lui ouvrir les portes du palais d'Osiris et de lui permettre d'entrer ou de sortir à son gré pour se promener sur notre terre; à Nit, la grande mère divine, de le guider dans ses voyages à travers les voies tortueuses du monde des morts et d'accorder à son âme la faculté de sortir du tombeau pour contempler le disque du Soleil à son lever; à Nouit, sa mère, d'étendre sur lui ses deux ailes, afin d'écarter tout ce qui pourrait lui nuire. Huit tableaux s'étagent à droite et à gauche, de la poitrine aux pieds, separés l'un de l'autre par une courte bande d'hiéroglyphes. Chacun d'eux est réservé à l'un des dieux devant qui le défunt doit comparaître et dont il doit gagner la bienveillance par des cadeaux ou par des prières. A droite, c'est d'abord Phtah-Sokar-Osiris momie, assis sous un naos et que Nephthys enveloppe de ses ailes; Khonsoumos leur verse la libation d'eau fraîche. Au-dessous, le grand bélier d'Amon, collier au cou, filet sur le dos, debout dans un naos, accompagné du vautour de Mout et d'une petite figure de la déesse Mâit, la Vérité; Khonsoumos l'encense ainsi que Nit, la grande mère divine. Plus bas, un dieu à corps humain et à tête de vanneau, les chairs teintes en vert, Osiris-Phénix qui existe par lui-même, est assis sous un naos, tandis que notre Khonsoumos le parfume d'encens. Au registre le plus bas, deux des quatre enfants d'Hor, Tioumoutf à tête de chacal, Qabhsonouf à tête d'épervier, sont accroupis et reçoivent les hommages de Khonsoumos. A gauche, dans le haut, un second Phtah-Sokar-Osiris, identique à celui de droite, mais embrassé par Isis; devant eux, Khonsoumos agite le vase à libations et l'encensoir. Au-dessous, l'épervier mitré d'Harmakhis fait pendant au bélier d'Amon. Une autre forme d'Harmakhis, un enfant contrefait à grosse tête, armé de deux couteaux, est placé sur la même ligne que le dieu Vanneau de droite. Enfin les deux génies Amsit, à tête humaine, Hâpi, à tête de cynocéphale, terminent la série. Les pieds ont disparu, mais nous savons par de nombreux exemples qu'un chacal accroupi était peint en noir sur chacun d'eux. Rien n'est plus naturel pour qui connaît la mythologie égyptienne. Les deux chacals étaient, nous l'avons dit (p. 16, n° 23), les guides des chemins célestes où les pieds du mort auraient risqué de s'égarer; ils montaient bonne garde sur la partie du corps qu'ils avaient charge de diriger. En bordure, le long du couvercle, une longue ligne d'hiéroglyphes courait de la tête aux pieds, interrompue d'espace en espace par les bandes qui séparaient les scènes; elle contient un double proscynème adressé, sur la droite, à Sibou, le dieu-terre, le prince des dieux, à Hor, l'arpenteur, maître des provisions, à Isis, la mère divine; sur la gauche: à Nouit, la déesse-ciel, la grande, génératrice des dieux, régente de l'Occident; à cet Hor, né d'Isis, le grand héritier d'Ounnophris, pour qu'ils donnent au mort toutes les choses bonnes et pures dont les dieux vivent. Tel est, en quelques mots, le sens des scènes tracées longuement sur la face extérieure du couvercle.

La face intérieure est enduite d'un crépi blanc et ne porte ni figure ni inscription. En revanche, la cuve en est couverte au dehors et au dedans. Au dehors, deux scènes presque identiques ornent les panneaux qui correspondent à la tête et aux pieds. A la tête, la déesse Nephthys, assise sur la corbeille jaune, signe de l'or, lève ses deux bras chargés de croix ansées. Elle est entre deux serpents tachetés, debout sur le bout de leur queue, et entre deux grands signes de l'Occident. Le serpent de droite est Isis, la mère du dieu, la régente du tombeau; le serpent de gauche est Nephthys, la sœur du dieu. Aux pieds, la déesse Nephthys est debout, les bras levés entre les deux serpents et les deux signes de l'Ouest. Le plus souvent, Isis est à la tête et Nephthys aux pieds. Les deux déesses veillaient sur la momie de Khonsoumos comme elles avaient veillé jadis sur celle de leur frère Osiris.

Les deux parois latérales nous apprennent en abrégé quelles sont les destinées de l'homme après la mort. Les tableaux qui y sont dessinés à grands traits forment comme un petit drame dont le prologue est figuré près des pieds, du côté gauche. La montagne de Thèbes se dresse avec ses pentes sablonneuses, contre laquelle s'appuie la «bonne demeure», le tombeau surmonté de son toit pyramidal noirci à la pointe. La vache d'Hathor, déesse de l'Occident, est sortie entre le chacal et l'uræus ailée; les quatre génies des quatre maisons du monde, les fils d'Horus, disposés sur deux rangs, sont accroupis devant elle, et plus loin, à la lisière des terres cultivées, Nephthys, à tête humaine, debout dans son sycomore, tend un plateau chargé de pains et un vase à Khonsoumos, dont l'âme reçoit et boit avidement l'eau fraîche échappée des mains de la déesse. On rencontre partout en Égypte, sur la lisière des terres cultivées et même dans le désert, à quelque distance du fleuve, au pied des collines, de beaux arbres isolés, généralement des sycomores, qui prospèrent en plein sable. Si l'on se donne la peine d'observer la nature de la localité où ils poussent, on reconnaît bientôt qu'ils s'abreuvent à des nappes d'infiltration dérivées du Nil, mais dont rien à la surface ne trahit la présence. Les fellahs attribuent leur beauté à une influence surnaturelle, et leur vouent aujourd'hui encore une sorte de culte; les Égyptiens d'autrefois les croyaient habités par Nouit, par Nephthys ou par les autres déesses du ciel ou de la mort. C'est l'un d'eux que notre Khonsoumos, arrivé récemment dans l'autre monde, rencontre à l'Occident; la déesse Nephthys l'accueille de son mieux et «lui donne les gâteaux, la bière, les oies, les bœufs, l'encens, l'eau» dont il a besoin. Cette libéralité était à deux fins. On sait avec quel soin les traditions de tous les pays insistent sur ce fait qu'un homme égaré chez les morts ne doit rien manger ni rien boire de ce qu'on lui offre, s'il veut pouvoir revenir à la vie. Khonsoumos, en acceptant le pain et l'eau de la déesse, renonce à la vie terrestre et se reconnaît sujet des dieux funèbres. En second lieu, le pain et l'eau divine étaient un viatique qui donnait la vigueur nécessaire à surmonter les fatigues du voyage. Ainsi réconforté, il doit se rendre devant le tribunal d'Osiris, subir son jugement et se faire admettre aux îles bienheureuses pour y vivre à la suite des dieux. Le moyen le plus sûr et le plus pratique d'arriver sans retard était de prendre passage sur la barque du Soleil, qui, accomplissant chaque nuit la traversée de l'autre monde, parcourait nécessairement le domaine d'Osiris. Au second acte, nous voyons la barque solaire, gouvernée à l'arrière par un dieu à tête d'épervier, l'Œil d'Horus droit, pilotée à l'avant par le cynocéphale de Thot, l'Œil d'Horus gauche: Khopri, le scarabée, se tient au milieu, portant le disque rouge entre ses pattes de devant. La barque flotte au ciel et, sous elle, un long serpent, percé de couteaux rouges, agite vainement ses replis : c'est le maître de la nuit qui a voulu vainement s'opposer à la marche du dieu et que les génies lumineux ont criblé de blessures. Khonsoumos demande en quatorze lignes la permission de s'enrôler dans l'équipage divin. «Salut à toi, Harmakhis, grand dieu qui sort de l'horizon; tu te lèves, tu te lèves, tu culmines, tu culmines, tu brilles, tu brilles; quand tu t'élèves au ciel, que ta barque marche, et que tu te mets à la poursuite de tes ennemis, tes chairs vivent, tes veines sont fortes, tes os sont solides, tes membres sont jeunes, ton âme est sainte, ton corps est divin. Maintenant que te voilà à l'Occident excellent, écoute la prière que t'adresse Khonsoumos afin d'être ton suivant. Ta mère Nouit se prosterne devant toi; les matelots de ta barque se réjouissent; le dieu grand au monde de la nuit pousse des acclamations. Viens donc à moi, ô Soleil qui est lui-même; donne du pain à mon ventre, de l'air à mon nez, des guirlandes de fleurs divines à mon buste. Ô vous tous, dieux et déesses, implorez Harmakhis pour qu'il daigne briller à la porte de ma syringe et pour qu'il revête mon corps de sa splendeur à toujours et à jamais.» À l'acte suivant, la prière a été exaucée. Khonsoumos, identifié à Osiris et suivi de ses deux protectrices Isis et Nephthys, reçoit l'hommage de son fils «Hor, défenseur de son père», à tête d'épervier. La plate-forme sur laquelle les dieux sont placés s'appuie sur les reins d'un long serpent, qui lui-même repose sur un escabeau en forme d'escalier double. Ce serpent est une déesse protectrice dont un doublet, à corps de femme et à tête de vipère surmontée de la plume de Justice, est figuré au premier plan sous le nom de *Hopit*, l'embrasseuse, celle dont les replis embrassent le dieu. Thot à corps humain et à tête d'ibis fait face au groupe divin et, s'appuyant sur un sceptre blanc et noir couronné du signe de l'Occident, annonce au mort qu'il peut désormais voyager en paix : «Râ vit et le mauvais meurt; de même que le dieu passe sain et sauf de maison en maison du ciel, Khonsoumos passe sain et sauf.» Sur le panneau de droite, près des pieds, Khonsoumos arrive enfin au tribunal d'Osiris. Il est reçu à l'entrée par Hâthor, dame du cimetière, qui l'assure de sa protection, par Mâit, la Vérité, et par Nit, accompagnées des quatre enfants d'Horus, à corps de momie, à têtes d'animaux; il leur fait l'offrande et paraît devant le juge. Osiris, prince de l'Occident, siège sous son naos, à une des extrémités du tableau, assisté d'Isis et de Nephthys. A l'autre extrémité, le mort s'avance, portant sur ses mains tendues son cœur et ses yeux, agents et complices de ses fautes ou de ses vertus. Thot, à tête d'ibis, prend le cœur et le place sur un des plateaux de la balance, tandis que la Vérité s'assied sur l'autre plateau. Tout dans l'image de la balance rappelle son origine divine : les cordes qui soutiennent les plateaux sont formées de croix ansées et de *tats* alternés; un cynocéphale, autre emblème de Thot, est juché sur le montant et veille au fléau. Thot, à tête d'ibis, toujours miséricordieux, d'une main agit sur l'appareil indicateur, de l'autre pèse sur une des cordes qui soutiennent le plateau de Vérité, pour faire pencher le jugement du bon côté; le cœur est trouvé léger de fautes, et Thot, tablette et calame en mains, inscrit le résultat de l'opération. Khonsoumos, couronné des deux plumes de Vérité, une plume de Vérité à chaque main, s'avance vers le trône d'Osiris, conduit par Thot et poussé par une petite déesse d'Occident. «Ce que dit Thot, seigneur des paroles divines, greffier de la grande Neuvaine des dieux, à son père Osiris, maître de la durée : «Voici le défunt Khon«sounos dans cette salle des doubles Vérités, et son cœur a été estimé «à la balance en présence des grands génies maîtres de l'autre monde, «et il a été trouvé vrai, on n'a point découvert trace d'impureté terrestre «en son cœur; maintenant qu'il sort juste de voix du tribunal, son «cœur lui est rendu, ainsi que ses yeux et l'enveloppe matérielle de «son cœur, pour être remis en leur place chacun en son temps, son «âme au ciel, son corps à l'autre monde, comme c'est l'usage des «serviteurs d'Horus. Que désormais son corps soit [en sûreté] aux «mains d'Anubis, qui réside dans le tombeau; qu'il ait des offrandes «au cimetière en présence d'Onnophris; qu'il soit comme un de ces «favoris qui marchent derrière toi; que son âme puisse s'établir en «tout lieu qui lui plaît dans la nécropole de Thèbes, [à lui], le défunt «Khonsoumos, dont la voix est juste par devant la grande neuvaine «des dieux.» C'est encore Thot qui préside à la scène finale, celle dans laquelle Khonsoumos est mis en possession de ses droits d'âme pure. Le dieu Sibou, la terre, est étendu, la face détournée, comme pour éviter la lumière; le dieu Shou, maître du ciel, soulève à deux mains la déesse Nouit, dont le buste allongé représente notre firmament, dont les bras et les pieds arc-boutés forment les limites de notre monde : deux divinités à tête de bélier, qualifiées chacune «ce dieu» sans autre nom, assistent Shou dans son travail. C'est l'image de l'univers : Thot annonce, dans les mêmes termes qu'il a déjà employés sur l'autre paroi, que le mort a désormais la faculté d'y circuler comme Shou, entre ciel et terre. «Râ vit et le mauvais meurt.

de même que celui qui est dans le domaine funéraire [Osiris] passe sain et sauf, défunt Khonsoumos passe sain et sauf. »

L'intérieur de la cuve ne renferme à proprement parler qu'une seule scène. La momie, identifiée dans l'esprit des Égyptiens à tous les dieux qui étaient morts et avaient repris vie par les soins des déesses, devait être entourée nécessairement de figures empruntées aux mythes de la mort et de la résurrection des dieux. Nouit, la déesse du ciel, est debout au fond de la cuve, étendant ses ailes, qui se replient sur les parois latérales afin d'embrasser Khonsoumos comme elles avaient jadis embrassé le dieu Sibou. Le signe de l'or est sous ses pieds; le disque solaire, ceint de deux uræus, plane au-dessus de sa tête; à droite et à gauche sont peints les deux éperviers, maîtres de l'autre monde, puis deux oiseaux à bras et à têtes humaines qui figurent l'âme du mort. Les parois latérales portent des figures complémentaires de celles qui remplissent le fond. Dans le réduit de la tête, à l'Est, la barque où le soleil rayonnant se lève, entre Isis et Nephthys, reçoit l'hommage de deux cynocéphales accroupis : à gauche, celui de l'Occident, à droite, celui de l'Orient. Le long des épaules, à droite, la momie d'Osiris est étendue sur son lit funéraire, le visage à nu, mais peint en vert; sous le lit, les vases à parfums, le fouet et la houlette du dieu; au-dessus, les deux yeux d'Horus, les « deux yeux excellents ». A gauche, Osiris est en voie de résurrection, comme le prouve la tension énergique de son phallus : Anubis à corps humain, à tête de chacal, dispose la momie sur le lit funéraire. La partie de la gaine réservée aux jambes est sous la protection d'Anubis, guide des chemins célestes, et des quatre enfants d'Horus qui président aux quatre maisons du monde. Anubis est ici remplacé par son sceptre, et les enfants d'Horus par les quatre momies à tête d'homme, d'épervier, de chacal et de cynocéphale. C'est toute une armée de dieux pour veiller sur un seul homme.

Le couvercle isolé était posé directement sur la momie, à l'intérieur du cercueil. Il reproduit dans sa disposition générale et dans ses principaux détails l'ornementation du premier couvercle. La dame Tentamon est couchée, la tête et la gorge dégagées des bandelettes, les mains croisées sur la poitrine. La face, souriante et fine, est d'un contour très pur et d'une délicatesse de modelé remarquable. La longue perruque teinte en bleu est retenue au sommet de la tête par un diadème émaillé, sur lequel s'épanouit une fleur de lotus, et retombe sur les épaules. La pointe des seins s'emboîte dans une sorte de fleurette identique à celles que nous avons déjà signalées aux seins de la statue n° 6 (p. 5). Grand collier, sur lequel est placé un vautour aux ailes éployées. Mains petites et étroites, étendues pour montrer les bagues qui décorent chaque doigt : le bracelet est en perles mêlées d'yeux mystiques, et le réseau de verroteries qui recouvre les bras sort d'une fleur de lotus épanouie, comme au cercueil de Khonsoumos. L'espace compris entre les bras et le collier est occupé de chaque côté par le vanneau d'Osiris. Sous les bras, au lieu du pectoral, le scarabée rattaché au collier par des fils de perles de couleur, et de chaque côté un Osiris assis, devant lequel Tentamon est agenouillée : le signe du ciel que supporte la déesse Nouit, et, dans les angles, la vache d'Hâthor couchée, le dos habillé d'une housse. Sur la partie qui répond aux jambes et aux pieds, une bande centrale de trois lignes, où Tentamon implore Nouit, Nit et Selkit; puis les scènes superposées, avec les mêmes dieux sous les mêmes formes; mais, comme l'espace est plus restreint, quelques légendes manquent, ainsi que la figure de la morte. A l'intérieur, Nouit, dessinée au trait blanc sur un fond sombre, étend les bras pour envelopper la momie qui repose sous elle. Les peintures de ce second couvercle sont comme un en-cas, afin de remplacer au besoin le premier couvercle s'il était détruit. — XXe-XXIe dynasties. — Thèbes (Sheikh Abd-el-Gournah).

54. **Bois.** — Long. 1 m. 95, larg. 0 m. 57 aux épaules, haut. aux pieds 0 m. 65.

Cercueil à fonds noirs de la XXe, XXIe ou XXIIe dynastie. Il appartient à une dame Nouboumouskhit, dont les titres et la filiation ne sont pas donnés.

La décoration du couvercle est conçue d'après les mêmes principes que celle du cercueil précédent, mais exécutée plus sobrement. La tête est coiffée d'une étoffe noire rayée de jaune. Les bouts en sont dorés, ainsi que le visage. Les yeux, rapportés, sont en émail blanc et noir. Le collier, attaché sur les épaules au moyen de deux agrafes en tête d'épervier, se compose de neuf rangs de verroteries multicolores. Au lieu du pectoral, le vautour, emblème des déesses mères, étend ses ailes : il est entièrement doré. Du vautour au bout des pieds descend une bande verticale d'hiéroglyphes : «La dame Nouboumouskhit dit : «O mère Nouit, étends-toi sur moi, mets-moi parmi «les astres impérissables au ciel, afin que ne meure pas la dame Nou-«boumouskhit.» Parallèlement aux bords du couvercle courent deux lignes d'hiéroglyphes interrompues symétriquement par quatre colonnes d'inscriptions verticales qui se détachent de la bande centrale. Elles ont été restaurées chez Clot-Bey par une main maladroite; mais ce qui subsiste des phrases originelles montre qu'il y avait là deux proscynèmes ordinaires adressés en faveur de la défunte : sur la droite à Isis, sur la gauche à Osiris.

Les quatre colonnes verticales se prolongent de chaque côté du couvercle sur la cuve et séparent quatre tableaux religieux. A droite, sur l'épaule, on aperçoit d'abord les deux yeux d'Horus sur un naos, puis deux des fils d'Horus, Amsit, à corps et tête d'homme, et Qabhsonouf, également à tête et corps d'homme; entre les deux s'intercale Anubis l'embaumeur, à tête de chacal. La morte n'est pas figurée, mais les inscriptions des bandes verticales proclament sa dévotion à chacun des dieux. Ceux-ci lui répondent chacun par un discours plein de promesses. « Je suis Amsit. O ma fille Nouboumouskhit, je suis venu pour être derrière toi et faire prospérer [tes membres]. — O mère Isis, s'écrie Anubis, viens, consolide les linceuls. — Moi, je suis Qabhsonouf, ton fils qui t'aime, ô Horus. Je suis venu pour être [derrière toi]. » Sur l'autre face, Hâpi et Tioumoutf, séparés par Anubis, font pendant aux dieux du premier groupe et ne sont pas moins prodigues de bonnes paroles. Hâpi dit : « Je suis Hâpi. Je suis venu pour être derrière toi, coordonner ta tête et tes membres et frapper [tes ennemis]. — Moi, dit Tioumoutf, je suis ton fils qui t'aime, ô Hor. Je suis venu défendre ton père Osiris de [tout mal]. » La même main qui a gâté le couvercle s'est exercée sur la cuve.

L'intérieur est sans ornements, presque brut. La momie, enveloppée d'une couche assez mince de linges salis, a été fouillée par les Arabes et tombe en morceaux. — XXe-XXIIe dynasties. — THÈBES (SHEIKH ABD-EL-GOURNAH).

55. **Bois.** — Haut. 1 m. 72, larg. 0 m. 48.

Vers le milieu du VIIe siècle avant notre ère, après que la charge de *Premier Prophète d'Amon* eût été supprimée à Thèbes, deux ou trois grandes familles sacerdotales s'emparèrent de la plupart des fonctions qui s'exerçaient dans les temples d'Amon, de Mout, de Khonsou et des dieux thébains. Alliées l'une à l'autre par de nombreux mariages, elles réunirent bientôt entre leurs mains toute l'autorité et toute la fortune du pays. Leur sépulture, établie entre les villages actuels de Sheikh Abd-el-Gournah et de Drah Abou'l Neggah, en partie dans des tombes plus anciennes qu'elles avaient usurpées sur leurs premiers possesseurs, a rendu, depuis le commencement du siècle, plusieurs centaines de cercueils dispersés aujourd'hui dans les divers musées du monde. Le cercueil du musée de Marseille appartenait à un de leurs membres Ankhkhonsou, père divin et supérieur des artisans du temple d'Amon, fils du père divin d'Amon, Pétisis. D'après le style des hiéroglyphes, ce personnage vivait à la fin de l'époque persane ou au commencement de l'époque grecque.

Le couvercle a la forme humaine. La coiffure est en étoffe jaune à raies bleues, surmontée d'une calotte noire, bordée de franges simulant les pétales d'une couronne de lotus : le fond en est jaune, un gros scarabée s'y détache en noir flanqué du signe de l'Occident à droite, du signe de l'Orient à gauche. La face est peinte en rouge. Au cou, le grand collier dont les attaches se perdent sous les bouts de la coiffure. Les bras sont revêtus d'un maillot rouge collant, orné de dessins imitant un réseau de perles en verroterie multicolores. Les deux mains, croisées sur la poitrine, tenaient la croix ansée et le tat, perdus aujourd'hui. La gaine est barbouillée d'une couche de jaune éclatant, sur laquelle les inscriptions et les figures s'enlèvent en couleurs variées, principalement en rouge. La poitrine entière est occupée par une Nouit accroupie sur son naos et allongeant ses ailes : son nom est tracé en vert sur le disque rouge qui la couronne. C'est elle, dit la légende, qui «lève Râ vers l'horizon» où il doit renaître. Sous les ailes, Ankhkhonsou, habillé d'une jupe verte, «salue à quatre reprises» Osiris debout devant lui. Les vides que laisse cette composition sont remplis d'inscriptions à l'encre noire où le nom et la filiation du mort sont répétés à satiété. Sous ce registre, en une seule ligne, l'invocation ordinaire: «Ta mère Nouit s'est étendue sur toi en son nom de Déesse qui étend le ciel, elle accorde que tu sois comme le dieu [Osiris] qui repose en face de toi.» La partie de la gaine qui répond aux jambes est, comme d'habitude, partagée en deux moitiés : ici, la bande du milieu n'a qu'une seule ligne d'hiéroglyphes et contient un proscynème à Osiris en l'honneur d'Ankhkhonsou. Les scènes ne sont qu'au nombre de six : trois de chaque côté. Au premier registre, les quatre enfants d'Horus, sur la droite Hâpi à tête de cynocéphale, Qabhsonouf à tête d'épervier, sur la gauche Amsit à tête humaine et Tioumoutf à tête de chacal, promettent à Ankhkhonsou ce qu'ils avaient déjà promis ailleurs à la dame Tentamon «d'être derrière lui, chaque jour», pour le défendre. Au deuxième registre, sur la droite, Anubis, le psychopompe, à tête de chacal, présente deux bandelettes à Ankhkhonsou, en compagnie d'Horus, protecteur de son père, à tête d'épervier, tandis que sur la gauche il est suivi du dieu Sibou à chairs vertes. Le troisième registre ne renferme que les deux yeux qui règlent l'orientation de la scène, celui de droite, marquant l'Orient, celui de gauche l'Occident. Les pieds sont commis à la garde d'Isis qui étend ses bras ailés et agite en signe de faveur les deux plumes de Vérité. L'intérieur est enduit de stuc blanc et porte une inscription à l'encre noire, longue, mais sans intérêt pour nous. Nous y apprenons une fois de plus comment et par qui le mort est approvisionné dans l'autre monde. «Offrande à Osiris, dans l'Occident, dieu grand, maître d'Abydos, à Anubis sur sa montagne, l'embaumeur, maître du cimetière, à Sibou, prince des dieux, chef de la grande neuvaine des dieux, à Ounnophris, maître de la durée, roi de l'éternité, pour qu'ils donnent la provende, milliers de pains, milliers de vases de bière, milliers de bœufs, milliers d'oies, milliers de grains d'encens ardents, milliers de libations d'eau fraîche, milliers de vases d'essence, milliers de cruches de vins, milliers de pots de lait, milliers d'offrandes, milliers de cadeaux, milliers de toutes les choses bonnes et pures, milliers de toutes les choses douces et agréables qui sortent sur l'autel du dieu en sa fête chaque jour, au double de Ankhkhonsou, fils de Pétisis! Proscynème à Osiris, maître de Mendès, dieu grand maître d'Abydos, pour qu'il donne une sépulture excellente dans la syringe sur la montagne occidentale de Thèbes, la très bonne, [la grâce] d'être bienheureux auprès du dieu grand, maître du ciel, à défunt Ankhkhonsou, fils de Pétisis.»

La cuve est ornée d'une profusion de légendes malheureusement peu intéressantes. A l'extérieur, la bande médiale est occupée par une immense tat couronné de la coiffure d'Osiris : c'est le gage de l'éternité que le dieu accorde à Ankhkhonsou. Des deux légendes écrites sur les bas côtés, l'une, celle de gauche, n'est que la répétition littérale du proscynème dont je viens de donner la traduction, l'autre énumère les fêtes auxquelles il convient de faire l'offrande à Ankhkhonsou, «la fête du jour de l'an, celle de Thot, celle des morts, celle du commencement des saisons, celle de Sokaris, une part des masses d'offrandes à la fête du mois et du demi-mois, toute fête qui se célèbre en quelque jour que ce soit». A l'intérieur, longue légende à l'encre noire sur fond blanc. C'est un extrait du Livre des Morts, le chapitre XXVI, copié hâtivement, sans scrupule de la correction. Le mort y annonce que son cœur, enlevé au moment de l'embaumement, lui a été rendu, et qu'il est apte à remplir toutes ses fonctions. «Mon cœur est à moi à la place [ordinaire] des cœurs, l'enveloppe charnelle de mon cœur est à moi à la place [ordinaire] de pareilles enveloppes, [dans ma poitrine]; mon cœur est à moi, réuni à moi....., ma bouche est à moi pour parler, mes jambes à moi pour marcher, mes mains à moi pour renverser mes ennemis et m'ouvrir les chemins du ciel et de la terre. Sibou, le prince des dieux, m'a ouvert mes mâchoires, il m'a déclos mes yeux qui n'y voyaient plus, il m'a apporté mes mains qui étaient liées. Anubis a rendu la vigueur à mes cuisses, et il m'a relevé jusqu'à ce que je me tinsse debout. Sokhit la déesse m'a ouvert son œil au ciel, et on m'a accordé une place à Memphis. [Désormais] je connais de mon esprit, je suis maître de mon cœur, je suis fort par mes mains, je suis maître de mes pieds, je fais ce qui plaît à mon double, mon âme n'est pas emprisonnée en mon corps, lorsque je me présente aux portes de l'autre monde.» — Époque persane. — Thèbes (Sheikh Abd-el-Gournah).

56. **Bois.** — Haut. o m. 26, long. o m. 43.

Panneau recourbé, arraché au chevet d'une cuve de cercueil momiforme. On distingue encore, à l'extérieur, les débris d'une scène d'adoration : Harmakhis, à tête d'épervier, et Osiris, à tête humaine, sont assis en face du mort qui leur rend hommage. A l'intérieur, trois des fils d'Horus sont debout : celui qui a la tête d'épervier, Qabhsonouf entre deux autres qui ont la tête humaine. Le nom du mort n'est lisible nulle part. Le travail est médiocre, le vernis, mal appliqué, n'a pas tenu, et les couleurs se sont altérées par endroits. — Époque saïte. — Thèbes (Sheikh Abd-el-Gournah).

57. **Bois.** — Long. 1 m. 76, larg. 0 m. 50.

Couvercle d'un cercueil carré dont deux autres fragments, cotés n° 58, sont dans une des vitrines de la salle suivante. Il est décoré extérieurement de dessins à l'encre noire, à peine relevés çà et là de teintes rouges et bleues. Le premier registre, surmonté du ciel étoilé, est séparé en deux tableaux par un gros scarabée noir, qui tient entre ses pattes de devant le disque rouge, entre ses pattes de derrière le sceau d'éternité. A droite et à gauche, Osiris assis sur son trône reçoit l'offrande de la dame Samiriti (Enchantement des deux yeux), fille de la dame Talimhotpou. Samiriti porte un titre qui ne paraît pas sur les monuments avant l'époque romaine. Pendant la durée des temps pharaoniques, tous les morts, hommes et femmes, étaient identifiés à Osiris et prenaient son nom : pour dire le défunt Khonsoumos, la défunte Samiriti, on disait l'Osiris Khonsoumos, l'Osiris Samiriti. Sous la domination romaine, on jugea qu'il était plus convenable de donner pour gardien à chaque sexe un dieu de son sexe, et Hâthor devint la protectrice des mortes : on disait encore l'Osiris Khonsoumos, mais l'Hâthor Samiriti. Le second registre est séparé du premier par le ciel étoilé que supporte la déesse Nouit accroupie, étendant ses ailes. C'est, comme on voit, la même décoration que nous avons décrite sur le cercueil de Khonsoumos (p. 33-34), antérieur de dix siècles ou peu s'en faut. Le reste répond à ce commencement : on voit encore une bande centrale formée ici de quatre colonnes verticales, puis sur six registres superposés, à droite : 1° Amsit à tête humaine, Hâpi à tête de chacal; 2° le dieu Matoufef (celui qui voit son père) et Hor Khentmiriti; 3° le bélier couronné du disque rouge, *l'âme vivante de Râ;* 4° Un second bélier à disque rouge, qui est *l'âme vivante du dieu Sibou;* 5° Isis accroupie et pleurant; 6° un des deux chacals, guides des chemins célestes, accroupi sur son naos; — à gauche : 1° les deux autres fils d'Horus, Tioumoutf à tête de chacal et Qabhsonouf à tête d'épervier; 2° deux divinités à tête humaine : Khribakouf (celui qui est sous son moringa), et Irinafzosf (celui qui s'est fait lui-même); 3° et 4° les deux béliers à disque rouge, appelés ici *l'âme de Shou* et *l'âme d'Osiris;* 5° Nephthys accroupie et pleurant; enfin, 6° le second chacal sur son naos. La bande centrale, au lieu de renfermer, comme à l'époque thébaine, quatre proscynèmes différents à autant de dieux, contient d'ordinaire, depuis le milieu de l'époque saïte, une copie plus ou moins complète d'un des chapitres du *Livre des Morts* où sont exprimées le plus explicitement les croyances et les espérances des âmes, le chapitre LXXII. «Salut à vous, dieux de vérité, exempts de péché, vivants pour le temps et pour les âges éternels! J'ai pénétré jusqu'à vous, je jouis de mes formes, je suis muni de mes talismans, j'ai été estimé à ma valeur : délivrez-moi des bêtes féroces qui sont en cette terre des Morts Vertueux. J'ai ma bouche afin de parler; accordez-moi les offrandes qui sont [déposées] en face de vous, car je connais vos noms, je connais le nom de ce dieu grand. Donnez-moi des fleurs pour le nez de ce dieu nommé Rokmou [l'envahisseur], qui pénètre dans la région orientale du ciel, afin que, lui n'étant pas repoussé, je ne sois pas repoussé; que, lui passant sain et sauf, je passe sain et sauf. Ne me jetez pas à l'abattoir [où l'on égorge les âmes], accordez que les ennemis ne s'emparent de moi, ne me repoussez pas de vos portes, ne fermez pas vos huis contre moi, car [j'ai déposé] mon offrande de pains [à votre intention] dans la ville de Pou, mon offrande de bière dans la ville de Doupou. Si je prends possession de la demeure divine que m'a donnée mon père Toumou, car il m'a établi une maison sur terre dans laquelle il y a du blé et de l'orge, dont on ne sait le compte, — lorsque le fils de mes reins m'y célèbre des fêtes, donnez moi une provende de pains et de boissons, de bœufs, d'oies, d'étoffes, d'encens, d'essences, de toutes les choses bonnes, pures et douces dont vit un dieu, pour que j'existe et que je dure éternellement en toute forme qui me plait, que je fasse bonne traversée aux jardins d'Ialou, que je revienne aux jardins de Hotpou, car moi, je suis les deux lions [Shou et Tafnouit]. » — Époque romaine. — THÈBES (SHEIKH ABD-EL-GOURNAH).

58. **Bois.** — Long. 0 m. 53, haut. 0 m. 32.

On a réuni sous ce numéro un panneau, provenant d'un des petits côtés, et deux ais provenant des côtés longs du cercueil auquel appartenait le couvercle décrit au numéro précédent. Les inscriptions nous donnent, outre le nom de Samiriti, fille de Tatimhotpou, des débris de proscynème « à Osiris, maître d'Abydos, roi du ciel, chef de la terre, très grand au cimetière, grand à Thèbes, grand à Memphis, qui a régné sur l'Océan », à « Hâpi pourqu'il donne l'eau à la défunte, à Noupit, [la déesse des grains] pour qu'elle lui donne le pain, à Hâthor pour qu'elle lui donne la bière ».

59. **Bois.** — Long. 1 m. 92, larg. 0 m. 62, haut. 0 m. 34 (Don de M. Augier, conservateur-adjoint du Musée).

Ce cercueil, acheté à un marchand d'antiquités nommé Allemand, qui, lui-même, l'avait acquis au musée de Boulaq, provient du cimetière découvert en 1884 près d'Akhmim, l'ancienne Panopolis. C'est un type très médiocre de ce qu'était, dans cette ville, l'art de l'embaumeur, vers le premier siècle avant notre ère. Le travail en est grossier; la tête, taillée à grands coups, est animée d'une paire de grands yeux en émail noir et blanc. Sur le couvercle, une seule inscription à l'encre jaune, presque effacée, contenait en quatre lignes un proscynème à Osiris, en faveur du prêtre de Minou, le dieu ityphallique d'Akhmim, Nsiminou (Sminis), fils du prêtre de Minou, Zeho, et d'une femme dont le nom est illisible. — Époque ptolémaïque, — Akhmîm.

60. Bois. — Long. 1 m. 72, haut. 0 m. 30.

Panneau latéral d'un cercueil rectangulaire d'époque romaine. Travail très soigné d'un temps où l'on savait encore dessiner les hiéroglyphes, mais où on ne savait plus les écrire couramment : chaque signe est étudié minutieusement, mais exécuté d'une main gauche et sans souplesse. Les couleurs n'ont plus le même brillant, ni la même intensité qu'à l'époque pharaonique ; comme sur les stèles en bois nos 48-51 (p. 29-30), les jaunes et les roses abondent. Le panneau est formé de deux parties en retraite l'une sur l'autre. En premier lieu, un encadrement, décoré en bas de rainures simulées; en haut, les restes d'un proscynème «aux puissants maîtres de l'autre monde, afin que le mort puisse servir le dieu qui repose sur son lit funéraire [Osiris], repousser les ennemis dans la syringe», et accomplir sans péril les autres fonctions de sa vie mortelle. Le mort s'appelait Imhotpou, fils de Ankhhetmit et de la dame Tentri. Le tableau central représente diverses scènes de l'autre monde. A droite, Osiris momie, revêtu du grand manteau qui lui descend jusqu'au jarret, et derrière lui Isis debout : les noms ne sont pas écrits, la place des caractères est indiquée par des lignes de points noirs. Devant les dieux, Anubis à tête de chacal dresse la momie du mort. Vient ensuite une composition mystique empruntée au *Livre de savoir ce qu'il y a dans l'autre monde* (cf. nos 93 et 95, p. 61-62). Deux grands bras, sortis du sol, supportent chacun un petit homme qui verse de l'eau sur une momie debout à droite et à gauche : entre les bras s'allonge une autre momie coiffée de deux disques, l'un rouge, l'autre vert, séparés par une étoile à cinq branches. C'est une déesse, Hâthor ou Nouit, qui reçoit dans ses bras la momie du soleil et, en même temps, lui verse, ainsi qu'au mort, l'eau qui doit la ranimer. Au delà sont représentés les gardiens des treize portes que le mort franchissait avant d'arriver à l'un des paradis égyptiens. Ces gardiens à tête de serpent, de lion, de singe, de taureau, d'homme, de crocodile sont assis, le couteau au poing, prêts à égorger quiconque ne leur donne pas le mot de passe. — Époque romaine. — Thèbes (Sheikh-Abd-el-Gournah).

61. Bois. — Long. 1 m. 34 et 1 m. 03; larg. 0 m. 35.

Deux panneaux en bois provenant de deux cercueils momiformes. Sur la panse, longue inscription en cinq lignes horizontales et cinq colonnes verticales, d'abord tracée à l'encre noire, puis sculptée grossièrement au couteau. Au-dessus, une âme à corps d'épervier et à tête humaine, ailes déployées, entre six dieux et déesses répartis en deux groupes de trois. Les deux panneaux portent des inscriptions et des figures identiques, mais inscriptions et figures sont l'œuvre d'un faussaire moderne.

62. **Bois.** — Haut. 0 m. 61, larg. 0 m. 57.

Petit panneau d'un cercueil rectangulaire, formé de bois assemblés de façon à simuler la façade d'un temple. Tout en haut, en couronnement, une rangée d'uræus lovées, la tête surmontée du disque rouge : elles sont posées sur la corniche ordinaire que décore un disque solaire, peint en rose. Une seconde corniche, en retraite sur la première, et ornée comme elle du disque ailé, puis, sur les deux montants, deux longs serpents noirs et rouges, à gauche «le grand javelot qui réside au pays de vie», à droite, «Nohbou, qui assemble des provisions pour les dieux et donne la vie aux morts». Ce sont deux des gardiens du domaine d'Osiris. Devant chacun d'eux, une femme debout, Taouat à gauche, Moutti à droite, lève les bras en signe d'adoration. Entre les deux, un naos est figuré, dont la façade reproduit en petit la façade du temple, couronnement d'uræus, double corniche, serpent sur chaque montant : dans la baie, Osiris assis et Isis debout, à qui un petit homme barbouillé de rose adresse une prière en écriture démotique. — Époque romaine. — Thèbes.

63. **Bois.** — Long. 1 m. 92, larg. 0 m. 45.

Couvercle plat d'un cercueil rectangulaire. Une seule ligne d'inscription a été taillée dans le sens de la longueur, puis relevée de couleur verte. C'est un proscynème à Phtah-Sokar-Osiris, en l'honneur de Khet, fils de Pmireni — Époque gréco-romaine. — Saqqarah.

64. **Bois.** — Long. 2 m. 10, larg. 0 m. 60, haut. 0 m. 45.

Grand cercueil en forme de momie, face épatée, tête rentrée dans les épaules. Point d'ornements, mais, sur la poitrine, inscription hiéroglyphique en cinq colonnes verticales, surmontée d'une seule ligne horizontale d'écriture démotique, le tout relevé de couleur bleue. Le cercueil a renfermé la momie d'un certain Pétéharnoutef, fils de la dame Tanoubounouskhit. L'inscription hiéroglyphique nous donne une fois de plus le texte du chapitre LXXII (cf. n° 57, p. 44-45). — Époque gréco-romaine. — Saqqarah.

65. **Bois.** — Long. 1 m. 72 et 1 m. 80.

Deux ais garnis d'une grecque sculptée, sans inscription. Ils proviennent d'un cercueil de style mixte, égyptien et grec, analogue au cercueil n° 5609 du musée de Boulaq (Maspero, *Guide du visiteur*, p. 375-376). — Époque gréco-romaine. — Saqqarah.

66. **Serpentine verte.** — Long. 1 m. 90, larg. aux épaules, o m. 65, haut. aux pieds, o m. 47.

Beau sarcophage momiforme de la fin de l'époque persane ou du commencement de la période macédonienne. C'est le moment où les Égyptiens ont travaillé les pierres les plus dures, telles que le basalte et la serpentine, avec le plus d'habileté et de sûreté de main. Le style du sarcophage n° 66 est excellent. Les hiéroglyphes et les figures, gravés très nettement en creux, s'enlèvent d'un ton mat sur le champ poli de la pierre. La tête, aimable et souriante, est un peu écrasée et a les oreilles écartées du crâne, comme c'est presque toujours le cas sur les cercueils de ce genre. La gaine est droite, sans aucun relief à la place du genou. L'ensemble est traité avec une largeur et une perfection qu'on ne rencontre que bien rarement sur les sarcophages que renferment nos musées.

Le cercueil appartenait au héraut royal Ankhhâpi, fils de la dame Tatosiri ou Tentosiri. La décoration en est relativement simple et peu chargée de tableaux ou d'inscriptions. Un collier à six rangs de fleurettes et de perles longues alternées est passé au cou : les extrémités se perdent sous les bouts de la coiffure. Sur la poitrine, un scarabée sculpté en relief dans le creux et tenant le sceau entre les pattes de derrière. L'inscription, tracée à droite et à gauche en seize colonnes verticales, contient le texte du chapitre xxx du *Livre des Morts* qu'on rencontre d'ordinaire sur le plat des gros scarabées funéraires. «O mon cœur qui me vient de ma mère, mon cœur de quand j'étais sur terre, ne te lève pas contre moi comme témoin, ne me charge pas par devant les chefs divins, ne m'écarte pas devant le dieu grand seigneur de l'Occident. Salut à toi, ce cœur de l'Osiris qui vit parmi les morts, salut à toi, viscère divin, salut à vous, dieux à la barbe tressée, puissants par votre sceptre (les quatre fils d'Horus, dieux des quatre maisons du monde), dites du bien du prophète et héraut royal Ankhhâpi, fils de la dame Tentosiri, remettez-le aux soins du dieu Nahbkoou, car il a été enterré à l'Occident du ciel, afin qu'il demeure sur terre et ne meure pas dans l'Occident, mais qu'il y prospère à toujours et à jamais.» Ce premier registre est séparé du second par le ciel étoilé, sous lequel plane l'âme à corps d'épervier, à tête humaine; sous l'âme, un second ciel étoilé, et une scène d'adoration dans laquelle Ankhhâpi fait offrande à deux dieux assis sur un naos. L'inscription en huit lignes qui accompagne ce tableau à deux étages est empruntée au *Livre des Morts* (ch. LXXXIX), et a pour objet de rendre au mort son âme que la mort lui avait enlevée. «O meneur [d'âmes], coureur en sa chapelle [le soleil qui circule à travers le monde dans la cabine de sa barque], dieu grand, donne que mon âme vienne à moi de tout lieu où elle est. Si l'on tarde de m'amener mon âme de tout lieu où elle est, lorsque tu trouveras l'œil d'Horus, saisis-le comme firent les autres dieux qui ne reposent jamais, qui sont dans An, la terre aux mille villes, amenez-moi mon âme et mes mains en tout lieu où ils sont..... Si tu tardes à me faire voir mon âme et mon corps, lorsque tu trouveras l'œil d'Horus, saisis-le comme firent ces autres! O dieux qui traînez la barque du maître des siècles, qui conduisez [le seigneur] du firmament en l'autre monde, qui combattez [sur] les voies de Nouit, qui conduisez les âmes aux corps, dont les mains tiennent les cordes [qui remorquent la barque solaire], dont les poings saisissent les massues, et qui détruisez les ennemis, si bien que la barque exulte, que le dieu grand passe sain et sauf, faites que mon âme se mêle à vous [quand vous arrivez] à l'Orient, qu'elle sorte vers sa momie, qu'elle ne soit pas détruite, qu'elle ne soit pas anéantie, mais qu'elle ait sa place toujours assurée pour le lendemain, en paix auprès de l'Amentit, et qu'elle voie son corps!» Le mort mêlait donc les menaces aux supplications pour obtenir l'appui du dieu. Le graveur, en retraçant sur la poitrine du sarcophage l'image de l'âme, a rendu la prière à jamais efficace.

L'inscription en sept colonnes verticales et une ligne horizontale qui est sculptée sur les jambes n'est qu'une copie assez incorrecte du chapitre LXXII du *Livre des Morts* (cf. p. 44-45). — Époque grecque. — SAQQARAH.

67. **Basalte noir.** — Long. 1 m. 90, larg. aux épaules 0 m. 65, haut. aux pieds 0 m. 47.

Sarcophage de même style et de même époque que le précédent, mais plus chargé que lui de figures et de légendes. Il a appartenu successivement à deux personnages. Le premier, Panisi, fils de Simtooui et de la dame respectable Tasimtooui, s'était contenté d'une inscription de neuf colonnes en beaux hiéroglyphes, sculptée au milieu de la poitrine. Le second, le prophète Pétosiris, fils du prophète Pétéharpekhrouti et de la dame Posdit, a fait graver tout le reste. Le style des hiéroglyphes montre qu'il n'a pas dû s'écouler beaucoup de temps entre le moment où le sarcophage fut taillé et celui où il fut usurpé : Panisi dut jouir quelques années à peine du beau tombeau qu'il s'était préparé. L'histoire des dernières dynasties égyptiennes nous permet d'expliquer ce fait. La seconde conquête de l'Egypte par les Perses, celle d'Okhos sur Nectanébo II, fut plus terrible et plus cruelle que n'avait été la première, celle de Cambyse sur Psamitik III. Memphis fut pillée, le bœuf Apis tué et son temple saccagé, la nécropole elle-même n'échappa point à la fureur des Perses et à leur cupidité : les momies furent mises en pièces, les sarcophages furent enlevés comme butin. On conçoit dès lors comment des personnages morts depuis peu ont pu être dépouillés, et comment un prophète comme Pétosiris a pu être enterré dans le sarcophage de son presque contem-

IMPRIMERIE NATIONALE.

porain. La plupart de ces cercueils restèrent en Égypte; quelques-uns furent achetés par des étrangers et se sont retrouvés en Phénicie comme ceux qui ont contenu le corps d'Eshmounazar II et de Tabnit, rois de Sidon.

Face souriante, légèrement épatée, collier à onze rangs, terminé à chaque extrémité par une tête d'épervier. Sur la poitrine, l'âme aux ailes éployées. L'inscription qui suit la courbure des ailes contient une courte profession de foi empruntée au chapitre LXIV du *Livre des Morts* : «Moi, dit le défunt Pétosiris, je suis hier et demain, Hor qui naît une seconde fois.» Sous l'âme, le scarabée tient le sceau entre ses deux pattes de derrière. A gauche, Nephthys, debout, élève à deux mains les signes combinés de la vie et de la durée, et déclare à Pétosiris qu'elle est venue se mettre derrière lui pour le protéger, pour «lui éclairer la face sur les chemins des ténèbres». A droite, Isis présente à deux mains la voile enflée, symbole de respiration. «O défunt, premier prophète, scribe royal, Pétosiris à la voix juste, je suis venu pour être derrière toi, j'ai donné l'air à ton nez, la brise fraîche du Nord qui sort d'Atoumou à tes narines et pour pénétrer en ton gosier; j'ai donné que tu fusses comme un dieu, tes ennemis renversés sous tes sandales, que tu eusses la voix juste en l'autre monde et au firmament, que tu fusses puissant avec les dieux qui montent sur le dos [de l'ennemi], que tu ne fusses pas culbuté quand tu viens, mais lorsque tu viens, tu viens comme vient Hor juste de voix et réciproquement.» L'inscription en neuf colonnes qui se développe sous ce premier registre n'est plus au nom de Pétosiris : elle appartient au premier propriétaire du sarcophage. «O défunt, premier prophète de Sokari qui réside à Siout, prophète d'Hâthor, dame de Tihnit [dans la Basse-Égypte], prophète d'Isis de la Ville d'Anubis, prophète de la déesse Mibit-Tafnout, prophète de Sovkou maître de la ville d'Iabit, prophète de la déesse Ouazit, dame de Shashotpou, Panisis, fils de Simtoouï et de la respectable dame Tasimtoouï, puisses-tu naître au firmament comme le dieu Lune, puisse ton âme être distinguée comme Orion, puisses-tu être exempt de crainte, puisse ton cœur être exempt de crainte, puisse ton âme ne pas être écartée de toi! Que Râ te donne ta bouche pour que tu parles à ton corps éternellement; vis comme Râ, rajeunis-toi comme le dieu Lune, va librement comme Ouapouaïtou [le chacal guide des chemins célestes], entre et sors au gré de ton cœur comme le Nil en sa source mystérieuse, sois vivant auprès du maître de l'être, — lorsqu'il veut rajeunir un être, ce qu'il a dit s'accomplit —; lorsque tu appelles le Nil, puisse-t-il venir, pour qu'on te donne des pains de l'autel d'Osiris, quand tu entres en la première salle [du dieu des Morts], qu'on ne te dise point : Arrière! mais que ton âme vive éternellement.» L'inscription de Panisi est flanquée, à droite et à gauche, de quatre figures superposées deux à deux et représentant les quatre dieux, fils d'Hor, qui veillent sur les quatre points cardinaux et sur les éléments constitutifs de l'être humain. A gauche, c'est d'abord Amsit à tête humaine : «Je t'amène ton double derrière toi, afin que, quand tu vas, il ne soit point séparé de toi éternellement.» Amsit tient en effet sur ses deux mains étendues le signe du *double*, deux bras levés. Au-dessous de lui, Tioumoutf à tête de chacal apporte également sur ses deux mains l'épervier à tête humaine, image de l'âme : «Je t'amène ton âme pour qu'elle t'accompagne en ta course, l'unissant à toi éternellement.» A droite, Hâpi à tête de cynocéphale, présente le petit vase, image du cœur matériel : «J'apporte ton cœur et je te le fais passer en ton corps, afin qu'il batte pour toi éternellement.» Qabhsonouf, à tête d'épervier, apporte une quatrième figure, celle de la momie même : «Je t'apporte ta dépouille mortelle saturée des substances de l'embaumement, je te donne ton ombre et ton âme éternellement.» Ce n'est pas sans raison que ces quatre figures et les légendes qui les accompagnent sont placées sur la même ligne que le long texte du milieu : elles sont comme l'illustration et la mise en pratique des souhaits exprimés dans l'inscription. Celle-ci se bornait à exprimer un désir : «Puisse ton cœur être exempt de crainte, puisse ton âme ne pas être écartée de toi.» Les tableaux de côté nous montrent les génies spéciaux à l'œuvre pour rendre au mort toutes les parties de lui-même qui sont nécessaires à la vie d'outre-tombe comme à la vie de ce monde, le double, l'âme, le cœur, le corps et l'ombre. Les quatre enfants d'Hor complètent l'œuvre commencée par les deux sœurs d'Osiris, Isis et Nephthys : elles avaient donné l'air et la vie au mort, ils rendent perpétuelle cette résurrection momentanée.

L'homme ainsi reconstitué peut désormais marcher, agir, parler. Les scènes et les inscriptions qui couvrent la gaine le montrent en pleine possession de ces facultés. Sous le firmament étoilé, il comparaît devant les dieux, Osiris et les maîtres des champs d'Ialou, le paradis des Égyptiens. Le long texte qui accompagne cette vignette double est comme à l'ordinaire celui du chapitre LXXII du *Livre des Morts* (cf. p. 44-45). Les deux pieds sont placés naturellement sous la protection de deux chacals, guides des chemins célestes. Le premier, à gauche, «Anubis, dans le tombeau, dieu grand maître du cimetière», dit : «Je donne que vive l'âme du défunt prophète Pétosiris dans la syringe, éternellement.» Celui de droite, «Anubis, maître de l'embaumement, dieu grand qui réside à l'Occident», tient un discours analogue : «Je donne que prospère le corps du défunt prophète Pétosiris dans la syringe, comme Osiris dans l'Occident éternellement.» La plinthe sur laquelle s'appuient les pieds est décorée plus complètement que d'habitude. La tranche porte deux tableaux : à gauche, le mort s'avance le bâton à la main, suivi d'un serpent qui est pourvu de deux jambes humaines. A droite, la momie est debout devant le sycomore divin : Nouit en jaillit et verse les eaux vivifiantes sur les mains du double agenouillé (cf. p. 36). Au centre, Pétosiris transformé en sycomore distribue l'eau aux âmes humaines qui accourent vers lui. Les légendes, un peu mutilées, expliquent le sens de ces figures: «[Il se lève], le défunt Pétosiris! [de même que Sokari se lève.....] le défunt Pétosiris culmine sur cette colline du ciel, sort au firmament, se laisse aller au cours du soleil! O toi qui es inerte, qui es inerte dans ta syringe en Abydos, [Osiris], donne que respire le défunt prophète Pétosiris.» — «De même qu'Osiris apparaît en son œuf, qu'il est dans le nid, puis s'envole et arrive à l'horizon, le défunt Pétosiris apparaît en son œuf, est dans son nid, puis s'envole et arrive à l'horizon, et alors il lui est donné du pain au ciel à la suite de Râ, du pain sur la terre à la suite de Sibou, il saisit l'air, il empoigne la brise du Nord, il aspire l'eau aux vases à libation sur cette colline [occidentale] du ciel», où vont tous les morts. Osiris, identifié ici à Râ, est un épervier, et c'est pour cela que notre texte emploie tant d'images empruntées à la vie de l'oiseau; quant aux offrandes que le mort trouve à l'horizon, j'en ai plus haut expliqué le sens (cf. n° 53, p. 36). Sous la plante des pieds, on aperçoit une représentation unique à ma connaissance. Un tertre, arrondi au sommet, couronné de quatre arbres allongés en cône; l'inscription nous apprend qu'Osiris y repose, sous la garde de deux divinités à corps d'homme, à tête de bélier surmontée de deux longues pousses de palmier, accompagnées celle de droite d'un long serpent nommé «celui qui danse dans les ténèbres», celle de gauche de la plume de vérité. «C'est ici, dit la légende, la demeure où se cache la pourriture qui est en elle; c'est ici la colline d'Osiris. Étant dans l'Occident, c'est par elle qu'il sort sur terre de fois en fois, et l'offrande funéraire qui s'y trouve, c'est Ce Dieu et Khons» qui la fait. *Ce dieu* et *Khons* sont donc les deux divinités à tête de bélier; le tertre lui-même est celui qui cache le tombeau d'Osiris à Abydos. Nous savions déjà qu'Osiris, le dieu des morts, avait vécu sur terre, était mort, y avait été enterré: c'est la première fois que nous voyons représentées et décrites avec autant de netteté sa tombe et sa dépouille funèbre. La courte inscription tracée derrière la divinité de droite nous donne la raison pour laquelle le tombeau d'Osiris est figuré sur le sarcophage: «De même qu'Horus a trouvé son œil [que Sit lui avait pris], de même que Sit a trouvé ses organes [qu'Horus lui avait enlevés], le défunt Pétosiris a trouvé sa demeure sur terre.» Le mort est Osiris, la demeure du mort est nécessairement le tombeau d'Osiris.

Cet ensemble de scènes est garni, en bordure, de deux longues bandes d'hiéroglyphes renfermant une formule de prière et les titres du défunt: celle de gauche commence par une dizaine de caractères symboliques. Au-dessous, Pétosiris, accompagné de son âme, est debout présentant son hommage et ses prières à trente dieux: quinze du côté gauche, quinze du côté droit. Chacun d'entre eux lui promet son aide. A gauche, Harmakhis à tête d'épervier surmontée du disque solaire, lui dit : «Je suis venu vers toi, défunt Pétosiris, et je t'ai rendu ton corps.» Il est suivi de Khopri, le soleil levant, à tête humaine sur laquelle est posé le scarabée; d'Amsit, le fils d'Horus; d'Anubis psychopompe à tête de chacal; d'un dieu à tête d'Ibis, Khribakouf, qui lui promet l'eau fraîche; de Tioumoutf à tête de chacal; de Harkhontmiriti à tête d'épervier; de Ouapouaîtou du Sud à tête de chacal; d'un dieu à tête humaine, Irinafzosf, dont le nom signifie *Il s'est fait lui-même;* d'un second Anubis; de Shou, et de sa femme Tafnouit à tête de lionne; des deux déesses Nit et Selkit, dont la dernière porte un scorpion sur la tête; enfin d'un dieu enfant, le *Chéri de sa mère.* A droite, Atoumou à tête humaine, coiffé du pschent, s'avance en tête de la procession divine : viennent ensuite Osiris, Hâpi à tête de cynocéphale, Anubis l'embaumeur à tête de chacal, Qabhsonouf à tête d'épervier, Thot à tête d'ibis, Ouapouaîtou du Nord à tête de chacal; un dieu à tête humaine qui s'appelle *Roi des deux yeux de son père*, un second Anubis, Hor, défenseur de son père, à tête d'épervier, Sibou, la terre, et sa femme Nouit, le ciel, Sapi à tête d'épervier, enfin, Isis et Nephthys. Ce sont les patrons des trente jours du mois qui sont là pour protéger le mort chacun en son jour.

La cuve ne porte aucune inscription ni à l'extérieur, ni à l'intérieur. — Fin de l'époque saïte. — Saqqarah.

§ IV. — STATUETTES ET COFFRETS FUNÉRAIRES.

Le cercueil était entouré à l'ordinaire d'un véritable mobilier consacré au mort et approprié à ses besoins. C'étaient des objets communs à la vie terrestre et à la vie funéraire : lits, fauteuils, tables, instruments de métier. C'étaient aussi des objets dont le vivant n'aurait eu que faire et dont le mort seul avait besoin : les coffrets où l'on déposait les entrailles, les paniers à offrandes, les statuettes en bois de différentes formes.

68. **Bois.** — Haut. 1 m. 15, avec la base 1 m. 32.

Statue d'Osiris momie, coloriée en rouge sombre. Les plumes et l'uræus en bronze qu'elle porte sur la tête ont été ajoutés par Clot-Bey; le corps a été retouché et repeint en partie.

Les statues d'Osiris qu'on trouve dans les tombeaux ont deux formes principales. Les unes représentent le dieu lui-même et se reconnaissent au bonnet long garni de plumes qu'elles ont sur la tête; les autres figurent le mort identifié avec Osiris et sont la reproduction en miniature d'une momie humaine. Elles sont presque toujours montées sur un socle oblong, évidé en forme de boîte et muni d'un couvercle sur lequel repose une petite figure d'épervier accroupi. Beaucoup d'entre elles sont creuses. On déposait dans la cavité du socle et dans celle de la statue soit un papyrus funéraire roulé, soit le phallus du mort embaumé et enveloppé d'un linge fin. Le dieu avait pour consigne de veiller sur le dépôt placé à ses pieds ou enfermé dans son corps.

69. **Bois.** — Haut. o m. 41.

Statuette en forme de momie; coiffure bleue, jadis surmontée de plumes, face rouge, le corps entièrement dépouillé de peinture et d'inscription; socle perdu.

70. **Bois.** — Haut. o m. 46 (don du Louvre, N. 3509).

Statuette en forme de momie, restée inachevée. Le stuc blanc avait été mis en place, et les ornements gravés à la pointe : la couleur et l'inscription n'ont pas été ajoutées. Dans cet état, la figurine avait été enveloppée de linges bitumés dont on voit encore la trace sur le stuc. — Époque saïte.

71. **Bois.** — Haut. o m. 40, long. du socle o m. 33.

Statuette en forme de momie de Psheraounisi, gardien de la princesse de Thèbes, fils d'Amenertas et de la dame Tatisi. Tête barbue, peinte en vert, coiffure noire; corps peint en rouge, avec une bande jaune sur le devant. Le socle avait un réceptacle dont le couvercle est perdu : il appartenait à un autre personnage, la dame Tabisou, fille de Pétémennibtooui et de la dame Takhaïbsou. Les deux morceaux ont dû être réunis par l'Arabe ou le marchand d'antiquités à qui Clot-Bey acheta l'objet n° 71. — Époque saïte. — Thèbes.

72. **Bois.** -- Haut. o m. 45, long. du socle o m. 32.

Statuette d'Osiris, peinte en noir, creuse, sans inscription. Le réceptacle du socle est vide.

73. **Bois.** — Haut. o m. 47.

Statuette en forme de momie; coiffure bleue, face verte, collier multicolore à huit rangs de perles, terminé par deux têtes d'épervier. Corps peint en blanc; sur le devant, bande jaune sur laquelle est tracé à l'encre noire, un proscynème à Osiris au nom de Psheresokhit, fils d'Atiou et de la dame Mihit. — Époque grecque.

74. Bois. — Haut. o m. 51 (don du Louvre, E 5420).

Jolie figure d'un travail très fin et très soigné. Le visage, qui est d'un modèle charmant, était jadis doré; toute couleur a disparu sur le corps. Sur les jambes et dans le dos, traces de proscynême en grosse écriture. — Époque grecque.

75. Bois. — Haut. o m. 45, long. du socle o m. 35.

Figurine en forme de momie d'un travail barbare : tête allongée, maigre, aux pommettes saillantes, peinte en rouge. Le corps est rouge, avec une bande jaunâtre, sur laquelle est tracé à l'encre noir le proscynême ordinaire à Osiris. Autre proscynême sur le socle, mais le nom est illisible. — Époque grecque.

76. Bois. — Haut. o m. 51.

Très jolie statue, peinte de tons clairs et gais : coiffure d'un bleu tendre, face dorée, barbe bleue; collier à six rangs garni de deux têtes d'épervier. Corps rouge, habillé d'un réseau de perles bleues, blanches et jaunes. Sur le devant et dans le dos, proscynême à Osiris, pour un personnage dont le nom est illisible. Le socle est orné de méandres en couleur. — Époque grecque.

77. Bois. — Haut. o m. 55.

Jolie statue osirienne, peinte en rouge mat. Tête dorée, ornements dorés sur la poitrine; aux jambes, bande dorée sur laquelle est tracé à la pointe le proscynême ordinaire en faveur de Khnoumnakhtou, fils de Toutiônkh. — Époque grecque.

78. Bois. — Haut. o m. 51 (don du Louvre, E 5832).

Très jolie figure : la face dorée, sans barbe, la coiffure bleue, le collier dessiné avec soin, le corps dépouillé de toute couleur. Le socle est perdu. — Époque grecque.

79. Bois. — Haut. o m. 52.

Coiffure bleue, face dorée, barbe rattachée à la coiffure par un large ruban bleu, collier à sept rangs. Corps rouge sombre, habillé d'un filet de longues perles bleues, arrêtées par de petites perles jaunes. Sur la gaine, inscription en trois lignes, qui a été retouchée par une main moderne. — Époque grecque.

80. Bois. — Haut. o m. 35.

Figurine d'un travail grossier, barbouillée de noir des pieds à la tête. — Époque grecque.

81. **Bois.** — Haut. o m. 49, larg. o m. 44.

Les grands coffrets presque carrés sont ordinairement divisés à l'intérieur en quatre compartiments qui renferment les quatre vases où on déposait les entrailles du défunt (cf. § V *Canopes*, p. 64). Celui qui est catalogué sous le n° 81 est fort ancien : il remonte à la XIIe dynastie, à plus de trois mille ans avant notre ère. Il est peint en blanc. Chaque face est ornée d'une bande de beaux hiéroglyphes bleus, encadrant une inscription tracée à l'encre noire en caractères hiératiques. Le monument parait avoir appartenu à deux individus, probablement apparentés l'un à l'autre, le juge Sonbi ou Amoni-sonbi, le juge Montounsisou. Les inscriptions en hiéroglyphes ne contiennent, outre le nom du défunt, que des noms de divinités, Sibou, Nouit, Isis, Nephthys, les quatre enfants d'Horus, Amsit, Qabhsonouf, Hâpi, et Tioumouff, à qui la garde des entrailles était confiée. Les inscriptions en hiératique nous apprennent quelles étaient les provisions dont se composait le menu du mort. Chaque plat est accompagné d'une formule de consécration et d'un chiffre. «O défunt juge Montounsisou, on t'a présenté l'œil d'Hor, vers lequel Hor est venu. — Rognons. — 4. — O défunt juge Montounsisou, on t'a présenté l'œil d'Hor, vers lequel Hor a apporté l'offrande. — Foie. — 4. — O défunt juge Montounsisou, on t'a présenté ton bien. — Kébab. — 4. —» On donnait au mort quatre paquets de côtelettes, quatre gigots, une poitrine de bœuf, un rôti, une cuisse, une corbeille de pains grillés, une bouteille de quatre espèces différentes de vin, de la bière, etc. — XIIe dynastie. — THÈBES.

82. **Bois.** — Haut. o m. 33, larg. o m. 22.

Les petits coffrets contenaient d'ordinaire les figures funéraires en bois ou en terre émaillée qu'on trouve en si grand nombre dans les tombes (cf. § VII. *Figurines funéraires*, p. 72). Le numéro 82, en forme de naos, à fond blanc, ne porte point d'inscription, mais seulement des figures coloriées, tracées assez rapidement. Sur la façade principale, un grand Tat s'étale, emblême d'Osiris dont il a la coiffure. Sur les faces de droite et de gauche, les quatre fils d'Horus accompagnés de douze des membres du jury infernal. Sur la face postérieure, l'épervier plane, escorté de six autres membres du jury. Le coffret représentait, comme le prouvent ces figures, le tombeau et la salle du jugement où le mort paraissait devant Osiris (cf. p. 38). — Époque grecque.

83. **Bois.** — Haut. o m. 41, larg. o m. 20.

Coffret en forme de naos, surmonté d'une corniche saillante. A chacune des faces, un des quatre enfants d'Horus est représenté en jaune tendre sur fond rose. Le couvercle est encore muni d'une poignée plate, haute d'environ o m. 15, et décorée sur une face de fleurs coloriées. — Époque grecque.

84. **Bois.** — Haut. o m. 36, larg. o m. 19.

Coffret en forme de naos, surmonté d'une corniche saillante. Couvercle plat, peint en blanc, sans ornements. À la façade, la porte du tombeau, gardée par deux chacals accroupis, et au-dessus, un Tat debout entre les quatre génies fils d'Horus. Sur les faces latérales, les quatre génies fils d'Horus. Sur la face postérieure, le grand Tat d'Osiris. — Époque grecque.

85. **Bois.** — Haut. o m. 55, larg. o m. 27.

Coffret en forme de naos, peint et décoré avec un soin minutieux. Sur la façade, trois registres superposés. En bas, la porte du tombeau; au milieu, le lit funéraire entre les deux pleureuses et Anubis qui parfume la momie; en haut, Osiris trônant entre Isis et Nephthys. Sur les deux faces latérales, le mort en adoration devant les fils d'Horus. Sur la face postérieure, l'épervier, ailes déployées. — Époque grecque.

86. **Bois.**—Haut. o m. 80 (don du Louvre, sans numéro).

On rencontre parfois, dans les tombes de la XIe et de la XIIe dynastie, deux figures de femme, accroupies ou debout, l'une à la tête, l'autre aux pieds du cercueil. Ce sont les deux déesses Isis et Nephthys qui veillent sur le mort, comme elles avaient veillé sur Osiris. La statue n° 86 est une Isis ou une Nephthys provenant d'un tombeau thébain : la coiffure manque, ce qui ne nous permet pas de savoir laquelle des deux est représentée. Elle est debout, les bras tendus en avant, la paume renversée. Elle a sur la tête une coiffure rouge, serrée au front par un ruban jaune et rouge, et terminée au milieu du dos en queue bleue. Le collier, formé de trois bandes peintes en rouge, en vert, est bordé sur le bas d'un rang de pendeloques vertes. Les chairs sont jaunes, les yeux relevés de blanc et passés à la poudre d'antimoine. Robe blanche, prenant sous le sein, et descendant presque à la cheville, serrée par une ceinture rouge dont les bouts retombent devant elle. Style excellent. — XIe ou XIIe dynastie. — Thèbes.

87. **Bois.** — Haut. o m. 44, larg. o m. 33.

Siège en bois, imitant, dans de plus petites proportions, les fauteuils que les Egyptiens avaient dans la vie ordinaire. Le dossier et le siège sont formés de bois ordinaire, peint de manière à simuler des bois précieux et des incrustations d'ivoire : le réseau de cordelettes qui garnissait le fond est rendu par un lacis de traits rouges entrecroisés.

Ces meubles votifs ne sont pas les seuls qu'on trouve dans les tombes : les parents déposaient souvent avec le mort les objets même dont il s'était servi pendant la vie, fauteuils et chaises y compris. — xxe dynastie. — Thèbes.

88. **Bois.** — Haut. o m. 33, larg. o m. 45.

Pliant de même provenance que le siège précédent. Il a encore son fond de cordelettes presque intact. — xxe dynastie. — Thèbes.

89. **Bois.** — Haut. o m. 38, long. du socle o m. 24.

Figure de chatte, creuse, ayant contenu une momie de chat. Elle est assise sur un socle arrondi par devant, et recouverte d'une couche de stuc blanc. Le mouvement du corps est juste, l'expression de la tête fine et éveillée, le mufle doré. Pas d'inscription. — Époque grecque.

90. **Bois.** — Haut. o m. 43, long. du socle o m. 30.

Figure de chatte de même provenance, mais de style moins bon que la figure enregistrée sous le numéro précédent. Les oreilles manquent, la face est dorée. — Époque grecque.

§ V. — PAPYRUS FUNÉRAIRES ET CIVILS.

L'existence du mort dans l'autre monde était soumise à des vicissitudes dont la plupart avaient été prévues par les théologiens : on savait qu'il devait passer en jugement devant Osiris, exécuter les travaux des champs, rencontrer des monstres et des dieux assez puissants pour le détruire, et l'on avait rédigé en prévision de toutes ces éventualités des prières dont le recueil plus ou moins complet était déposé avec chaque momie.

Ce *Livre des Morts* est illustré de nombreux dessins. Il prend le défunt à la porte du tombeau. Les premières vignettes représentent les cérémonies de l'enterrement, le transport de la momie, les lamentations, le repas funéraire. Les chapitres qui les accompagnent ne sont guère que des formules générales destinées à conférer au mort la faculté de sortir pendant le jour dans le monde des vivants ou des dieux. A partir du chapitre xvii, qui renferme un résumé avec commentaires des principales vérités qu'un Égyptien était tenu de savoir dans l'autre monde, on rencontre une série de chapitres qui avaient pour effet de reconstituer la personne humaine détruite par la mort, de lui rendre successivement son cœur, ses yeux, l'usage de sa bouche, de ses jambes, de ses bras. La personne une fois rétablie, le mort partait en voyage à la recherche du tribunal d'Osiris : une série de chapitres l'aidait à surmonter les périls de la route, à repousser les serpents, les crocodiles, les scorpions, à traverser les torrents d'eau bouillante qui lui barraient le passage, à se procurer les provisions nécessaires pour ne pas mourir de faim ou de soif. Parvenu aux bords de l'Océan céleste qui le séparait des îles bienheureuses d'Ialou, il entrait dans le bac divin et débarquait devant son juge Osiris. La vignette du chapitre cxxv nous montre Osiris assis sur un trône, et, accroupis derrière lui, les membres du jury infernal chargé de l'assister. La balance est debout devant lui (cf. § III, n° 54, p. 38) : sur un des plateaux, le cœur de l'homme, sur l'autre, une petite image de l'homme lui-même ou de la déesse de Vérité. La double Vérité introduit le mort et l'assiste pendant la pesée de son cœur, tandis qu'Horus et Thot constatent le résultat de l'opération. Le mort aidait l'œuvre de la justice par un plaidoyer fort beau d'expression et de pensée : « Hommage à vous, Seigneurs de Vérité. Hommage à toi, dieu grand, Seigneur de Vérité !... Je vous apporte la vérité et je détruis pour vous le mensonge. Je n'ai commis aucune fraude envers les hommes. Je n'ai pas tourmenté la veuve. Je n'ai pas menti devant le tribunal. Je ne connais pas le mensonge. Je n'ai rien fait qui fût défendu. Je n'ai pas imposé à un chef de travailleurs, chaque jour, plus de travaux qu'il n'en devait faire. Je n'ai pas été négligent. Je n'ai pas été oisif. Je n'ai pas faibli. Je n'ai pas défailli..... Je n'ai pas desservi l'esclave auprès de son maître. Je n'ai pas affamé. Je n'ai pas fait pleurer. Je n'ai pas tué. Je n'ai pas eu de gains frauduleux. Je n'ai pas altéré les boisseaux. Je n'ai pas fraudé d'un doigt sur une paume. Je n'ai pas usurpé dans les champs. Je n'ai pas faussé l'équilibre de la balance. Je n'ai pas vendu à faux poids. Je n'ai pas enlevé le lait de la bouche des nourrissons..... Je suis pur! Je suis pur! Je suis pur! Je suis pur!» Plus loin, il reprend les mêmes idées, mais sous forme affirmative. «Délivrez-moi de Typhon qui se nourrit d'entrailles, ô magistrats, en ce jour du jugement suprême; donnez au défunt de venir à vous, lui qui n'a point péché, qui n'a ni menti, ni fait le mal, qui n'a commis nul crime, qui n'a point rendu de faux témoignage, qui n'a rien fait contre lui-même, mais vit de vérité et se nourrit de vérité. Il a semé partout la joie; ce qu'il a fait, les hommes en parlent et les dieux s'en réjouissent. Il s'est concilié le dieu par son amour; il a donné des pains à l'affamé, de l'eau à l'altéré, des vêtements au nu; il a donné une barque au naufragé arrêté dans son voyage, il a offert des sacrifices aux dieux, des repas funéraires aux morts. Délivrez-le de lui-même, protégez-le contre lui-même. Ne parlez pas contre lui, par devant le Seigneur des Morts, car sa bouche est pure et ses deux mains sont pures.» Au sortir du tribunal, l'âme acquittée était remise à quatre cynocéphales, qui la plongeaient dans un bassin de flamme, pour la nettoyer de ses souillures.

Le *Livre de Morts* est donc une sorte de guide que tout Égyptien devait avoir avec lui pour voyager dans l'autre monde.

91. **Papyrus.** — Long. 3 m. 60, Haut. 0 m. 36. Coupé et distribué sur sept cartons, longs, en moyenne, de 0 m. 51.

Bel exemplaire d'époque saïte, ayant appartenu au Prophète de Montou, maître de Thèbes, Nsipsifi, de la même famille qui a fourni au Musée de Marseille le cercueil n° 55 (p. 41). La première moitié du manuscrit a disparu ; ce qui subsiste commence au chapitre CXLI et va sans lacune jusqu'à la fin du recueil. C'était un exemplaire de commerce préparé à l'avance, avec des blancs réservés aux endroits convenables pour les vignettes et pour le nom de l'acheteur. Les vignettes n'ont été insérées nulle part, et le nom ne se rencontre pas à tous les endroits où il devrait être, soit qu'on n'ait pas laissé au libraire le temps nécessaire, soit que les prêtres ne se soient point donné la peine de compléter un manuscrit qui ne devait être vu de personne. L'écriture est petite, rapide, mêlée de formes démotiques. — Époque persane ou grecque. — Thèbes.

92. — **Papyrus.** — Long. environ 0 m. 70. Coupé et distribué sur deux cartons.

L'exemplaire de Nsipsifi est ce qu'on pourrait appeler une édition de luxe ; seuls, les gens riches ou très dévots pouvaient s'en procurer d'aussi complets. Les Égyptiens de fortune médiocre se contentaient d'extraits plus ou moins longs du *Livre des Morts*. Le manuscrit n° 92 renferme des extraits de ce genre. Il appartient au Père Divin d'Amonrâ, roi des Dieux, Zadamenitaoufônkh, fils d'Aoufnamon. Il est écrit en bon hiératique de l'époque persane ou grecque et porte en travers le titre suivant : «Livre de sortir pendant le jour.» Il contient cinq chapitres répartis sur autant de pages : 1° *Chapitre d'ouvrir la bouche du défunt pour qu'il parle et mange ;* 2° *Chapitre par lequel le défunt monte dans la barque de Râ avec les suivants du dieu ;* 3° *Chapitre pour que le défunt n'exécute pas les travaux manuels dans l'autre monde ;* 4° *Chapitre de faire que le défunt aille en tout endroit qui lui plaît et que son âme ne soit pas emprisonnée avec son corps ;* 5° *Autre chapitre* de même effet. — Époque persane ou grecque. — Thèbes.

93. **Papyrus.**

Le *Livre des Morts* n'était pas le seul qui servît aux momies. Vers la xix° dynastie, l'usage s'introduisit de leur donner un ouvrage où était retracée la marche du Soleil dans l'autre monde, pendant la nuit. Les personnes de haute classe, instruites aux choses divines, croyaient qu'il y avait pour l'âme une destinée plus haute que celle qu'on lui promettait dans les *Champs d'Ialou* auprès d'Osiris ou des autres dieux des Morts : c'était de s'embarquer sur le bateau du Soleil pour traverser la nuit et renaître avec lui le matin. Mais l'âme ne pouvait obtenir cette faveur qu'à la condition de prendre part à la manœuvre et de connaître les moindres accidents de la route aussi bien que le meilleur pilote. Le *livre de savoir ce qu'il y avait dans l'autre monde* était destiné à lui apprendre heure par heure la course du soleil, le pays qu'il parcourait, la nature des habitants, s'ils étaient hostiles ou bien disposés, les dieux qui possédaient chaque région. Il est rarement complet : on se borne d'ordinaire à transcrire les parties qui ont rapport aux premières et aux dernières heures de la nuit, ou même à reproduire quelques vignettes et quelques légendes plus importantes que les autres. Le papyrus de Marseille n° 93 est l'un des plus abrégés que je connaisse. Il se compose de trois registres superposés, occupés par des personnages marchant de gauche à droite, d'Occident en Orient. La barque du Soleil flotte au registre du milieu, sur un long serpent qui représente son cours sinueux. Elle est traînée à la cordelle par cinq déesses et par trois dieux sans nom. Elle porte le Soleil mort, un homme à la tête de bélier, qui a le nom expressif de *Afou*, la chair : c'est en effet la chair, le cadavre du Soleil, mort la veille, et que l'âme ranimera le matin, au moment où la nuit va cesser et le jour poindre. Au registre supérieur, qui représente la rive gauche du fleuve sur lequel la barque navigue, s'avance une procession d'hommes et de femmes entremêlés de serpents : ce sont les gardiens qui veillent à la sécurité du dieu pendant son trajet nocturne. Au registre inférieur, sur la rive droite, sont représentés les ennemis du dieu, tourmentés et détruits dans des bassins de flamme par des déesses à tête de lionne. Les deux bras du ciel s'ouvrent à l'Orient pour recevoir la momie du dieu mort, et le scarabée symbole du dieu qui va renaître sous forme d'un soleil nouveau. — XXIe dynastie. — THÈBES.

94. **Papyrus.**

Ce papyrus, malheureusement mutilé, appartenait à un scribe royal Phrâmbabi qui vivait sous la XVIIIe ou la XIXe dynastie. C'est un *Livre des Morts* de la grande époque thébaine, écrit en beaux hiéroglyphes cursifs, et orné de vignettes en couleur. Il renferme les chapitres XC, CLV, CLVI et CXII, mais en fort mauvais état. C'est un des manuscrits dont M. Naville s'est servi pour sa belle édition du *Livre des Morts* (Ed. Naville, *Das Ægyptische Todtenbuch, Einleitung*, p. 81-82). — XVIIIe dynastie. — THÈBES.

95. **Papyrus.**

Papyrus renfermant en abrégé les principales scènes du *Livre de savoir ce qu'il y a dans l'autre monde* (cf. n° 93, p. 61). Deux registres. Au premier, quatre femmes et quatre hommes traînent vers l'Orient la barque du dieu Âfou. L'équipage se compose de quatre personnes, deux déesses à l'avant, Hâthor et Mâït, deux dieux au gouvernail, Hou et Sa. Au second registre, à droite, sont représentées deux momies enfermées chacune dans un oval sur lequel sont posés une âme à tête humaine et un éventail, symbole de l'ombre : c'est Osiris et Sokaris, que deux personnages en forme humaine adorent en présentant l'offrande. Derrière eux, une procession de dieux, Anubis, le chacal, Phtah momie, le bélier armé du couteau, Isis et deux cynocéphales de Thot, assistent à la cérémonie et préparent la résurrection d'Osiris. — XXe-XXIIe dynastie. — THÈBES.

96. **Papyrus.**

Contrat de mariage passé, l'an xiv du roi Ankhbabi, entre l'intendant du temple d'Amenemopi à l'Occident de Thèbes, Pnakhthor, et la dame Titamon. Le mari constitue à sa femme une dot en argent et un revenu annuel en nature et en argent pour son entretien personnel. Il s'engage de plus à lui donner une indemnité en argent au cas où il prendrait une autre femme. Il reconnaît enfin pour le fils aîné qu'il aura d'elle le droit d'hériter de tous ses biens, présents et futurs, sans qu'il puisse objecter contre elle aucun acte, aucune parole au monde. Le nom du notaire qui a rédigé le contrat est écrit au bas de l'acte; la liste des témoins est au revers. Une traduction de cet acte a été publiée par M. Revillout, *Les pensions alimentaires* dans la *Revue égyptologique*, t. II, p. 148, note 7.

Le contrat de Marseille ne diffère en rien, quant au fond, des nombreuses pièces de ce genre qui sont répandues dans les musées d'Europe, mais la date et le nom du roi qu'il porte en font un des objets les plus intéressants de la collection Clot-Bey. L'Égypte a toujours été constituée féodalement : les Pharaons régnaient sur une cour de grands vassaux, et les princes assyriens, persans, grecs, romains, bysantins qui leur succédèrent ne changèrent rien à la constitution intime du pays. Le satrape persan, comme le roi Ptolémée et le préfet romain, avait sous ses ordres une hiérarchie de princes héréditaires dont les fiefs plus ou moins considérables payaient le tribut au maître étranger, mais sans jamais renoncer complètement à l'espoir de recouvrer leur indépendance. Le Makaukas qui livra l'Égypte aux Arabes appartenait à cette aristocratie de vieille origine. Les Ptolémées eurent souvent à réprimer les révoltes des grands seigneurs indigènes, surtout dans la Thébaïde, mais nous ne connaissons que par fragments l'histoire de ces luttes. Nous savions seulement que Ptolémée Soter II avait détruit Thèbes pendant le premier siècle de notre ère à la suite d'une insurrection redoutable et d'un long siège : le contrat de Marseille et plusieurs autres contrats de Londres et de Berlin ont révélé à M. Revillout l'existence d'une petite dynastie de princes thébains, qui se proclama indépendante dans la dernière année de Ptolémée Philopator et se maintint pendant une vingtaine d'années jusqu'en l'an 19 de Ptolémée Épiphane. Elle se composa de deux princes au moins, le premier nommé Harmhabi (Armaïs), le second Ankhmbabi (cf. Revillout, *Chrestomathie démotique*, t. I, p. lxxxvi et suiv., *Revue égyptologique*, t. II, p. 145-147).

97. **Papyrus.**

Contrat passé l'an v de Ptolémée Philopator entre deux employés du temple d'Amenemopi à l'ouest de Thèbes, Zaho. (Takhos ou Téos) et Hiri. Hiri avait prêté à Zaho une somme d'argent que celui-ci s'engage à lui rendre au plus tard, le 1er Choïak de l'an VI avec l'intérêt : il donne de plus hypothèque sur tous ses biens présents et futurs en garant des sommes à lui prêtées. L'acte rédigé en démotique fut enregistré au bureau de l'administration royale : l'enregistrement en grec se lit encore à la fin du texte principal à gauche.

Une traduction de ce contrat a été publiée par M. E. Revillout, *Union légitimée après séduction* dans la *Revue égyptologique*, t. I, p. 121, note 1.

98-99 **Papyrus.**

Deux contrats passés l'an XIII d'Evergète Ier et portant, comme le précédent, un enregistrement grec : cet enregistrement se faisait aux Memnonia, c'est-à-dire sur la partie de l'ancienne capitale thébaine qui est sur la rive gauche du Nil.

Ces quatre documents sont rédigés en ce qu'on appelle d'un nom assez inexact l'écriture démotique. A côté de leur écriture monumentale, les Égyptiens avaient une écriture cursive pour les documents tracés à l'encre sur des morceaux de pierre (*ostraca*) ou sur le papyrus. Au début, ce n'était qu'une reproduction hâtive des signes hiéroglyphiques, analogue à ce qu'on voit sur le papyrus n° 94 (p. 62), puis les signes s'abrégèrent, se lièrent et, la rapidité de l'écriture aidant, se déformèrent au point de ne plus garder aucune ressemblance apparente avec l'original d'où ils dérivent. L'écriture dite démotique, marque le dernier stage de cette transformation : petite, menue, embrouillée, elle présente des difficultés de déchiffrement qui n'ont été surmontées que par les travaux de MM. Henri Brugsch et Revillout. Elle apparaît pour la première fois sous les rois éthiopiens, dans les dernières années du VIIe siècle avant notre ère, et prolongea son existence presque jusqu'au temps de la conquête arabe. Les quatre contrats du Musée de Marseille, tous quatre originaires de Thèbes, donnent une idée exacte de l'aspect qu'elle présentait en son meilleur moment, sous le règne des premiers Ptolémées.

§ VI. — CANOPES ET VASES FUNÉRAIRES EN ALBÂTRE.

Pendant les cérémonies de l'embaumement, on retirait du cadavre le foie, le cœur, les poumons et les autres parties internes; on les préparait à part et on les enfermait dans quatre vases. Quelquefois on mettait ces quatre vases aux quatre coins du cercueil; souvent on les plaçait dans une caisse à quatre compartiments (cf. n° 81, p. 56), sur le couvercle de laquelle était accroupi le chacal Anubis, gardien des entrailles. Les quatre parties ainsi séparées du corps étaient assimilées chacune à l'un des quatre génies des points cardinaux : Hâpi, Amsit, Tioumoutf et Qabhsonouf, les enfants d'Horus (cf. p. 25). On pose d'ordinaire sur les vases, en guise de couvercle, la tête de ces divinités : une tête humaine pour Amsit, une tête de cynocéphale pour Hâpi, une tête de chacal pour Tioumoutf, une tête d'épervier pour Qabhsonouf. Chaque vase était identifié lui-même avec une déesse, qui était censée veiller sur le dieu enfermé dans ses flancs : Isis sur Amsit, Nephthys sur Hâpi, Nît sur Tioumoutf, Selkit sur Qabhsonouf. La formule gravée sur la panse est un discours de ces déesses. « Je dompte l'ennemi, dit Isis; j'exerce la protection sur cet Amsit qui est en moi : le salut de défunt X est le salut d'Amsit, car Amsit est le défunt X. — Moi, dit Nephthys, je cache ce qui est secret et je fais le salut de cet Hâpi qui est en moi, car le salut de défunt X est le salut de l'Hâpi qui est en moi. » Nît dit : « Je suis matineuse et je veille le soir, chaque jour, pour veiller sur ce Tioumoutf qui est en moi. » J'ajouterai que les embaumeurs s'inquiétaient assez peu de mettre réellement chaque partie du corps dans le vase correspondant. Ils répartissaient l'ensemble en quatre masses à peu près égales en poids et en volume, qu'ils plaçaient au hasard; le vase du cœur recevait souvent le poumon, et celui du foie les intestins. Parfois même on a trouvé de simples paquets de chiffons sans trace de débris organiques. Souvent on versait sur le tout du bitume bouillant, qui a débordé et rayé de noir la surface extérieure du canope (cf. n° 109, p. 67).

100. **Calcaire blanc.** — Haut. 0 m. 77. (Avait appartenu à L. Borély.)

Grand canope à tête humaine : sur la panse, paroles d'Isis en faveur d'Amsit, beaux hiéroglyphes d'époque saïte. Les entrailles n'étaient

IMPRIMERIE NATIONALE.

pas celles d'un homme, mais celles d'un taureau Apis, comme le prouve l'inscription. Le vase provient donc du Sérapéum. Il était au nombre des antiquités rapportées d'Égypte au siècle dernier par Louis Borély (cf. n°° 3, 12, 101, 102), et se trouvait au château quand la ville de Marseille en fit l'acquisition. Le fait est curieux, car il prouve que le Sérapéum a été exploité par les fouilleurs arabes longtemps avant d'avoir été découvert par Mariette : c'est ce qui explique la présence, dans beaucoup de vieilles collections européennes, d'objets provenant incontestablement du tombeau des Apis. — Époque saïte. — SAQQARAH.

101. **Calcaire blanc.** — Haut. o m. 95, larg. o m. 53. (Avait appartenu à L. Borély.)

Canope à tête humaine : sur la panse, paroles d'Isis en faveur du Qabhsonouf qui est en elle. C'est encore un taureau Hâpi dont les entrailles reposaient dans ce vase. Le style des hiéroglyphes est identique au style des hiéroglyphes qu'on lit sur le vase n° 100. Les deux vases ont appartenu probablement au même Hâpi. — Époque saïte. — SAQQARAH.

102. **Calcaire blanc.** — Haut. o m. 78. (Avait appartenu à L. Borély.)

Canope à tête humaine, de même provenance que les deux précédents et ayant probablement appartenu au même Hâpi. Pas d'inscription. La pierre s'effrite rapidement. — Époque saïte. — SAQQARAH.

103. **Albâtre oriental.** — Haut. o m. 52 et o m. 47.

Deux canopes : l'un d'Hâpi (haut. o m. 47) à tête humaine, l'autre de Qabhsonouf (haut. o m. 52), à tête d'épervier, ayant appartenu à Ouahibri. Les deux têtes légèrement retouchées par une main moderne; légendes relevées de rouge, celle du vase de Qabhsonouf très effacée. — Époque saïte. — SAQQARAH.

104. **Albâtre oriental.** — Haut. o m. 46.

Canope à tête de cynocéphale d'un scribe royal, majordome, Petépoup, dont le sarcophage est au musée de Vienne, en Autriche. Hiéroglyphes relevés de rouge. (Cf. n° 185.) — Époque saïte.

105. **Albâtre oriental.** — Haut. o m. 45.

Canope à tête de chacal du général Psamitikoumakhouti, fils du général Pétéphor et de la dame Tarrounibastit. Hiéroglyphes relevés de rouge. — Époque saïte.

106. **Albâtre oriental.** — Haut. o m. 33, o m. 34, o m. 34, o m. 35.

Quatre canopes à têtes diverses du prophète de Toumou, Ouahibri, surnommé Nofirronpit. Hiéroglyphes relevés de noir. Travail médiocre. — xxvie dynastie.

107. **Albâtre oriental.** — Haut. o m. 42. (Acheté chez l'abbé Greppo.)

Canope à tête humaine d'un certain Hor. — Époque saïte.

108. **Albâtre oriental** — Haut. o m. 30, o m. 30, o m. 31.

Trois canopes, à tête de chacal (haut. o m. 30), d'homme (haut. o m. 30), de cynocéphale (haut. o m. 31), ayant appartenu à Psamitik-sinit. — xxvie dynastie.

109. **Albâtre oriental.** — Haut. o m. 29.

Canope à tête d'épervier du père divin Nakhthor, fils de Biônkhonnofri et de la dame Nakhtsokhit. Le bitume a débordé et ruisselé en filets sur la panse. — Époque saïte.

110. **Albâtre oriental.** — Haut. o m. 13.

Tête de cynocéphale provenant d'un canope : travail assez fin, yeux relevés de noir. — Époque saïte.

111. **Albâtre oriental.** — Haut. o m. 30, o m. 30, o m. 29, o m. 28.

Quatre canopes à tête diverse d'Ouzaharmihinti. — Époque saïte.

112. **Calcaire blanc.** — Haut. o m. 15. (Ancien musée.)

Tête humaine provenant d'un canope. Travail délicat d'époque saïte.

113. **Calcaire blanc.** — Haut. o m. 33, o m. 31. (Ancien musée.)

Canope à tête humaine (haut. o m. 33) et à tête de cynocéphale (haut. o m. 31). Travail assez fin de l'époque grecque. Pas de légende.

114. **Calcaire gris grossier.** — Haut. o m. 09. (Ancien musée.)

Tête humaine provenant d'un canope. Travail assez fin. — Époque grecque.

115. **Calcaire blanc.** — Haut. o m. 31. (Ancien musée.)

Canope à tête de cynocéphale. Légende à l'encre noire au nom du chef des gardiens du temple d'Amon, Pasoupti. — Époque grecque.

116. **Calcaire blanc.** — Haut. o m. 34. (Ancien musée.)

Canope à tête d'homme; les yeux et les sourcils sont relevés d'encre noire. Légende : formule de Selkit pour Qabhsonouf, à l'encre noire; pas de nom. — Époque grecque.

Outre les canopes, on trouve dans les tombeaux des vases, des coupes et des plats en albâtre ou en pierre dure, d'usage et de formes très différentes. La nomenclature est loin d'en être fixée, et la plupart des termes spéciaux que les textes nous fournissent restent encore sans équivalent pour nous. Le grand nombre est en albâtre, tourné et poli : les uns, disgracieux et lourds (n°s 120, 133, 137, 144, 147, etc.), les autres, d'une élégance et d'une diversité de galbe qui font honneur à l'esprit inventif des ouvriers. Ils sont fuselés et pointus par en bas (n°s 127, 128, 129, 151, etc.), ou arrondis de la panse, étroits à la gorge, plats à la base (n°s 130, 131, 134, 138, etc.). Ils n'ont point d'ornements, si ce n'est parfois deux boutons saillants ou deux courtes anses (n°s 122, 130, 135, 139, etc.). Les plus petits n'étaient pas destinés à contenir des liquides, mais des pommades, des onguents médicinaux, des pâtes miellées. Une des séries les plus importantes comprend des flacons au ventre rebondi, garnis au cou d'un bord cylindrique et d'un couvercle plat (n°s 154, 157, etc.). Les Égyptiens y mettaient la poudre d'antimoine, le kohol, avec lequel ils se noircissaient les sourcils et les yeux.

117. **Albâtre.** — Haut. o m. 08, diam. o m. 095. (Don du Louvre, E 6102.)

Vase à large ouverture, à fond légèrement arrondi.

118. **Albâtre.** — Haut. o m. 146, diam. o m. 098.

Petit vase à parfum pâteux, qu'on voit souvent entre les mains des gens de distinction, comme nos cassolettes modernes. Poli admirable.

119. **Albâtre.** — Haut. 0 m. 248, diam. 0 m. 091.

Grand cornet, la lèvre légèrement endommagée; travail grossier.

120. **Albâtre.** — Haut. 0 m. 24, diam. 0 m. 145.

Même type que le précédent, mais non poli; travail grossier.

121. **Albâtre.** — Haut. 0 m. 26, diam. 0 m. 11.

Sorte de pot allongé, sans cou; sur la panse, de chaque côté, une arête ondulée, percée de trous où passer une corde. Lèvre brisée. Travail assez fin.

122. **Albâtre.** — Haut. 0 m. 10, diam. 0 m. 960.

Sorte de bol, d'un travail soigné.

123. **Albâtre.** — Haut. 0 m. 079, diam. 0 m. 105.

Même type que le précédent, mais travail grossier: la cavité peu profonde.

124. **Albâtre.** — Haut. 0 m. 07, diam. 0 m. 24.

Plat creux, fond légèrement arrondi.

125. **Albâtre.** — Haut. 0 m. 005, diam. 0 m. 198.

Simulacre de table d'offrandes (cf. p. 3, n° 4) arrondie, munie de trois oreillettes et d'un goulot par où verser les liquides répandus à la surface. Bon travail de l'ancien Empire.

126. **Albâtre.** — Haut. 0 m. 084, diam. 0 m. 198. (Don du Louvre, E 6070.)

Bol à parois inclinées, sans rebords; travail assez fin.

127. **Albâtre.** — Haut. 0 m. 113, diam. 0 m. 056. (Don du Louvre, E 6088.)

Flacon à parfums, cou étroit, goulot évasé.

128. **Albâtre.** — Haut. 0 m. 13, diam. 0 m. 057.

Vase de même type, mais pointu par en bas.

129. **Albâtre.** — Haut. 0 m. 104, diam. 0 m. 055.

Vase de même type, pointu par en bas.

130. Albâtre. — Haut. 0 m. 11, diam. 0 m. 043.

Vase à parfums, arrondi par en bas, cou étroit, goulot plat, deux oreillettes à la naissance du cou.

131. Albâtre. — Haut. 0 m. 070, diam. 0 m. 055.

Vase à panse arrondie, à goulot largement ouvert.

132. Albâtre. — Haut. 0 m. 024, diam. 0 m. 09. (Don du Louvre, E 5480.)

Coupe arrondie, montée sur un pied bas.

133. Albâtre. — Haut. 0 m. 06, diam. 0 m. 06.

Le type de ce vase s'est conservé en Égypte, à Siout et près d'Assouân, mais en terre cuite rouge et jaune. On s'en sert aujourd'hui comme d'encrier.

134. Albâtre. — Haut. 0 m. 182, diam. 0 m. 17.

Beau vase à large panse, à cou étroit encore muni d'un couvercle bombé.

135. Albâtre. — Haut. 0 m. 19, diam. 0 m. 12.

Beau vase à deux anses : couvercle plat. Une main moderne a gravé grossièrement sur la panse le cartouche du roi Nofirkeri Pepi II de la VIe dynastie, dont la pyramide, pillée par les Arabes au commencement de notre siècle a fourni à nos musées beaucoup de vases du même type, mais dont l'inscription est authentique.

136. Albâtre. — Haut. 0 m. 12, diam. 0 m. 07.

Vase à deux anses.

137. Albâtre. — Haut. 0 m. 16, diam. 0 m. 094.

Vase à long goulot, largement ouvert; une seule anse.

138. Albâtre. — Haut. 0 m. 14, diam. 0 m. 115.

Vase à parfums, corps bulbeux, cou très court, goulot plat.

139. Albâtre. — Haut. 0 m. 142, diam. 0 m. 115.

Vase en forme de lentille, goulot court, flanqué de deux petites anses. Sur chaque tranche, une guirlande de fleurs dont les calices sont emboîtés l'un dans l'autre. Sur une face, la déesse Hâthor dessinée au trait devant un autel chargé de fleurs; sur l'autre, une inscription hiéroglyphique se rapportant à la déesse. — Époque ptolémaïque.

140. **Albâtre.** — Haut. o m. 136, larg. o m. 115, ép. o m. 024.

Petite table d'offrandes, très nettement taillée, non polie. Sur le plat, en une seule ligne, le nom de l'ami unique de Pharaon Ineshesh. — Ancien Empire.

141. **Albâtre.** — Haut. o m. 042, diam. o m. 019.

Flacon à parfums, arrondi par en bas, sans cou ni goulot.

142. **Albâtre verdâtre.** — Haut. o m. 093, diam. o m. 032.

Petit flacon en forme d'amphore.

143. **Albâtre.** — Haut. o m. 08, diam. o m. 039.

Flacon de travail très soigné: les parois ont été évidées au point d'être translucides quand on regarde l'objet à contre-jour.

144. **Albâtre.** — Haut. o m. 041, diam. o m. 03.

Flacon de main.

145. **Albâtre.** — Haut. o m. 05, diam. o m. 035.

Flacon à parfums, arrondi par en bas.

146. **Albâtre.** — Haut. o m. 072, diam. o m. 042.

Flacon monté sur un large pied.

147. **Albâtre.** — Haut. o m. 086, diam. o m. 037.

Modèle d'un vase semblable à celui qui est au n° 118 (cf. p. 68). L'intérieur est à peine ébauché.

148. **Albâtre.** — Haut. o m. 041, diam. o m. 027.

Flacon à parfums.

149. **Albâtre.** — Haut. o m. 182, diam. o m. 046.

Flacon à parfums.

150. **Albâtre.** — Haut. 0 m. 014, diam. 0 m. 04.

Flacon à parfums.

151. **Albâtre.** — Haut. 0 m. 112, diam. 0 m. 033.

Flacon à parfums.

152. **Albâtre.** — Haut. 0 m. 137, diam. 0 m. 07.

Petit vase à parfums.

153. **Albâtre.** — Haut. 0 m. 130, diam. 0 m. 041.

Flacon à parfums.

154. **Albâtre.** — Haut. 0 m. 062, diam. 0 m. 064.

Vase à kohol. Un peu de poudre noire est encore au fond du vase.

155. **Albâtre.** — Haut. 0 m. 146, diam. 0 m. 083. (Don du Louvre, E 6090.)

Flacon à parfums.

156. **Albâtre.** — Haut. 0 m. 111, diam. 0 m. 056.

Flacon à parfums.

157. **Albâtre.** — Haut. 0 m. 048, diam. 0 m. 042.

Vase à kohol : le goulot légèrement ébréché.

158. **Albâtre.** — Haut. 0 m. 06, diam. 0 m. 034.

Flacon à parfums.

159. **Albâtre.** — Haut. 0 m. 058, diam. 0 m. 03.

Flacon à parfums.

§ VII. — FIGURINES FUNÉRAIRES,

STATUETTES VOTIVES ET POUPÉES.

Les statuettes funéraires s'appelaient en égyptien *Ouashbiti*, les *Répondants*, *Shbiti*, les *Remplaçants*, à cause du rôle qu'elles jouaient dans l'autre monde : elles devaient *répondre* à l'appel du nom du défunt et le *remplacer* pour exécuter les corvées qu'Osiris avait droit d'exiger de lui. Les formules diverses qu'on trouve écrites sur elles ne laissent subsister aucun doute à cet égard : «Je suis X, le serviteur de l'autre monde», ou «Je suis X, le serviteur d'Osiris». La plupart s'adressent aux statuettes elles-mêmes, et les conjurent de venir à l'aide du défunt : «Ô Répondant d'Ahmos, si Ahmos est appelé pour travailler dans l'enfer, crie : «*Me voici!*» Ce thème développé avait fini par fournir une prière assez longue, qui est le chapitre VI du *Livre des Morts*, et qu'on gravait fort souvent tout entière sur les statuettes. «Ô ces Répondants [Remplaçants], si l'on appelle, si l'on enrôle le scribe de la table royale Miphtah (n° 170, p. 76), pour qu'il fasse tous les travaux qu'il y a à faire dans l'autre monde, lui qui y a combattu l'ennemi, comme un homme qui doit la corvée, pour ensemencer les champs, pour remplir les canaux, pour transporter les grains de l'Est à l'Ouest; «C'est moi, me voici,» exclamez-vous, et puisses-tu être appelé à toute heure, au cours de chaque jour!» Pour rendre leur service plus efficace, on les déposait en très grand nombre, par centaines, par milliers même, avec les momies. Tantôt elles sont jetées au hasard, dans le sarcophage; tantôt on les a rangées debout contre le sarcophage ou répandues sur le sable de la chambre. On les entassait souvent dans des boîtes spéciales, grandes et petites (cf. n°s 82, 85, p. 56, 57). On en connaît en toute matière, mais les plus vieilles, antérieures à la XVIIIe dynastie, sont plutôt en bois, en granit, en calcaire et en albâtre (cf. n°s 160-167). Sous la XVIIIe dynastie, la terre cuite couverte d'un émail bleu commence à paraître, et sous la XXVIe, la terre émaillée verte (cf. n°s 175, 176, 177, etc.) l'emporte presque à l'exclusion du reste. Au début, les statuettes funéraires ne sont qu'une dégénérescence des statues de grande taille qui servent de support aux doubles (p. 7-8) : aussi leur donnet-on le costume et l'aspect de l'homme vivant (nos 160, 167, 215, 248, etc.), plus rarement celui de la momie (nos 163, 164, etc.). Plus tard, l'idée de l'usage auquel on les employait détermina de plus en plus leur forme et leur équipement : on leur mit en main la pioche ou la houe pour travailler la terre ou le sac à grain pour ensemencer (nos 167, 170, 171, 174 etc.), parfois un vase à libations ou une croix ansée, signe de vie. Aux dernières époques, leur identification avec le mort est si complète qu'elles ne sont plus que des momies de petite taille (nos 194, 196, 197, 198, etc.). La plupart n'ont aucune valeur artistique. Il y en a pourtant que les sculpteurs ont soignées avec autant d'amour que s'ils avaient eu à tailler une statue de grande taille (nos 165, 166, 174, 175, etc.).

160. **Albâtre.** — Haut. 0 m. 18.

Costume civil. Pas d'inscription. Travail lourd et grossier. — XIIIe dynastie.

161. **Albâtre.** — Haut. 0 m. 18.

Forme de momie : brisée aux pieds, puis restaurée. Chapitre VI presque illisible, au nom de Skha-Hor, sans titre. — XVIIIe dynastie.

162. **Albâtre.** — Haut. 0 m. 23.

Forme de momie: brisée au milieu du corps puis restaurée. Chapitre VI : le nom a été laissé en blanc. Travail soigné. — XIIIe dynastie.

163. **Albâtre.** — Haut. 0 m. 16.

Forme de momie : Chapitre VI, presque illisible; nom à peu près effacé. — XXe dynastie.

164. **Albâtre.** — Haut. 0 m. 11.

Forme de momie. Une seule ligne de texte sur les jambes, au nom de la dame Mâiou-Nofrit. — XXe dynastie.

165. **Albâtre.** — Haut. 0 m. 18.

Forme de momie : travail délicat qui rappelle celui des belles têtes de canopes, découvertes en 1882, dans une des pyramides de Lisht et conservées aujourd'hui au Musée de Boulaq (Maspero, *Guide du Visiteur*, p. 223, n° 1057). La tête est un portrait. L'inscription, très rapidement tracée, offre un intérêt particulier. Elle nous apprend que notre statuette représente «la princesse, la favorite, la gracieuse, la palme d'amour, pour qui on fait tout ce qu'elle dit, qui remplit des villes de son parfum, l'épouse royale principale que le roi aime en sa demeure, que le roi aime en son palais, et qu'il a établie reine, Tenttepahou.» La reine Tenttepahou n'est point connue d'ailleurs. D'après le style de la figurine, je suis tenté de la placer dans la XIIe dynastie.

166. **Calcaire.** — Haut. 0 m. 16.

Femme occupée, non pas comme on le dit souvent à pétrir la pâte, mais à broyer le grain. Les Égyptiens de l'époque pharaonique paraissent n'avoir jamais connu le moulin à main : ils broyaient le grain entre deux pierres, comme font encore certaines tribus de l'Afrique équatoriale, et obtenaient de la sorte une farine grisâtre assez grossière. La statuette n° 166 appartient, comme la précédente, à la reine Tenttepahou, et porte la même inscription dédicatoire. Grâce à la formule qu'on avait prononcée sur elle, au moment de l'enterrement, elle était animée et remplissait, dans l'autre monde, la fonction qu'elle représentait. La reine Tenttepahou n'avait plus à broyer elle-même le grain, travail qu'elle n'avait jamais fait pendant la vie et qui lui aurait été pénible : la statue accomplissait l'opération pour elle. — XIIe dynastie.

167. **Terre émaillée blanche.** — Haut. 0 m. 18.

Costume civil : la perruque, le collier, les deux houes et l'inscription se détachent sur le fond blanc en violet manganèse. Chapitre VI au nom du porte-flabellum Aouï. — XXe dynastie.

168. **Terre émaillée blanche.** — Haut. 0 m. 15.

Forme de momie. Chapitre VI au nom de la chanteuse d'Isis Pipouï. — XXe dynastie.

169. **Terre émaillée blanche.** — Haut. 0 m. 15. — **Terre émaillée verte.** — Haut. 0 m. 18.

Forme de momie : les deux statuettes blanches et la verte représentent le général en chef des archers de Pharaon, Kasa, dont les quatre stèles ont été décrites plus haut (cf. n° 40-43, p. 25-27). — XXe dynastie.

170. **Terre émaillée blanche.** — Haut. o m. 17.

Forme de momie : la face et les mains sont rouge vif, la perruque rouge mêlé de jaune, les inscriptions et les deux hoyaux en violet manganèse. Chapitre VI au nom du Scribe de la table royale Miphtah. — XXe dynastie.

171. **Terre émaillée blanche.** — Haut. o m. 16.

Forme de momie : légendes et ornements en violet manganèse. Chapitre VI, au nom du chef du magasin Pshodou (cf. n° 225, p. 83). — XXe dynastie.

172. **Terre émaillée blanche.** — Haut. o m. 11.

Forme de momie : légendes et ornements en violet manganèse. Une bande sur les jambes au nom du prêtre sculpteur (?) Pnoutirhon (?). — XXe dynastie.

173. **Terre émaillée bleu sombre.** — Haut. o m. 22.

Forme de momie : émail pareil à celui dont sont revêtues les statuettes du roi et du grand prêtre Pinozmou, au musée de Boulaq (cf. Maspero, *Guide du Visiteur*, p. 329); détails et légendes à l'encre noire-violette, au nom de Romà. La statuette a été cassée, puis restaurée. — XXIe dynastie.

174. **Terre émaillée bleu turquois.** — Haut. moy. o m. 18.

Quatre statuettes en forme de momies d'un émail bleu, unique en son genre : deux d'entre elles, qui proviennent d'un même moule, sont d'une pâte très fine, les deux autres sont d'une pâte plus grossière et d'un travail moins soigné. Elles appartenaient au père divin Psamitik, né de la dame Rokhitou. — XXVIe dynastie.

175. **Terre émaillée verte.** — Haut. o m. 25 et o m. 17.

Forme de momie : détails en relief, travail très fin poussé jusque dans les plus petits détails. Une seule bande d'hiéroglyphes sur les jambes au nom du Linger (?) du Prophète, Harpnoub, fils de la dame Tafnouit. — Époque grecque.

176. — **Terre émaillée verte.** — Haut. o m. 17.

Forme de momie : travail très fin, détails en relief, mais le vernis n'a pas pris. Chapitre VI au nom d'Harmhabi, fils de la dame Takhouati. Deux exemplaires. — Époque grecque.

177. **Terre émaillée bleue.** — Haut. o m. 15 et o m. 17. — **Terre émaillée verte.** — Haut. o m, 16.

Forme de momie : détails en relief, mauvaise cuisson, travail médiocre. Les trois exemplaires portent la même légende au nom du magistrat Harpto, fils de la dame Taremnibastit. — Époque grecque.

178. **Terre émaillée verte.** — Haut. o m. 19.

Forme de momie : détails en relief. Chapitre VI. Le nom avait été gravé, mais on l'a effacé en le recouvrant d'une couche d'émail qu'on a ensuite exposée au feu. — Époque saïte.

167. **Terre émaillée verte.** — Haut. o m. 18.

Forme de momie, détails en relief, travail très fin. Chapitre VI au nom du commandant des barques royales Psamitik-Miphtah. — XXVIe dynastie.

180. **Terre émaillée verte.** — Haut. o m. 15 et o m. 10.

Forme de momie : détails en relief, travail très fin. Chapitre VI au nom du père divin, domestique du roi, Ouahibrimiphtah, fils de la dame Noubit. Deux exemplaires. — XXVIe dynastie.

181. **Terre émaillée verte.** — Haut. o m. 17.

Forme de momie : détails en relief, l'émail a manqué. La figurine appartenait à un certain Nibâmti. — Époque grecque.

182. **Terre émaillée verte.** — Haut. moy. o m. 17.

Forme de momie : détails en relief. Le nom, tracé en une seule bande aux genoux dans six exemplaires, au dos dans les trois autres, nous reporte à la XXVIe dynastie, Ouahibri, né de la dame Tahtorit.

183. **Terre émaillée verte.** — Haut. moy. o m. 18.

Forme de momie : détails en relief. Dans le dos, en une seule colonne, le nom du héraut royal Psamitik, né de la dame Tititnibhotpri. Deux exemplaires. — XXVIe dynastie.

184. **Terre émaillée verte.** — Haut. o m. 15.

Forme de momie : détails en relief : les caractères sont remplis d'un émail bleu clair qui se détache sur le fond verdâtre. Sur la gaine, en une bande, le nom de Mentou, fils de la dame Isiotrit. — Époque saïte.

185. **Terre émaillée verte.** — Haut. moy. 0 m. 13.

Forme de momie dans le dos : le nom du Pétépoup dont le Musée possède un canope (n° 104, p. 66). — Époque saïte.

186. **Terre émaillée verte.** — Haut. 0 m. 13.

Forme de momie : détails en relief. Chapitre VI au nom d'Iritourdou, né de Harertas. — Époque grecque.

187. **Terre émaillée verte.** — Haut. 0 m. 135.

Forme de momie : travail grossier, point de légende. — Époque grecque.

188. **Terre émaillée verte.** — Haut. 0 m. 09 et 0 m. 10.

Forme de momie : détails en relief. Sur la gaine une bande d'hiéroglyphes au nom du prince héréditaire, Phtahnofri, fils de Timout.... Le premier exemplaire est de travail médiocre (haut. 0 m. 10), le second (haut. 0 m. 09) de travail plus soigné. — Époque saïte.

189. **Terre émaillée verte.** — Haut. moy. 0 m. 08.

Forme de momie : la perruque peinte en bleu sombre. Sur la poitrine le nom du père divin, prophète, qui ouvre la porte de Bastit, dame de Ânkhtoouï [Memphis], Pétéphtah. Trois exemplaires. — Époque grecque.

190. **Terre émaillée verte.** — Haut. 0 m. 08.

Forme de momie : coiffure en émail violet, détails en relief. Sur la poitrine, le nom du joueur de harpe (?) de Sokaris, Pétisi. — Époque grecque.

191. **Terre émaillée verte.** — Haut. 0 m. 09.

Forme de momie : détails en relief. Sur la poitrine, le nom du père divin Harza (?). — Époque grecque.

192. **Terre émaillée verte.** — Haut. 0 m. 08.

Forme de momie : détails en relief. Travail grossier. Pas d'inscription. — Époque grecque.

193. **Terre émaillée verte.** — Haut. 0 m. 12.

Forme de momie : détails en relief, travail grossier. Dans le dos le nom de Tihâpi. — Époque grecque.

194. **Terre cuite.** — Haut. o m. 15. (Ancien Musée.)

Forme de momie : les jambes manquent. Tête et mains rouges, perruque noire, buste jaune, corps blanc rayé de rouge, bande d'hiéroglyphes à demi effacés. — XXe dynastie.

195. **Terre émaillée verte.** — Haut. o m. 12. (Ancien Musée.)

Forme de momie : les pieds manquent, l'émail a été brûlé à la cuisson. Chapitre VI au nom de celui qui ouvre la porte [du Dieu], Hor, fils de la dame Isirashi. — Époque saïte.

196. **Terre émaillée bleue.** — Haut. o m. 13. (Ancien Musée.)

Forme de momie : travail grossier, mais l'émail est d'une nuance assez jolie. Sur le devant, nom illisible. — Époque grecque.

197. **Terre émaillée bleue.** — Haut. o m. 13. (Ancien Musée.)

Forme de momie : détails en relief, empâtés à la cuisson par l'émail. Chapitre VI pour le père divin Ouahibri. — Époque saïte.

198. **Terre émaillée verte.** — Haut. o m. 12. (Ancien Musée.)

Forme de momie : sur la poitrine le nom de la dame Tirout, fille de la dame Meni. — Époque grecque.

199. **Terre émaillée verte.** — Haut. o m. 10. (Ancien Musée.)

Forme de momie; détails en relief, travail grossier. Rédaction abrégée du chapitre VI au nom de Nsishoutif, fils de Mouti. — Époque grecque.

200. **Terre émaillée verte.** — Haut. o m. 10. (Ancien Musée.)

Forme de momie : détails en relief. Le premier exemplaire a conservé son émail et ne porte qu'une seule ligne d'inscription, dans le dos, au nom du Père divin, Zadphtahaoufânkh. Le second exemplaire a été brûlé à la cuisson : il a le chapitre VI en entier. — Époque grecque.

201. **Terre émaillée verte.** — Haut. o m. o8.

Forme de momie : détails en relief, travail grossier. Pas d'inscription. — Époque grecque.

202. **Terre émaillée verte.** — Haut. o m. 17. (Don du Louvre, E 2667.)

Forme de momie : détails en relief, travail médiocre. Chapitre VI pour Ouahibrihabi, fils de Harouâ. Deux exemplaires. — Époque saïte.

203. **Terre émaillée verte.** — Haut. o m. 16. (Don du Louvre, E 2667.)

Forme de momie : détails en relief. Le chapitre VI, illisible, l'émail a empâté tous les caractères. — Époque grecque.

204. **Terre émaillée bleue.** — Haut. o m. 13. (Don du Louvre, N 2667.)

Forme de momie : détails en relief. Sur la poitrine, en une bande, le nom du père divin, Oirphtah (?). Trois exemplaires, tous les trois de travail détestable. — Époque grecque.

205. **Terre émaillée bleue.** — Haut. o m. 12. (Don du Louvre, N 2667.)

Forme de momie : détails en relief, nom presque illisible, mauvais travail. — Époque grecque.

206. **Terre émaillée bleue.** — Haut o m. 10. (Don du Louvre, E 5572.)

Forme de momie : la tête est d'un taureau, et la légende tracée à l'encre noire sur la poitrine nous apprend que le personnage auquel appartenait la statuette était un taureau Hâpi. — Vers la XXe dynastie. — SÉRAPÉUM.

207. **Terre émaillée verte.** — Haut. o m. 11. (Don du Louvre, N 2667.)

Forme de momie : détails en relief. Sur la gaine, le nom d'Ouahibri, né de Nofirronpit (?). Travail détestable. — Époque saïte.

208. **Terre émaillée blanche.** — Haut. o m. 14. (Don du Louvre, N 2687.)

Forme de momie : détails et légendes tracés au violet manganèse, sur la gaine, le nom de Râam.... — xxe dynastie.

209. **Terre émaillée bleue.** — Haut. o m. 08. (Don du Louvre, E 5619.)

Forme de momie : pas d'inscription, travail détestable, mais l'émail est superbe. — Époque grecque.

210. **Terre émaillée bleue.** — Haut. o m. 13. (Don du Louvre, sans numéro.)

Forme de momie : superbe émail bleu, identique à celui qu'on voit sur les figurines de Déir el Baharî. Sur la gaine, en violet sombre, le nom du père divin d'Amon, Harmkhobiou. — xxie dynastie.

211. **Terre émaillée bleue.** — Haut. o m. 13. et o m. 11. (Don du Louvre, N. 2670.)

Forme de momie : détails et légendes en violet sombre. Le premier exemplaire (haut. o m. 13) est d'un émail plus obscur, identique à celui des figurines de Déir el Baharî; le second (haut. o m. 11) d'un émail plus clair. Sur la poitrine, le nom du Scribe du temple de la ville d'Amon, Mouthotpou..... — xxie dynastie.

212. **Terre émaillée bleue.** — Haut. o m. 15. (Don du Louvre, sans numéro.)

Forme de momie : détails en relief, travail grossier, pas d'inscription. La statue a été brisée puis les morceaux recollés. — Époque grecque.

213. **Calcaire jaunâtre.** — Haut. o m. 26.

Costume civil : les deux bras sont croisés sur la poitrine et tiennent le Tat et la boucle de ceinture. Jupe longue. L'inscription n'a pas été gravée. — xxe dynastie.

214. **Terre cuite rouge.** — Haut. o m. 15 et o m. 12. (Ancien Musée.)

Forme de momie : sans inscription, travail grossier. Deux exemplaires. — xxe dynastie.

IMPRIMERIE NATIONALE.

215. **Terre cuite rouge.** — Haut. 0 m. 14.

Costume civil : les bras sont croisés sur la poitrine. Perruque et ornements peints en noir, les yeux relevés de blanc et de noir : jupe longue. La statuette entière est recouverte d'une couche de bleu vif. Sur la jupe, le chapitre VI, au nom d'un certain Rokhou. — XXe dynastie.

216. **Terre cuite rouge.** — Haut. 0 m. 12.

Forme de momie : détails en relief, revêtus de couleurs diverses. Sur la jupe, le chapitre VI, nom illisible. — XXe dynastie.

217. **Bois.** — Haut. 0 m. 21 (Don du Louvre, N 2684.)

Forme de momie : perruque noire, face rouge, yeux relevés de noir et de blanc. Le buste est drapé dans une sorte de pélerine jaune rayée de rouge; les mains sont cachées, la taille est serrée d'une ceinture verte dont les bouts descendent jusqu'aux pieds. La gaine est blanche : le nom de la chanteuse d'Amon, Ouâbit, est tracé à l'encre noire sur une bande jaune cernée de rouge. — XXIe-XXIIe dynastie.

218. **Bois.** — Haut. 0 m. 14. (Don du Louvre, N. 2684.)

Forme de momie : travail médiocre. Cette statuette a appartenu au père divin d'Amon, Khonsoumos, dont le sarcophage a été décrit plus haut, sous le n° 53 (cf. p. 32 et suiv.). — XXe dynastie. — THÈBES.

219. **Bois.** — Haut. 0 m. 23. (Don du Louvre, N 2684.)

Forme de momie, les mains sont en relief, les pieds ont disparu. La statuette n'a jamais reçu ni couleur, ni inscription; les détails sont relevés de traits à l'encre noire. — XXe-XXIe dynastie.

220. **Bois.** — Haut. 0 m. 23. (Don du Louvre, E 5645.)

Cercueil en forme de momie, ayant renfermé une figurine. La face est rouge, la coiffure et le collier sont peints en vert, le couvercle et la cuve sont à fond blanc, rayé de bandes noires et rouges. — Pas d'inscription. — XXe-XXIe dynastie.

221. **Bois.** — Haut. 0 m. 23. (Don du Louvre, N 2684.)

Statuette en forme de momie. Elle est peinte en brun : les ornements et les traits sont relevés de noir, les lèvres fardées de rouge. Joli travail. — XVIIIe-XIXe dynastie.

222. Bois. — Haut. 0 m. 23. (Don du Louvre, N 2684.)

Forme de momie : perruque noire, la face et les détails sont peints en rouge, le reste est blanc. Sur la gaine, le nom du scribe du trésor de la ville d'Amon, Nifounhoui. — xxe dynastie.

223. Bois. — Haut. 0 m. 23, larg. 0 m. 09. (Don du Louvre, N 5679.)

Petit cercueil analogue au cercueil n° 220, sans peinture ni inscription. Le type large et écrasé de la face nous ramène à la fin de l'époque saïte ou au commencement de l'époque grecque.

224. Bois. — Haut. 0 m. 24. (Ancien Musée.)

Statuette en forme de momie : sans inscription ni peinture, travail grossier. — xxe dynastie.

225. Bois. — Haut. 0 m. 24.

Forme de momie : cette figurine est d'un fort joli travail et peut servir de type à toute la série. Les détails sont en relief, la perruque est peinte en noir, les yeux sont relevés de noir et de blanc, la gaine est jaune et porte le nom d'un embaumeur de Pharaon, Pshodou, identique peut-être au Pshodou du n° 171 (cf. p. 76). — xxe dynastie.

226. Bois. — Haut. 0 m. 28.

Osiris analogue à ceux qui ont été décrits au § iv (n°s 68-80, p. 53-55). Sur la tête, un linge bleu serré par un trait rouge, face verte, collier multicolore, gaine rouge, avec une bande jaune, sur laquelle est tracé à l'encre noire un proscynème en l'honneur de la dame Bastitertas née de la dame Nsibâthor. Dans le dos, second proscynème à Râ-Harmakhis. — Époque saïte.

227. Bois. — Haut. 0 m. 19.

Forme de momie ; sans peinture. Sur la gaine, le chapitre vi, au nom du prêtre d'Amon Nakhtouamon. Deux exemplaires d'un joli travail. — xxe dynastie.

228. Bois. — Haut. 0 m. 20.

Forme de momie. Sur la poitrine est dessinée au trait une figure de la déesse Nouit allongeant ses ailes, semblable à celles qu'on voit sur les cercueils ordinaires (cf. n°s 53, 54, etc.). Chapitre vi au nom du scribe médecin de Pharaon Nofirsokhrou, (Champollion, *Notices*, t. I, p. 325) dont le tombeau existe encore à Thèbes. — xixe dynastie. — Thèbes (Sheikh Abd-el-Gournah).

229. **Bois.** — Haut. o m. 20.

Forme de momie : détails en relief, travail médiocre. Chapitre VI pour la dame Sahouro. — XXe-XXIe dynastie.

230. **Bois.** — Haut. o m. 20.

Forme de momie : détails en relief, travail médiocre. Chapitre VI pour le scribe Ia. — XXe-XXIe dynastie.

231. **Terre émaillée verte.** — Haut. 0 m. 12.

Forme de momie : grande perruque à étages. Légendes illisibles à l'encre noire. — XXe dynastie.

232. **Schiste rougeâtre.** — Haut. o m. 079, long. o m. 152, larg. o m. 094.

Socle d'une statuette de femme aujourd'hui détruite : les pieds seuls subsistent sur une hauteur de o m. 036. La reine Mâkeri, fille du roi Tanite Psiounikhâ Ier et femme du roi thébain Pinozmou Ier de la XXIe dynastie, mourut en donnant le jour à une fille Moutemhâit qui ne lui survécut pas : les momies de la mère et de l'enfant ont été retrouvées enfermées au même cercueil, dans la cachette de Déir-el-Baharî, et sont conservées au Musée de Boulaq (Maspero, *Guide du Visiteur*, p. 342, n° 5236). Un personnage attaché au service de la reine, «le majordome de la divine adoratrice d'Amon [la reine], prophète d'Hor dans Taiou, de Mînou, d'Hor et d'Isis, chef de bande, Harhotpou», consacra la statuette votive dont le Musée de Marseille possède les débris à Mâkeri et à sa fille Moutemhâit. — XXIe dynastie. — Thèbes.

233. **Calcaire blanc compact.** — Haut. o m. 11.

Tête et partie du buste d'un roi anonyme, dont les traits ressemblent à ceux des statues du Pharaon Hakoris. — XXIXe dynastie.

234. **Calcaire noirci.** — Haut. o m. 08.

Tête et partie du buste d'une statue de scribe : dans le dos, commencement d'une légende interrompue par la cassure. — XIXe-XXe dynastie.

235. **Calcaire jaune très fin.** — Haut. o m. 20.

Statuette de femme debout dans l'attitude de la marche : la tête et les pieds manquent. Dans le dos, commencement de légende : «La dévote à Khmounou, seigneur de Hioïrou [Béni-Hassan], la dévote au dieu [Thot] qui habite dans Khmounou [Hermopolis]. . . . » Le nom a disparu. — XIIe-XIIIe dynastie (?).

236. Calcaire blanc. — Haut. 0 m. 13 et 0 m. 12.

Les deux petits monuments catalogués sous ce numéro sont des poupées votives, taillées à l'image des poupées réelles, et qu'on déposait avec les momies d'enfant, parfois avec les momies de femme. Elles représentent toujours une femme, nue et sans pieds : le bas des jambes est arrondi à peu près vers l'endroit où la cheville devait se trouver. La tête est à moitié rase, mais deux grosses touffes de cheveux sont réservées sur les tempes, et une grosse natte tombe du sommet du crâne sur le dos, en guise de queue. Des anneaux sont passés au biceps et au poignet de chaque bras; un collier long pend sur la poitrine. Six croix sont tatouées : trois sur les reins, trois sur le ventre, au-dessus du nombril. Une petite ceinture, attachée par derrière, maintient les hanches : le pecten, très marqué, est peint en noir. Comme la plupart des objets mis dans les tombes, ces poupées sont cassées d'ordinaire; en les maltraitant de la sorte, on les tuait, et leur double allait servir dans l'autre monde le double de la personne à qui on les consacrait.

237. Calcaire blanc. — Haut. 0 m. 11, larg. 0 m. 06. (Don du Louvre, N 2555.)

Petit temple surmonté d'un fronton triangulaire que termine un fleuron de style grec. Entre les deux colonnes de la façade, une petite femme nue est debout, les bras pendants et collés au corps : les seins, le ventre et les parties sexuelles sont exagérés avec intention. Il résulte de différents textes que cette femme est Isis, la sœur et l'épouse d'Osiris, c'est-à-dire, dans le cas présent, du mort identifié avec Osiris; on la mettait dans le tombeau pour qu'elle se prêtât aux désirs du défunt comme elle s'était prêtée à ceux de son mari divin au moment où elle conçut Horus. — Époque gréco-romaine.

238. Calcaire blanc. — Haut. 0 m. 14, larg. 0 m. 07. (Don du Louvre, E 5514.)

Même sujet, mais la façade du temple est de pur style égyptien. — Époque gréco-romaine.

239. Bois. — Haut. 0 m. 38.

A l'époque gréco-romaine, on plaçait souvent sur le lit funèbre de la momie les deux figures de pleureuses qu'on mettait jadis aux pieds et à la tête du cercueil (cf. n° 86, p. 57). La statuette n° 239 représente une Nephthys de ce genre, accroupie et se lamentant. Les couleurs sont bien conservées, le faire est bon : le socle a été fabriqué par une main moderne avec du bois antique. — Époque gréco-romaine.

240. Calcaire blanc. — Haut. 0 m. 11, larg. 0 m. 10.

Petite stèle consacrée à un Hapis (cf. n° 46, p. 28) par Râoussokhit, fils d'Amenp....., et de la dame Titpepi (?). C'est un de ces ex-voto grossiers comme on en voit encore dans certaines petites villes d'Italie et d'Espagne. — Époque grecque. — Sérapéum.

241. Bois. — Haut. 0 m. 14, long. 0 m. 24. (Ancien musée.)

Les quatre angles du sarcophage étaient mis sous la protection des quatre enfants d'Horus, qui présidaient également aux quatre points cardinaux (cf. p. 25 et 65). Afin de rendre cette protection visible, on imagina, vers la XXe dynastie, de placer sur les quatre montants des sarcophages rectangulaires en bois quatre figures d'éperviers, couchés ou debout, qui représentaient les quatre dieux.

L'épervier n° 241 est couché. Il a le dessus du corps et des ailes peint en rouge uni, le dessous en ocre jaune; la tête est blanche et noire; le cou est paré d'un collier multicolore. — XXIIe dynastie.

242. Bois. — Haut. 0 m. 13, long. 0 m. 21. (Ancien musée.)

Épervier couché. Le dessus de la tête est bleu, la face blanche relevée de noir : au cou, le collier multicolore. Le plumage est indiqué par un quadrillé noir sur fond rouge. — XXIIe dynastie.

243. Bois. — Haut. 0 m. 12, long. 0 m. 20. (Ancien musée.)

Épervier couché. La couleur a disparu. — XXIIe dynastie.

244. Bois. — Haut. 0 m. 17. (Don du Louvre, E 5627.)

Épervier debout : la patte gauche est brisée. Le dessus de la tête, du corps et des ailes est d'un bleu ardoisé; le dessous du corps est blanc, et celui de la queue est vert. La face est jaune, rouge et bleue. — XXIIe dynastie.

245. Bois. — Haut. 0 m. 07. (Don du Louvre, E 5817.)

Épervier de même type que le précédent : pattes brisées, couleurs disparues. — XXIIe dynastie.

246. Schiste verdâtre. — Haut. 0 m. 16.

Répondant en forme de momie : détails en relief. Chapitre VI au nom de Khari. — XXe dynastie.

247. **Schiste.** — Haut. 0 m. 10.

Répondant en forme de momie : détails en relief. Chapitre VI au nom de la dame Hontapit. — XXe dynastie.

248. **Schiste.** — Haut. 0 m. 18.

Répondant en costume civil : perruque à petites mèches étagées, collier, bras tombants sur la jupe, longue jupe croisée et tuyautée. Sur le devant, le nom du prêtre d'Osiris, Pannoutirhon (?). — XXe dynastie.

249. **Schiste gris.** — Haut. 0 m. 15.

Répondant en forme de momie : détails en relief, travail grossier. Chapitre VI : le nom n'a pas été gravé. — XXe dynastie.

250. **Schiste noirci.** — Haut. 0 m. 16.

Répondant en forme de momie : détails en relief, travail médiocre. Deux noms différents, tous les deux peu lisibles, sont tracés l'un au dos, l'autre sur la gaine. Chapitre VI. — XXe dynastie.

251. **Schiste.** — Haut. 0 m. 16.

Répondant en forme de momie : détails en relief, travail assez fin. Le nom du graveur en chef, Paqrourou, est deux fois répété, sur la gaine et sur le dos. — XXVIe dynastie.

252. **Schiste.** — Haut. 0 m. 15.

Répondant en forme de momie : détails en relief. Chapitre VI au nom de Sounro, qui est intitulé, sur la gaine, sculpteur en chef; au dos, prêtre de Phtah. — XXe dynastie.

§ VIII. — MOBILIER FUNÉRAIRE.

253. **Terre émaillée verte.** — Haut. 0 m. 25.

Partie supérieure d'un sistre : le manche manque, et les traverses en métal sont l'œuvre d'une main moderne. A la partie supérieure, un vautour abrite une divinité entre ses ailes. Très bon travail d'époque saïte. Le bruit du sistre avait pour effet d'écarter les mauvais esprits : aussi employait-on cet instrument dans la plupart des cérémonies religieuses ou funèbres. On le voit le plus souvent entre les mains des femmes (cf. n° 11, p. 10-11). — XXVIe dynastie.

Les sculpteurs faisaient exécuter par leurs élèves des figures détaillées d'hiéroglyphes, d'hommes ou d'animaux, qu'ils corrigeaient ensuite : c'était un moyen pratique de les rompre aux difficultés du métier. La plupart des musées possèdent des séries nombreuses de tablettes en calcaire portant des exercices de ce genre.

254. **Calcaire blanc.** — Haut. 0 m. 095, larg. 0 m. 135.

Le sujet sculpté sur cette tablette est une tête de reine jeune et souriante : les témoins subsistent aux quatre angles. Le travail est délicat, le modelé très fin : les détails de la coiffure et du collier sont rendus avec un soin minutieux. Je crois reconnaître dans cette tête le type conventionnel de Cléopâtre Kokké. — Époque ptolémaïque.

255. **Calcaire blanc.** — Haut. 0 m. 08, larg. 0 m. 093.

La plaquette a été brisée par le milieu. Des deux éperviers qu'elle portait, le premier a disparu entièrement, à l'exception de la queue, le second est intact. Les témoins subsistent : les trous d'attache ont été percés par Clot-Bey. — Époque ptolémaïque.

256. **Calcaire blanc.** — Haut. 0 m. 09, larg. 0 m. 09.

Figure de petit échassier, la lettre OU de l'alphabet égyptien. La plaque est légèrement endommagée. — Époque ptolémaïque.

257. **Calcaire blanc.** — Haut. 0 m. 08, larg. 0 m. 09.

Tête de veau détachée du corps, semblable à celles qu'on voit figurées si souvent sur les tableaux d'offrande. Bon travail. — Époque ptolémaïque.

258. **Calcaire blanc.** — Haut. 0 m. 095, larg. 0 m. 10.

Les deux pièces d'un moule sur lequel est gravée en creux la figure du Bonou accroupi. Le Bonou était une sorte de demoiselle de Numidie consacrée à Osiris, qui suggéra plus tard aux Grecs la légende du Phénix égyptien. Certains indices me portent à croire que c'est un moule à pâtisserie : le choix du Bonou se rattache probablement aux idées de renaissance qu'exprime cet oiseau. — Époque ptolémaïque.

259. **Bois.** — Haut. moy. 0 m. 12.

L'âme égyptienne était représentée par un épervier à tête humaine (cf. p. 33). Les trois éperviers catalogués sous le n° 259 sont des âmes. Deux d'entre eux ont sur la tête un disque solaire rouge, surmonté de longues plumes; le troisième a perdu sa coiffure.

260. Bois. — Haut. 0 m. 16. (Don du Louvre, E 5742.)

Un disque solaire rouge surmonté des deux plumes rayées de jaune et de bleu. Il provient soit d'une âme (n° 259), soit d'un épervier de sarcophage (n°s 241-245).

261. Bois. — Haut. 0 m. 15, larg. 0 m. 17.

Pectoral en forme de naos. Au centre, la vache accroupie, parée d'une couverture rose, entre Isis et Nephthys, debout, les ailes étendues. Les objets de ce genre étaient parfois cousus sur le maillot, parfois attachés au cou de la momie au moyen d'un double fil de perles. On comprendra mieux la position qu'il occupait en se reportant aux couvercles de cercueils ou de sarcophages sur lesquels il est figuré (cf. n° 43, p. 34). — Époque ptolémaïque.

262. Bois. — Haut. 0 m. 22, prof. 0 m. 12.

Siège en bois, peint d'une teinte vert bleu. C'est le signe qui servait à écrire le nom d'Isis : aussi est-il souvent placé sur la tête de la déesse en guise de coiffure. Le n° 262 provient probablement d'une pleureuse de grandes dimensions, analogue à celles que nous avons décrites sous les n°s 86 et 239 (p. 57 et 85).

263. Bois. — Haut. 0 m. 22.

Au lieu des vases en terre, trop fragiles, ou des vases en albâtre, trop coûteux, on mettait souvent dans les tombes des simulacres de vases en bois, peints de manière à imiter la pierre. Le n° 263 a un couvercle bariolé, à l'image d'un lotus épanoui, et, sur la panse, une plaque jaune avec inscription de trois lignes — la première refaite par une main moderne — au nom de la chanteuse d'Amon, Nofritari. — xx° dynastie.

Au lieu d'oreillers, les Égyptiens employaient des chevets en pierre ou en bois, formés d'un pied et d'une pièce creusée en demi-cercle, où s'emboîtait la tête. L'usage s'en est perpétué dans la Nubie jusqu'à nos jours. Les chevets qu'on donnait aux morts étaient des amulettes chargées de figures diverses et destinées à procurer un sommeil paisible dans l'autre monde. On les trouve rarement sous la tête de la momie : ils sont presque toujours à terre, à côté du cercueil.

264. Bois. — Haut. 0 m. 21, long. 0 m. 27.

Chevet. Les deux têtes monstrueuses, dessinées au trait à chaque extrémité du demi-cercle et relevées de couleur verte, appartiennent au dieu Bisou. Bisou recevait la mission de veiller sur le dormeur et d'écarter de lui les mauvais esprits qui auraient pu apporter des songes funestes.

265. **Bois.** — Haut. 0 m. 18, long. 0 m. 29.

Chevet. Les deux têtes de Bisou sont sculptées. Sur le pied, le nom du fabricant de statuettes (?) de Phtah, Khari, le même peut-être à qui nous devons la statuette n° 246 (p. 86). — xx° dynastie.

266. **Bois.** — Haut. 0 m. 17, long. 0 m. 27.

Chevet. Sur le plat, à gauche, la déesse Toïrit, hippopotame dressée sur les pattes de derrière, et le dieu Bisou, le couteau au poing, la tête retournée en arrière, prêt à s'élancer contre les mauvais esprits; à droite, la déesse Toïrit et le dieu Bisou se précipitant vers elle le couteau levé. — Époque ptolémaïque.

267. **Bois.** — Haut. 0 m. 25, long. 0 m. 20.

Chevet : pied cannelé, pas de dessins ni d'inscription sur le plat. — xi° dynastie.

268. **Bois.** — Haut. 0 m. 17, long. 0 m. 22. (Don du Louvre, E 2736.)

Chevet uni. — xi° dynastie.

269. **Bois.** — Long. 0 m. 57, larg. 0 m. 14, haut. 0 m. 13. (Don du Louvre, sans numéro.)

Les champs d'Ialou, le paradis des Égyptiens, étaient dans des îles où l'on ne pouvait aborder qu'en barque. Afin de faciliter cette traversée, on déposait dans les tombes une flottille de petits bateaux qui portaient les amis, la momie, la statue, les provisions : la possession en assurait au mort le passage de l'Océan divin. Le bateau n° 269 a perdu son équipage : une portion du mât est encore debout au milieu, et les trous où l'on attachait les cordages sont encore visibles dans l'épaisseur des bordages. — xi° ou xii° dynastie.

270. **Bois.** — Long. 0 m. 28, larg. 0 m. 10.

Le mort emportait ses sandales avec lui : elles étaient en cuir, en joncs, ou en fibres de palmier tressées, ou en bois peint comme la paire inscrite au n° 270. Les attaches sont en bois mince : le bâtonnet passait entre le pouce et le premier orteil, et empêchait ainsi la semelle de se déplacer sous le pied.

271. **Ivoire.** — Long. 0 m. 27.

Les Égyptiens employaient à la chasse, et même à la guerre, une arme de jet qu'on retrouve encore de nos jours en Australie, et à laquelle on donne le nom de *boumérang*. On en a de nombreux spécimens en un bois lourd et compact, qui ont dû servir; on en a aussi en ivoire, comme le n° 271, qui sont évidemment des objets votifs. Ils sont toujours cassés en plusieurs morceaux, afin que leur double puisse passer aisément dans l'autre monde (cf. n° 236, p. 85) et couverts d'animaux fantastiques et de dieux monstrueux, ceux-là probablement que le défunt devait frapper de son arme. — XIe ou XIIe dynastie.

272. **Bois.**

Un arc et quatre flèches, que le mort emportait avec lui pour combattre les animaux féroces ou les dieux hostiles qu'il rencontrait dans ses courses à travers l'autre monde. Les flèches n'ont plus leur pointe de métal ou de pierre.

273. **Bois.** — Long. 0 m. 20. (Ancien musée.)

Manche d'éventail. La pièce centrale, celle sur laquelle venaient s'attacher les plumes, a disparu.

274. **Bois.** — Haut. 0 m. 06, larg. 0 m. 05.

Boîte à kohol (cf. p. 68). C'est un billot percé de quatre trous et plaqué jadis d'ivoire ou de bois précieux; le placage a disparu, et l'on ne voit plus que les chevillettes en ivoire qui servaient à l'attacher. Le couvercle est perdu. La boîte est montée sur quatre pieds.

275. **Bois.** — Haut. 0 m. 07.

Boîte à kohol : deux trous. Le couvercle, qui tournait sur pivot, a disparu.

276. **Brèche verdâtre.** — Haut. 0 m. 07.

Pot à kohol (cf. n°s 154, 157, p. 72). Le couvercle est ébréché.

277. **Bois.** — Long. de 0 m. 22 à 0 m. 37.

Chacune de ces plaquettes représente l'appareil que les Égyptiens employaient pour serrer leurs plumes et conserver leur encre : on les appelle palettes de scribe. En haut, deux petits godets : l'un pour une pastille de couleur rouge, l'autre pour une pastille d'encre noire. Au-dessous, la fente où on logeait les calames dont on se servait pour écrire. Une des palettes a encore deux calames : ce sont de minces tiges de jonc dont le bout, trempé dans l'eau, se divisait en fibres ténues et formait un pinceau plus ou moins fin, selon la grosseur de la tige.

278. **Bois.** — Long. 0 m. 31.

Palette à deux godets. Au verso, le scribe a tracé une inscription en hiératique, très effacée, où l'on distingue encore des chiffres. Sur un des côtés de la rainure, il a fait des additions par points.

279. **Bois.** — Long. 0 m. 54.

Les Égyptiens étaient obligés, lors de certaines cérémonies, d'attacher à leur jupon un appendice en forme de queue, qui traînait derrière eux jusqu'à terre. C'était une survivance du temps où les nobles et les prêtres avaient, comme vêtement d'apparat, un pagne en peau de bête dont la queue lui pendait sur les jambes. Le n° 279 nous donne un spécimen, unique à ma connaissance, d'une de ces queues en bois : le trou, percé vers le bout pointu, servait à passer la ficelle au moyen de laquelle on l'attachait à la ceinture du jupon.

280. **Bois.** — Long. 0 m. 17.

Cuiller à parfums. Le manche est découpé de manière à représenter un bouquet de feuilles et de fleurs de papyrus surmonté d'un gros fruit, dont le corps évidé forme le bol de la cuiller.

281. **Bois.** — Long. 0 m. 29.

Cuiller à parfums de forme analogue.

282. **Bois.** — Long. 0 m. 15.

Cuiller à parfums. Le fruit est posé sur une seule fleur de lotus, qui, elle-même, sort d'une fleur de papyrus épanouie.

283. **Bois.** — Long. 0 m. 21. (Don du Louvre, E 5439.)

Encensoir formé d'une main étendue, emmanchée d'une longue tige. Un godet en métal, placé sur la main, contenait les charbons ardents et l'encens.

284. **Bois.** — Long. 0 m. 15.

Main provenant d'un encensoir analogue au précédent.

285. **Bois.** — Long. 0 m. 10.

Étui à kohol : c'est une colonne à chapiteau orné de feuilles de palmier. Travail médiocre.

286. **Bois.** — Diam. 0 m. 035 et 0 m. 030.

Deux sceaux en bois, sans inscription.

287. **Bois.** — Long. 0 m. 05.

Plaquette sur laquelle un scarabée à tête humaine est sculpté en haut-relief. Provient d'un pectoral analogue au n° 261 (p. 89).

288. **Bois.** — Long. 0 m. 16.

Cuisse d'antilope d'un travail très fin. Offrande votive destinée à procurer perpétuellement au mort le bénéfice de la cuisse d'antilope réelle, présentée le jour de l'enterrement et aux grandes fêtes de l'année.

289. **Bois.** — Long. 0 m. 09.

Poisson : même usage que le n° 288.

290. **Bois.** — Long. 0 m. 14, larg. 0 m. 06.

Peigne à carder.

291. **Bois.** — Long. moy. 0 m. 08.

Quatre peignes à toilette : l'un est cassé en deux morceaux, l'autre a perdu une partie de ses dents. Deux, sur les quatre, viennent du Louvre (E 5432 et 5493).

292. **Bois.** — Haut. 0 m. 10, larg. 0 m. 07.

Démêloir garni de dents des deux côtés.

293. **Bois.** — Haut. 0 m. 095.

Deux prisonniers de guerre sont liés à un poteau dont la tête est couronnée de la fleur des pays du Nord, afin de marquer qu'ils ont été capturés dans une guerre contre des peuples septentrionaux. Pièce rare.

294. **Bois.** — Haut. 0 m. 09.

Sceau. Sur le plat, des traits creusés profondément forment une figure dont je n'ai pu reconnaître ni la nature ni l'intention.

295. **Bois.** — Long. 0 m. 23. (Don de M. Saum, ex-conservateur du musée de Strasbourg.)

Queue d'aronde, placée dans l'épaisseur d'un mur pour lier deux des pierres qui le composaient.

296. **Os.** — Haut. 0 m. 07, diam. 0 m. 05.

Petit vase à onguent, encore enduit intérieurement d'une substance noirâtre. Sur la panse, inscription tracée par une main moderne.

297. **Os.** — Haut. o m. 07, diam. o m. 04.

Petit pot à parfums. Sur la panse, inscription fausse.

298. **Bois.** — Haut. o m. 07, diam. o m. 05.

Boîte fabriquée au tour et munie de son couvercle. Probablement de travail copte, elle n'est pas antérieure au XIIIe ou XIVe siècle de notre ère.

299. **Terre émaillée bleue.** — Haut. moy. o m. 045.

Trois godets à parfum.

300. **Terre émaillée bleue.** — Haut. o m. 05. (Don du Louvre, S 1706.)

Fiole à ventre aplati. Le goulot n'est pas cassé, comme on est tenté de le croire au premier abord : il a été taillé intentionnellement en biseau, et la tranche en est recouverte d'émail, comme le reste.

301. **Terre émaillée bleue.** — Haut. o m. 025, diam. o m. 06.

Petit plat à rebord.

302. **Terre émaillée bleue.** — Haut. o m. 06, diam. o m. 058.

Petit vase en forme de fleur de grenadier.

303. **Terre émaillée bleue.** — Haut. o m. 07, diam. o m. 07.

Même forme que le précédent.

304. **Diorite.** — Haut. o m. 13, diam. o m. 09.

Très beau vase brisé puis raccommodé : une partie de la lèvre manque. — Ancien Empire.

305. **Granit noir.** — Haut. o m. 11, diam. o m. 11.

Vase à deux anses. — Ancien Empire.

306. **Granit noir.** — Haut. o m. 20, diam. o m. 095.

Petite table d'offrandes ronde, légèrement évidée, flanquée de quatre oreillettes. — Ancien Empire.

307. **Diorite vert.** — Diam. o m. o55.

Petite coupe. — Ancien Empire.

308. **Terre cuite.** — Haut. moy. o m. 32.

Trois canopes (cf. § vi, p. 64 et suiv.) en terre cuite, surmontés chacun d'un couvercle en forme de tête humaine. Deux des têtes sont sans couleur; la troisième est peinte en jaune, la perruque barbouillée de noir.

309. **Terre cuite jaune.** — Haut. o m. 20 et o m. 22.

Trois vases ayant renfermé des œufs (cf. n° 366). Deux d'entre eux (haut. o m. 22) sont ornés de bandes brunes et rouges; le troisième n'a pas d'ornements (haut. o m. 20). — Saqqarah.

La collection de vases exposée sur les planches de cette armoire est très curieuse à étudier, mais impossible à décrire brièvement sans figures. Je me bornerai donc à en donner les dimensions et la provenance.

310. — Haut. o m. 15, diam. o m. 19.

A contenu des œufs et provient de Saqqarah.

311. — Haut. o m. 16.

312. — Haut. o m. 15.

313. — Haut. o m. 15.

314. — Haut. o m. 17 et o m. 18 (deux exemplaires).

315. **Terre cuite rouge.** — Haut. o m. 12.

C'est la copie en terre d'un vase en métal. Le potier a imité l'aspect que présentent les ornements au repoussé; il a reproduit jusqu'à la saillie des clous qui, dans l'original, rattachaient l'anse au corps du vase. La plupart des vases de fabrication analogue que j'ai découverts en Égypte sont de l'époque romaine ou byzantine.

316. — Haut. o m. 16.

317. — Haut. o m. o3, diam. o m. 11.

318. — Haut. o m. 10, diam. o m. 11.

319. — Haut. o m. 10.

320. — Haut. o m. 08, diam. o m. 09.

321. — Haut. o m. 07, diam. o m. 055.

322. — Haut. o m. 08.

323. — Haut. o m. 13.

324. — Haut. o m. 14, diam. o m. 16.

325. — Haut. o m. 12, diam. o m. 12.

326. — Haut. o m. 27. (Don du Louvre, E 2487.)

327. — Haut. o m. 10. (Don du Louvre, E 2509.)

328. — Haut. o m. 14. (Don du Louvre, E 2500.)

329. — Haut. o m. 18. (Don du Louvre, E 2501.)

330. — Haut. o m. 15. (Don du Louvre, E 2482.)

331. — Haut. o m. 17. (Don du Louvre, E 2384.)

Marque de potier carrée sur la panse.

332. — Haut. o m. 07, diam. o m. 15. (Don du Louvre, E 2481.)

Support annulaire pour vase à fond arrondi.

333. — Haut. o m. 04, diam. o m. 07. (Don du Louvre, E 2516.)

334. — Haut. o m. 12. (Don du Louvre, sans numéro.)

335. — Haut. o m. 09. (Don du Louvre, E 2503.)

336. — Haut. o m. 08. (Don du Louvre, n° 2502.)

337. — Haut. o m. 12. (Don du Louvre, E 2491.)

338. — Haut. o m. 12. (Don du Louvre, E 2507.)

339. — Haut. 0 m. 12. (Don du Louvre, E 2496.)

340. **Terre blanche.** — Haut. 0 m. 10. (Don du Louvre, E 2506.)

Vase grotesque, endommagé à la cuisson. La panse représente une tête humaine grimaçante : les trois petites pelotes disposées en triangle simulent les yeux et le nez. — Époque gréco-romaine.

341. — Haut. 0 m. 08. (Don du Louvre, N 2508.)

342. — Haut. 0 m. 08. (Don du Louvre, sans numéro.)

343. — Haut. 0 m. 07.

344. — Haut. 0 m. 09.

345. — Haut. 0 m. 12.

346. — Haut. 0 m. 17.

347. — Haut. 0 m. 09.

348. — Haut. 0 m. 10.

349. — Haut. 0 m. 09.

Deux paires de vases conjugués; l'anse d'une paire manque, et le pied de l'autre paire.

350. — Haut. 0 m. 12.

351. — Haut. 0 m. 06.

352. — Haut. 0 m. 25.

353. **Terre cuite.** — Haut. 0 m. 17.

Vase funéraire peint en jaune pour imiter la pierre (cf. n° 263, p. 89). Sur la panse, le nom de la chanteuse d'Amon Aouí est tracé à l'encre noire. — XXe-XXIIe dynastie. — Thèbes.

354. **Terre cuite rouge.** — Haut. 0 m. 17, larg. 0 m. 13.

Stèle cintrée. Au centre, le cynocéphale de Thot, la *tête* surmontée du disque lunaire, sur lequel un gros ibis est accroupi : il est posé sur le signe de l'or, entre Harpokhrate enfant, portant le doigt à la bouche, et Thot, ibiocéphale, debout à gauche. Au-dessous de cette triade est couché un prisonnier, lié, à tête barbue. Aucune inscription n'accompagne ce tableau, qui représente le triomphe d'Hor, fils d'Osiris, sur Typhon, qui avait tué son père. Le monument est de très basse époque; il serait contemporain de Constantin ou de Théodose que je n'en serais pas étonné.

355. **Terre cuite noire.** — Haut. o m. 13.

Sceau oval avec marques conventionnelles (cf. n° 294, p. 93).

On appelle *cônes funéraires* des masses de terre allongées à une extrémité, aplaties à l'autre, et marquées sur le plat d'une empreinte en relief. Ils sont revêtus ordinairement d'une couleur blanche qui simule la farine, et la forme en est celle de certains pains qu'on présentait dans le sacrifice aux morts et aux dieux. De même qu'on enterrait, à Memphis, sous l'ancien Empire, des oies et des gâteaux en pierre destinés à servir éternellement au mort d'oies et de gâteaux, de même, à Thèbes, on lui donnait un simulacre de pain plus durable que n'était le pain de farine : comme c'est l'usage en pareil cas, l'image offerte en ce monde procurait à l'âme la réalité de l'objet dans l'autre. On n'a jusqu'à présent trouvé de *cônes funéraires* qu'à Thèbes, principalement dans la partie de la nécropole qui entoure l'Assassîf, de Drah Abou'l Neggah à Sheîkh Abd-el-Gournah. Les plus anciens que l'on possède remontent à la XIe dynastie; les plus récents sont de la XXVIe dynastie.

356. **Terre cuite rouge.** — Long. o m. 17 à o m. 21.

Trois cônes funéraires au nom du deuxième prophète du roi Thoutmos III, Amenemka, et de sa femme, la chanteuse Mirirî. — XXe dynastie. — Thèbes.

357. **Terre cuite rouge.** — Long. o m. 16.

Cône aplati de manière à prendre la forme rectangulaire : appartient au même personnage que les cônes n° 356. — XXe dynastie. — Thèbes.

358. Terre cuite rouge. — Long. 0 m. 09.

Cône aplati comme le n° 357. Sur la face, une table d'offrandes devant laquelle sont assis le *ouêkil* (lieutenant) de l'ingénieur, Nânou, et sa femme Sonou. — XV° dynastie. — THÈBES.

359. Terre cuite rouge. — Long. 0 m. 20.

Deux cônes au nom du prophète d'Hor, cousin royal et gouverneur de Thèbes, Bisa. — XXVI° dynastie. — THÈBES.

360. Terre cuite rouge. — Long. 0 m. 21.

Deux cônes au nom du même personnage, qui est dit fils d'Amenemanit. — XXVI° dynastie. — THÈBES.

361. Terre cuite. — Long. 0 m. 15.

Deux cônes au nom d'un vice-roi d'Éthiopie du nom de Mimos, qui vivait sous Amenhotpou III. Les inscriptions sont coloriées en rouge. — XVIII° dynastie. — THÈBES.

362. Terre cuite. — Long. 0 m. 24.

Cône du prêtre, scribe du trésor d'Amon, Ousirhâït, fils du scribe du trésor Nibouâ. — XVIII° dynastie. — THÈBES.

363. Terre cuite. — Long. 0 m. 26.

Cône d'un personnage attaché au gouvernement de la Nubie. Les signes sont disposés d'une façon tellement irrégulière que la lecture du nom est incertaine. — XI° ou XII° dynastie. — THÈBES.

364. Terre cuite. — Long. 0 m. 21.

Cône du quatrième prophète d'Amon Nofirhotpou et de sa femme Amenhotpou. — XVIII° dynastie. — THÈBES.

365. Terre cuite. — Long. 0 m. 17.

Cône des deux mêmes personnages. — XVIII° dynastie. — THÈBES.

366. Œufs.

Une partie du cimetière de Saqqarah, au nord du Sérapéum, était consacrée à l'ensevelissement des animaux. On y trouve des tombes remplies de vases en terre cuite (cf. n°s 309-310, p. 95), où sont empilés des œufs. La coque a été percée avec une épingle et le contenu aspiré par le trou qu'on a ensuite rebouché soigneusement : on ne sait pas encore exactement à quelle idée répondait cet usage. Les douze œufs catalogués sous ce numéro 366 proviennent de Saqqarah.

367. **Graines et fruits.**

Boîte renfermant des graines et des fruits provenant des tombes égyptiennes, dattes, jujubes, olives, raisins secs, lentilles, ricin, blé nu et vêtu, même des morceaux de pains. On les déposait dans le tombeau pour la nourriture du mort, et cela dès l'époque la plus ancienne : on en trouve fréquemment dans les hypogées de la IVᵉ et de la Vᵉ dynastie. Le *blé de momie* a eu le privilège d'exciter à plusieurs reprises la curiosité des savants : beaucoup croient en avoir planté qui aurait produit des épis. Le blé de momie authentique a toujours été desséché au feu avant d'être déposé dans les tombes : il n'avait donc plus le pouvoir de germer. Les expériences que j'ai tentées avec les graines que j'avais recueillies moi-même n'ont jamais réussi; je n'en dirai pas autant de celles qui ont été faites avec des graines achetées aux Arabes et aux marchands d'antiquités. Les Arabes ne se gênent nullement pour vendre, comme blé ancien, du blé qu'ils ont cultivé eux-mêmes : c'est le seul moyen pour eux d'avoir toujours de quoi fournir aux demandes des touristes. Cette fraude est plus que suffisante à expliquer tous les récits qu'on fait encore de temps en temps sur les récoltes obtenues en semant du blé de momie.

368. **Bronze et bois.** — Haut. 0 m. 24, diam. 0 m. 111.

Miroir. Le manche est en bois découpé, le disque en bronze poli. Beaucoup de miroirs ont la surface dorée.

369. **Bronze.** — Diam. 0 m. 09. (Don du Louvre, E 5445.)

Petit plateau d'usage indécis.

370. **Pains de couleur.**

Deux boules de couleur bleue. Elle est fabriquée avec ce que les Égyptiens appelaient le *mafkat artificiel*, c'est-à-dire avec un verre coloré en bleu au moyen d'un oxyde de cuivre, puis réduit en poudre. Le *mafkat vrai* était notre bleu d'outre-mer, c'est-à-dire du lapis-lazuli pilé et aggloutiné en pastilles ou en pains.

§ IX. — PANTHÉON ÉGYPTIEN.

Les dieux égyptiens semblent se répartir en trois groupes d'origine différente : les dieux des morts, les dieux élémentaires, les dieux solaires. Les dieux des morts sont Sokari,

Osiris, Isis et Nephthys, Khontamentit, Anubis. Les dieux élémentaires représentent la terre Sibou, le ciel Nouit ou Hâthor, l'eau primordiale Nou, le Nil Hâpi, et probablement aussi des dieux comme Sovkou, Haroïri, Phtah, dont nous ne connaissons encore le culte et l'histoire que par fragments. Parmi les dieux solaires, je classerai Râ, Shou, Anhouri, Amon. Les dieux qui composaient ces trois groupes sont, à l'époque historique, les représentants du polythéisme par lequel a débuté la religion égyptienne à l'époque préhistorique. Ils étaient associés à des dieux animaux, le chacal, le taureau, le bœuf, l'ibis, et à des fétiches dont le culte était en honneur, même aux siècles les plus brillants. Un certain nombre d'entre eux ne sont guère que des doublures politiques ou géographiques l'un de l'autre. Sokari, par exemple, était le nom du dieu des morts en certains endroits comme Osiris en certains autres, et ne différait probablement d'Osiris que par des nuances plus ou moins sensibles : où l'on adorait le soleil sous le nom d'Anhouri, il est vraisemblable qu'on ne l'adora point d'abord sous le nom de Haroïri. En tout cas, les trois groupes avaient chacun des facultés et des attributions bien tranchées : ils se complétaient l'un l'autre, mais ne se confondaient pas l'un dans l'autre.

L'unité de pouvoir politique qui, malgré l'organisation féodale du pays, s'imposa avec Minî (Ménès), entraîna l'unité de conception religieuse. Les écoles de théologie établies à Saïs, à Héliopolis, à Memphis, à Abydos, à Thèbes, formèrent entre les cultes qu'elles professaient une sorte de syncrétisme, où l'on fit entrer de gré ou de force presque toutes les conceptions existantes à la surface du sol. Le culte qui l'emporta, et de bonne heure, fut celui des dieux solaires : le soleil devint le type de l'unité divine, et les autres dieux, ceux des morts comme ceux des éléments, furent presque tous identifiés au soleil pour se fondre plus aisément dans cette unité. Osiris fut le soleil de nuit, le soleil mort, comme Râ était le soleil vivant, le soleil diurne. Quelques-uns pourtant résistèrent à l'absorption : Sibou, Nouit ne devinrent que fort tard Sibou-Rî, Nouit-rît. On se débarrassa d'eux en les donnant pour père et mère aux dieux solaires, c'est-à-dire, puisque dans la divinité le père et la mère ne sont qu'un avec le fils, des dieux-soleils qui avaient existé avant que le monde fût sorti du chaos. Ces identifications ne se firent pas sans difficulté. Tel dieu était isolé et vivait seul, tel autre avait une famille, une trinité composée du père, de la mère et du fils. Ce principe de la trinité ou de la triade, qui prévalut avec la prédominance des dieux solaires, gêna quelquefois les théologiens et les obligea à certains artifices. Les conceptions relatives à la vie et à la mort de l'homme avaient été représentées par deux groupes de dieux opposés, Sit d'un côté, et de l'autre Osiris, Isis, Nephthys, Hor, Anubis, Thot. En entrant dans une triade, Osiris ne pouvait garder son cortège entier ni Sit demeurer isolé : on se tira d'affaire en donnant à Sit pour femme Nephthys et pour fils Anubis, qui gardèrent leur rôle protecteur d'Osiris, malgré leur défection apparente. Il y eut un moment où ces trinités, artificielles ou non, tendirent à se superposer et à disparaître l'une dans l'autre; ce fut vers la XIXe dynastie, et la triade qui faillit supplanter les autres fut la triade thébaine. Les prêtres d'Amon en étaient arrivés à extraire des textes anciens le dogme d'un dieu un, absolu, parfait, et, ici comme partout, la grandeur politique du pays aida à l'élévation de la pensée religieuse. Le fait matériel de l'hommage rendu au chef terrestre de Thèbes par les chefs terrestres d'Abydos, de Memphis, de Tanis, de la Syrie, de l'Éthiopie, n'a pas dû être pour peu de chose dans l'hommage rendu au dieu de Thèbes par les autres dieux de l'Égypte et des pays étrangers. Le seul dieu toujours victorieux passa plus facilement pour être le seul dieu, et la chute seule de son empire mondain avec la XXe dynastie décida le triomphe de l'ancien polythéisme sur le monothéisme thébain. On me permettra de décrire l'une après l'autre les images de dieux qui remplissent les armoires du musée, sans insister davantage sur ces notions générales.

A. — Figures en bronze.

La fabrication des figures divines en bronze était une des branches importantes de l'industrie égyptienne : c'est par milliers qu'on les découvre dans les ruines, et ce qui en subsiste encore après tant de siècles peut donner une idée de la prodigalité avec laquelle on en usait dans l'antiquité. Elles étaient coulées en un ou plusieurs morceaux, selon les cas, puis les pièces ajustées, soudées et retouchées au burin. Le procédé le plus fréquemment employé était celui de la fonte au carton : un noyau de sable ou de terre mêlée de charbon pilé était introduit dans le moule, et le modelé du dehors se répétait grossièrement au dedans. La couche de métal était souvent si mince qu'elle aurait cédé à une pression un peu forte, si on n'avait pris la précaution de la consolider en laissant le noyau en place pour lui servir de soutien. On employait ce procédé même pour des pièces très petites; néanmoins on rencontre beaucoup de grosses pièces coulées en plein.

TRIADE THÉBAINE : AMON, MOUT ET KHONSOU.

La triade thébaine se composait du dieu Amon, de la déesse Mout et de leur fils Khonsou. Amon, dont le nom signifie le *journalier*, le *stable*, le *caché*, selon qu'on le rattache à trois racines différentes, a été de bonne heure identifié avec Râ et se rencontre souvent sous la dénomination mixte d'Amon-Râ roi des dieux. Son culte passa de Thèbes dans toutes les colonies thébaines à Napata, en Éthiopie, en Nubie, dans les oasis. Il a le corps humain, avec la tête humaine ou la tête de bélier, plus rarement la tête d'épervier, coiffée d'un mortier surmonté de deux longues plumes.

371. Bronze. — Haut. 0 m. 39.

Amon-Râ, debout, marchant. Le naos oblong sur lequel il est ne lui appartenait pas à l'origine, mais a été rapporté soit par Clot-Bey, soit par l'Arabe à qui le bronze fut acheté. Travail assez fin. — Époque saïte.

372. Bronze. — Haut. 0 m. 16. (Don du Louvre, n° 5157.)

Amon debout, marchant : les plumes de la coiffure manquent. — Époque saïte. — SÉRAPÉUM.

373. Bronze. — Haut. 0 m. 12. (Don du Louvre, n° 5827.)

Amon debout, marchant : les plumes endommagées. — Époque saïte. — SÉRAPÉUM.

374. Bronze. — Haut. 0 m. 101.

Amon assis, les mains aux genoux, traces de dorure. Les deux plumes étaient en bronze et rapportées : la statuette est cassée à mi-corps. — Époque saïte.

A l'origine, Amon n'avait pas de compagne. Quand on lui en donna une, on la nomma quelquefois Amonit, par simple dérivation grammaticale, le plus souvent Mout signifie *mère* en égyptien. Le vague même de ce nom marque le rôle insignifiant que la déesse joue dans la triade : elle est *la mère* d'une manière générale. Elle est appelée dame du ciel, régente de la terre, et se confond souvent avec les autres déesses mères, Isis, Hâthor. Elle est toujours représentée sous forme de femme, le vautour disposé en coiffure sur la tête, et par-dessus le vautour, le pskhent, la double couronne d'Égypte, ou les deux longues plumes d'Amon.

375. Bronze. — Haut. 0 m. 23.

Mout assise, le sceptre à la main gauche. Elle a les plumes d'Amon sur la tête. — Époque saïte.

376. Bronze. — Haut. 0 m. 30.

Mout debout, les pieds rapprochés, les bras collés au corps : elle est coiffée du vautour et du pskhent. Les yeux sont incrustés, les traits de la face assez fins : travail mou, mais soigné. — Époque saïte.

377. Bronze. — Haut. 0 m. 15.

Mout debout, mauvais travail. — Époque grecque.

378. **Bronze.** — Haut. 0 m. 11. (Don du Louvre, n° 4105.)

Mout debout, marchant, tenant le sceptre, coiffée du pskhent. — Époque saïte. — SÉRAPÉUM.

Amon est rattaché par le nom et par l'origine à un dieu adoré à côté de lui, sur la rive droite du Nil, dans les villes de Coptos et d'Akhmîm, Minou, qui s'appelait aussi Khimou. Minou avait, comme le montrent ses images, des fonctions génératrices. Son corps est momifié, entouré de bandelettes, sauf les deux bras, dont l'un est ramené sur le ventre, tandis que l'autre soulève le fouet. Sa coiffure est celle d'Amon, les deux longues plumes sur le mortier aplati. Les textes l'appellent le mari de sa mère, le fils d'Isis, le père de Râ, celui qui dresse haut ses deux plumes.

379. **Bronze.** — Haut. 0 m. 10. (Don du Louvre, n° 5846.)

Minou. Le fouet et les plumes sont cassées. — Époque saïte. — SÉRAPÉUM.

380. **Bronze.** — Haut. 0 m. 115. (Don du Louvre, n° 5050.)

Minou. Bras et plumes cassés. Dédicace illisible sur le socle. — Époque grecque. — SÉRAPÉUM.

381. **Bronze.** — Haut. 0 m. 035.

Minou : statuette destinée à être portée en amulette. — Époque saïte.

Khonsou n'a pris d'importance qu'à une époque récente. Dans son rôle le plus ancien, c'est un dieu stellaire de rang secondaire. On ne sait pas encore pourquoi les théologiens thébains le choisirent pour être le troisième membre de leur triade : il ne commença guère à percer qu'à partir de la XXe dynastie. Il est représenté souvent sous la forme d'un enfant nu, le front ceint d'un bandeau noué par derrière : souvent aussi sous la forme d'un adolescent. Il se divise alors en deux personnes distinctes : Khonsou, maître de Thèbes, Nofirhotpou, qui est dans le repos le plus absolu, et Khonsou p-iri-sokhrou, Khonsou qui exécute les destinées; la première qui concevait les événements, et la seconde qui les mettait en action. A partir de l'époque saïte, il est surtout un dieu-lune. Il a alors la figure d'une momie tenant à la main trois sceptres différents, et portant des emblèmes lunaires sur la tête, avec la tresse caractéristique de l'enfance. Ces emblèmes sont parfois assez simples, un disque posé sur le croissant de la lune, parfois très compliqués, une haute couronne que surmontent une tête d'ibis en saillie, le croissant et le disque. Khonsou-Lune se confond avec les autres dieux-lunes, Thot, Phtah, Osiris : j'ai réuni toutes ces variétés à côté l'une de l'autre.

382. **Bronze.** — Haut. 0 m. 25.

Khonsou-Lune assis, l'uræus au front, le disque sur la tête. Mauvais travail. — Époque grecque.

383. **Bronze.** — Haut. 0 m. 095. (Don du Louvre, n° 4112.)

Khonsou-Lune assis : sur la tête, le disque lunaire. — Époque saïte. — SÉRAPÉUM.

384. **Bronze.** — Haut. 0 m. 28.

Groupe très intéressant, mais restauré maladroitement et sans pitié. Osiris-Lune est assis sur un fauteuil décoré de bas-reliefs : il porte sur la tête un disque au milieu duquel s'ouvre l'œil mystique. Un petit personnage à tête rase, agenouillé devant lui sur un naos, lui présente les deux vases à eau : il est flanqué à droite et à gauche de deux uræus qui portent la couronne du Nord et du Midi. Derrière lui et faisant face au spectateur se tient un petit Anubis à tête de chacal, debout entre deux cynocéphales accroupis. L'Anubis et le cynocéphale de droite sont anciens, mais ont été ajoutés par une main moderne. — Époque grecque.

385. **Bronze.** — Haut. 0 m. 22.

Osiris-Lune, le disque sur la tête. Il est assis sur une sellette décorée de bas-reliefs et que portent deux lions. Sur le socle, dédicace à Osiris-Lune-Thot en faveur de Nâfbastit (?). — Époque grecque.

386. **Bronze.** — Haut. 0 m. 16.

Osiris-Lune, assis : sur la tête, le disque surmonté de la tête d'ibis et du haut diadème d'Osiris. Travail médiocre. — Époque grecque.

387. **Bronze.** — Haut. 0 m. 28.

Khonsou-Lune, assis, yeux incrustés d'or : sur la tête, le disque. Travail médiocre. — Époque saïte.

388. **Bronze.** — Haut. 0 m. 16. (Don du Louvre, sans numéro.)

Osiris-Lune, assis : comme coiffure, la tête d'ibis surmontée du diadème d'Osiris. — Époque grecque.

389. **Bronze.** — Haut. 0 m. 18.

Osiris-Lune, debout, marchant, portant de la main droite contre la poitrine l'œil mystique. Sur la tête, diadème complexe surmonté de la tête d'ibis et du disque. Travail un peu mou. — Époque grecque.

390. **Bronze.** — Haut. 0 m. 19.

Osiris-Lune, assis, tenant à deux mains, sur les genoux, l'œil mystique artistement découpé. Sur la tête, le disque derrière lequel on a rajouté la coiffure d'Osiris. Le tout a été fortement retouché dans notre siècle. — Époque grecque.

391. **Bronze.** — Haut. 0 m. 17.

Osiris-Lune, debout, marchant, portant l'œil à deux mains devant lui, le disque sur la tête. — Époque grecque.

392. **Bronze.** — Haut. 0 m. 09. (Don du Louvre, n° 3735.)

Osiris-Lune, debout, marchant, portant l'œil sur la main gauche, le disque sur la tête. — Époque grecque. — Sérapéum.

CYCLE OSIRIEN.

Osiris, dieu de Mendès et dieu des morts, se confondit de très bonne heure avec un autre dieu des morts, Khontamentit, originaire d'Abydos, qui représentait un soleil disparu derrière l'horizon et mort. Osiris Khontamentit se mêla à son tour au dieu Sokaris qui régnait sur les morts dans la Basse-Égypte. L'Osiris qui résulta de cette pénétration de plusieurs divinités finit par devenir le dieu le plus généralement adoré en Égypte : pour un monument qu'on a des autres, on en possède dix de lui et des divinités attachées à son cycle. Osiris, fils de Sibou et de Nouit, du dieu Terre et de la déesse Ciel, est le type de l'homme et toute sa vie se passe sur terre. Il règne en Égypte avec sa sœur et femme Isit, sous le nom d'Onnofri, l'être bon, et enseigne aux hommes tous les arts de la civilisation. Tué en trahison par son frère Sit, il passe dans l'autre monde et y reprend vie, grâce aux opérations de ses deux sœurs Isit et Nevthit (Isis et Nephthys), de ses conseillers Thot et Anubis et de son fils Horus. Les cérémonies de son enterrement deviennent celles de tous les enterrements humains, et les morts n'ont plus désormais d'autre ambition que d'aller le rejoindre dans son domaine, les champs d'Ialou, où ils sont à l'abri de toute misère et de toute destruction. Les dieux eux-mêmes, lorsqu'ils passent de la vie à la mort, se placent sous sa protection, et le soleil, quand il meurt au soir de chaque jour, devient Osiris. Cependant, son fils Hor est sur terre qui régit les humains, avec l'aide d'Anubis et de Thot.

394. **Bronze.** — Haut. o. m. 62.

Imitation d'une statue d'Osiris-momie. — Travail italien du XVIIe siècle.

395. **Bronze.** — Haut. o m. 32. (Don du Louvre, E 3951.)

Osiris-momie, debout, les deux mains visibles par une fente du maillot, le diadème long, flanqué de deux plumes sur la tête. Le bronze était doré entièrement. Travail médiocre. — Époque saïte.

396. **Bronze.** — Haut. o m. 29.

Osiris-momie, debout, tenant le fouet et le crochet, emblème de domination : sur la tête diadème à longues plumes. La barbe, les yeux, l'uræus, étaient incrustés d'or. Sur la base, dédicace à Osiris au nom de Naïouefroud, fils de Shibtkhonsourdou. — Époque saïte.

397. **Bronze.** — Haut. o m. 27.

Osiris-momie : sur la tête, diadème à longues plumes. Les yeux incrustés d'or. Travail assez fin. — Époque grecque.

398. **Bronze.** — Haut. o m. 25.

Osiris-momie : sur la tête, diadème à longues plumes posé sur deux cornes d'où pendent deux uræus de chaque côté. Les yeux étaient rapportés. Travail grossier. — Époque grecque.

399. **Bronze.** — Haut. o m. 39.

Osiris-momie : yeux incrustés d'or. Sur la base, proscynème à Osiris, Onnophris en faveur d'une femme dont le nom est illisible. — Époque saïte.

400. **Bronze.** — Haut. o m. 18.

Osiris-momie, debout, coiffé du diadème à longues plumes; il est muni d'une bélière dans le dos et d'une autre au socle. Derrière lui, Isis-

Hâthor debout étend ses deux bras frangés d'ailes pour le protéger (cf. p. 35). Travail détestable d'un ouvrier qui s'est beaucoup appliqué. — Époque grecque.

401. Bronze. — Haut. o m. 16.

Osiris-momie, debout, coiffé du diadème à plumes. Dans le dos est figurée une divinité à tête d'épervier, coiffée de deux plumes, et qui joue le même rôle qu'Hâthor au n° 400. — Époque grecque.

402. Bronze. — Haut. o m. 13. (Don du Louvre, n° 3980.)

Osiris-momie, debout, coiffé du diadème sans plumes. Mauvais travail.

403. Bronze. — Haut. o m. 10.

Osiris-momie, debout, coiffé du diadème à plumes : au dos un *tat* en relief et une bélière. Nous verrons plus bas, au chapitre des *Amulettes en terre émaillée*, ce que représente le *Tat* et quelle en est la signification. Très mauvais travail. — Époque grecque.

404. Bronze. — Haut. o m. 14.

Osiris-momie, debout, coiffé du diadème à plumes : par derrière, Isis debout étend ses ailes. Bélière au dos et au pied. Travail exécrable. Époque grecque.

405. Bronze. — Haut. o m. 08.

Osiris-momie, debout, coiffé du diadème à plumes. Travail exécrable. — Époque grecque.

406. Bronze. — Haut. o m. 08.

Osiris-momie, debout, coiffé du diadème à plumes. — Époque grecque.

407. Bronze. — Haut. o m. 12. (Don du Louvre, n° 3980.)

Osiris-momie, debout, coiffé du diadème sans plumes. Travail médiocre. — Époque grecque.

408. Bronze. — Haut. o m. 094.

Osiris-momie, debout, coiffé du diadème à plumes. Bélière au socle et dans le dos. Travail barbare. — Époque grecque.

409. Bronze. — Haut. o m. 07. (Don du Louvre, n° 3980.)

Osiris-momie, debout, coiffé du diadème à plumes. — Époque grecque.

410. Bronze. — Haut. 0 m. 03.

Osiris-momie, debout, coiffé du diadème sans plumes. — Époque grecque.

411. Bois. — Haut. 0 m. 11. (Don du Louvre, E 5768.)

Osiris-momie, debout, coiffé du diadème à plumes. Le bois est recouvert de stuc doré. — Époque grecque.

412. Bois. — Haut. 0 m. 078. (Don de M. Saum, ex-conservateur du musée de Strasbourg.)

Osiris-momie, debout, coiffé du diadème à plumes, les pieds brisés. Le bois était doré. — Époque grecque.

413. Bronze. — Haut. 0 m. 16.

Osiris-momie, debout, les pieds cassés à la cheville : diadème sans plumes. — Époque grecque.

414. Bronze. — Haut. 0 m. 20.

Osiris-momie, coiffé du diadème à plumes, adossé à un pilier creux ouvert par en haut et posé sur un socle oblong, creux également. Fort joli travail. Le socle était destiné à recevoir soit un phallus humain momifié (cf. n° 68, p. 53-54), soit un petit animal embaumé : rat, belette, lézard, serpent. — Époque saïte.

415. Bois doré. — Haut. 0 m. 13. (Don du Louvre, E 2891.)

Osiris-momie, coiffé du diadème de plumes, adossé à un petit obélisque creux, destiné au même usage que le socle du n° 414. Yeux incrustés d'ivoire. — Époque grecque.

416. Bronze. — Haut. 0 m. 28.

Osiris-momie, assis sur un fauteuil à côtés pleins : il porte sur la tête le diadème à plumes. Sur le socle, dédicace à Osiris en faveur de Pennofir, fils de Noutertas, et de la dame Pkopou. Travail assez bon. — Époque saïte.

417. Bronze. — Haut. 0 m. 06.

Quatre Osiris-momies, coulés dans un seul moule et encore rattachés l'un à l'autre par les languettes de métal. Ils sont debout et coiffés du diadème à plumes. Mauvais travail. — Époque grecque.

418. **Bronze.** — Haut. 0 m. 035.

Quatre Osiris-momies, de même fabrication que ceux du n° 417. — Époque grecque.

Le taureau Hâpi, l'Apis des Grecs, *renouvelait la vie de Phtah*, c'est-à-dire était le dieu Phtah réincarné perpétuellement et l'*image vivante de Phtah* sur terre (cf. n° 46, p. 28). On le gardait dans une des cours du temple de Phtah à Memphis, où il rendit des oracles jusqu'à l'époque romaine. Il n'y avait jamais qu'un Hâpi à la fois : il naissait d'une génisse vierge et, selon quelques-uns, était engendré par un rayon de lune. On le reconnaissait à certaines marques : un croissant sur le front, un scarabée sous la langue, un vautour sur le dos, etc., que les prêtres se chargeaient de découvrir. Une fois intronisé, il demeurait en fonctions jusqu'à la mort : quelques-uns vécurent vingt-sept et vingt-huit ans. Il semble toutefois qu'à partir de l'époque macédonienne on lui imposa une durée de vie qu'il ne devait pas dépasser : dès qu'il avait vingt-cinq ans, les prêtres le faisaient périr. Mort, Hâpi devenait, comme tous les morts, un Osiris. On l'embaumait, on transportait sa momie en pompe au désert de Saqqarah, près de Memphis, dans la sépulture réservée aux Hâpi et on déposait avec lui les objets qu'on avait la coutume de déposer avec les morts ordinaires : le Musée nous a déjà montré des canopes (cf. n°° 100-102, p. 65-66) et une figurine funéraire (cf. n° 206, p. 80) ayant appartenu à des Hâpi. Il avait un temple où il était encore dieu, sous le nom d'Osorhapi, dont les Grecs ont fait Sorapis, Sarapis, Sérapis : c'est ce temple, ce Sérapéum de Memphis que Mariette découvrit il y a bientôt quarante ans, et dont les dépouilles enrichissent aujourd'hui le Musée du Louvre. On sait combien le culte de Sérapis devint populaire aux derniers temps du paganisme : il se répandit par tout le monde romain et grec, mais en gardant assez peu de traits de sa forme égyptienne primitive.

419. **Bronze.** — Haut. 0 m. 135. (Don du Louvre, E 5814.)

Osiris-Hâpi, à corps d'homme, à tête de taureau surmontée de l'uræus et du disque; les yeux incrustés. Il est debout, marchant, et tient le sceptre de la main gauche. — Époque grecque. — Sérapéum.

420. **Bronze.** — Haut. 0 m. 16, long. 0 m. 14.

Taureau-Hâpi, le disque et l'uræus sur la tête. Sur le front, entre les deux cornes, une marque triangulaire, la pointe en bas. Sur la nuque, le scarabée aux ailes déployées, un tapis sur le dos; sur le train de derrière, le vautour aux ailes déployées : le tout au trait. Collier au cou. Bon travail. — Époque saïte.

421. **Bronze.** — Haut. 0 m. 16, long. 0 m. 12.

Taureau Hâpi, avec le disque et les marques. Sur le socle, dédicace à Osor-Hâpi, au nom de Zadharefônkh, fils de Psam[itik]. — Époque saïte.

422. **Bronze.** — Haut. 0 m. 095, long. 0 m. 10. (Don du Louvre, E 3761.)

Taureau Hâpi, avec le disque et les marques. — Époque grecque. — Sérapéum.

423. **Bronze.** — Haut. 0 m. 06, long. 0 m. 055. (Don du Louvre, E 3761.)

Taureau Hâpi, avec le disque et les marques. — Époque grecque. — Sérapéum.

424. **Bronze.** — Haut. 0 m. 03, long. 0 m. 04. (Don du Louvre, E 5889.)

Taureau Hâpi, avec le disque et les marques. Il est muni d'une bélière. — Époque grecque. — Sérapéum.

425. **Bronze.** — Haut. 0 m. 10, long. 0 m. 11.

Taureau Hâpi, les pattes de devant allongées, les pattes de derrière à demi tendues, le front incliné, dans la position du taureau qui va charger. Entre les cornes, l'uræus debout sur la queue; les marques sacramentelles sont dessinées au trait. Bon travail. — Époque saïte.

426. **Bronze.** — Haut. 0 m. 07, long. 0 m. 09. (Don du Louvre, E 5747.)

Taureau Hâpi dans la même posture que le taureau du numéro précédent. — Époque saïte. — Sérapéum.

Isis est la fille de Sivou et de Nouit, les dieux de la terre et du ciel, la sœur et la femme d'Osiris; après la mort du dieu, elle le soigne, le réchauffe et le rend à la vie, non pas à notre vie, mais à la vie de l'autre monde. Dans ce rôle, elle se confond avec les déesses plus spécialement consacrées aux morts, Hâthor, Selkit, Nit. Mère d'Horus, elle est représentée le plus souvent avec son fils sur les genoux: elle le berce et lui donne le sein. Sa coiffure réelle est le petit siège (cf. n° 262, p. 89), hiéroglyphe de son nom, mais elle y joint souvent la coiffure des déesses avec lesquelles elle se mêle. Hâthor représentait le ciel: c'était une vache ou elle portait sur sa tête de femme les cornes de vache, entre lesquelles est intercalé le disque solaire, souvent surmonté de deux longues plumes. Selkit est un scorpion et porte sur la tête un scorpion qui relève sa queue en façon d'aigrette, comme pour piquer. Nit a la couronne rouge. Selon les cas, Isis prend toutes ces coiffures. Sa sœur Nephthys porte également sur sa tête une coiffure symbolique formée par l'hiéroglyphe même de son nom.

427. **Bronze.** — Haut. 0 m. 35.

Isis-Hâthor, debout, les pieds rapprochés, les bras collés au corps; la main gauche, qui tenait le sceptre, est cassée. Le socle, en forme de naos, ne porte aucune inscription. Travail médiocre. — Époque saïte.

428. **Bronze.** — Haut. 0 m. 08. (Don du Louvre, sans numéro.)

Isis-Hâthor, debout, les pieds rapprochés, les bras collés au corps. — Époque grecque.

429. **Prime émeraude.** — Haut. 0 m. 05.

Fragment détaché d'une mosaïque. Isis-Hâthor est debout, le sceptre en main, et derrière elle un fragment de légende, où l'on distingue le nom de Keromâmâ, qui nous reporte vers la XXII° dynastie.

430. **Schiste.** — Haut. 0 m. 045.

Fragment d'une statuette plus grande : buste d'Isis d'un travail assez fin. — Époque grecque.

431. **Albâtre.** — Haut. 0 m. 16.

Isis assise, les deux mains sur les genoux. Les deux cornes en bronze sont anciennes, mais n'appartenaient pas à la statue : elles ont été ajoutées par Clot-Bey. — Époque grecque.

432. **Bronze.** — Haut. 0 m. 39.

Isis-Selkit, assise, allaitant Horus. Elle a le disque et les cornes sur la tête : un scorpion à tête de femme, emblème de Selkit, s'appuie contre le disque. L'uræus lovée qui est placée sur la queue du scorpion paraît avoir été ajoutée dans les temps modernes. Travail assez bon. — Époque grecque.

433. **Bronze.** — Haut. 0 m. 285.

Isis-Hâthor allaitant Horus. Travail médiocre. — Époque grecque.

434. **Bronze.** — Haut. 0 m. 22.

Isis-Hâthor allaitant Horus. Yeux incrustés d'or. Assez bon travail. — Époque grecque.

435. **Bronze.** — Haut. 0 m. 21.

Isis tenant Horus sur ses genoux. Les cornes et le disque sont anciens, mais ont été ajoutés par Clot-Bey. — Époque saïte.

436. **Schiste verdâtre.** — Haut. 0 m. 16.

Isis-Hâthor allaitant Horus. Travail médiocre. — Époque grecque.

437. **Bronze.** — Haut. 0 m. 16. (Don du Louvre, N 5154.)

Isis-Hâthor allaitant Horus. Travail grossier. — Époque grecque.

438. **Bronze.** — Haut. 0 m. 10.

Groupe représentant Horus et Isis. Horus, nu, l'uræus au front, la tresse pendante sur l'oreille droite, est debout dans l'attitude de la marche. Sa mère Isis, debout derrière lui sur un petit socle, lui impose les mains sur les épaules pour lui transmettre sa vertu magique. Travail grossier. — Époque grecque.

439. **Bronze.** — Haut. 0 m. 26.

Isis-Hâthor et Horus. Horus, nu, le doigt de la main droite à la bouche, la tresse pendante sur l'oreille, le croissant lunaire et le disque sur la tête, est debout dans l'attitude de la marche. Isis, debout derrière lui sur un socle en forme de naos, l'enveloppe de ses ailes pour le protéger. Assez bon travail. — Époque grecque.

440. **Bronze.** — Haut. 0 m. 12.

Même sujet qu'aux numéros 438 et 439, mais travail un peu flou. — Époque grecque.

441. **Bronze.** — Haut. 0 m. 14. (Don du Louvre, S 5161.)

Fragment d'un groupe analogue aux trois groupes précédents. L'Horus a disparu : l'Isis-Hâthor, restée seule, étend ses bras dans le vide. — Époque grecque. — Sérapéum.

442. **Bois.** — Haut. 0 m. 062. (Don de M. Saum, ex-conservateur du musée de Strasbourg.)

Isis allaitant Horus : presque informe à force d'usure.

443. **Bois doré.** — Haut. 0 m. 085.

Isis-Hâthor allaitant Horus. — Époque grecque.

444. **Bronze.** — Haut. 0 m. 16. (Don du Louvre, sans numéro.)

Hâthor, à corps de femme, à tête de vache, debout, marchant. Entre les cornes, le disque surmonté des deux plumes. — Époque saïte.

445. **Bronze.** — Haut. 0 m. 18.

Hâthor, à tête de vache, debout, les pieds rapprochés. Entre les cornes, le disque surmonté des deux plumes. Travail très fin. — Époque saïte.

446. **Bronze.** — Haut. 0 m. 13, larg. 0 m. 14.

La vache Hâthor debout sur un traîneau. Elle a le disque et les plumes entre les cornes, le collier au cou, un tapis sur le dos. — Époque grecque.

447. **Bronze.** — Haut. 0 m. 22, larg. 0 m. 19.

La vache Hâthor debout sur un naos. Même coiffure et même parure que la précédente, mais le faire est moins soigné. — Époque grecque.

Horou, fils d'Osiris et d'Isis, Harsiîsit, est représenté le plus souvent sous forme d'enfant, d'où son nom de Harpekhroudou, Harpocrate. Adulte, on lui donne souvent la forme d'un épervier ou d'un homme à tête d'épervier couronnée du disque solaire. Plusieurs divinités ont d'ailleurs porté ce nom d'Horus. La plus importante est Horou l'aîné, Haroîri, qui était au début une personnification du ciel, mais qui devint une forme du Soleil. Un autre Horus, que nous avons déjà rencontré souvent, fait partie des quatre génies funéraires qui veillent sur les quatre *maisons* du monde et sur les entrailles du mort (cf. p. 25, 65, etc.) : c'est une momie à tête d'épervier. Enfin, les génies qui acclament le soleil levant, les Esprits d'Onou (Héliopolis), sont figurés d'ordinaire comme des hommes à tête d'épervier.

448. **Bronze.** — Haut. 0 m. 15.

Harpocrate debout, le doigt à la bouche, la tresse sur l'oreille. Il a le bonnet collant et l'uræus. Le bras droit a été resoudé. — Époque saïte.

449. **Bronze.** — Haut. 0 m. 05.

Harpocrate assis, les deux bras collés au corps. Il provient d'un groupe analogue aux groupes n°s 432-437, Isis allaitant Horus. —

450. **Bronze.** — Haut. 0 m. 17.

Harpocrate, coiffé du pskhent, c'est-à-dire des couronnes de la Haute et de la Basse-Égypte, emboîtées l'une dans l'autre et réunies en un seul diadème. Travail médiocre. — Époque grecque.

451. **Bronze.** — Haut. 0 m. 12.

Harpocrate, assis, le doigt à la bouche. Il est coiffé du pskhent. — Époque grecque.

452. **Bronze.** — Haut. 0 m. 16. (Don du Louvre, sans numéro.)

Harpocrate, debout, marchant, coiffé du pskhent. — Époque grecque.

453. **Bronze.** — Haut. 0 m. 23.

Harpocrate debout, marchant, coiffé du pskhent : la tresse est perdue. — Époque grecque.

454. **Bronze.** — Haut. 0 m. 30.

Harpocrate assis, coiffé du triple diadème posé sur les cornes : deux uræus accouplées pendent à chaque corne. Les deux bras ont été ajoutés. Sur le socle, inscription rendue presque illisible par le nettoyage à l'acide. — Époque grecque.

455. **Bronze.** — Haut. 0 m. 20.

Harpocrate assis, coiffé du même diadème, mais sans les uræus en pendeloques. Travail assez bon. — Époque grecque.

456. **Bronze.** — Haut. 0 m. 16.

Harpocrate assis; même coiffure que le précédent. Sur le socle, inscription illisible. — Époque grecque.

457. **Schiste verdâtre.** — Haut. 0 m. 17.

Harpocrate assis sur un trône; même coiffure que le précédent. Sur le socle, dédicace à Harsamtaouï, Hor qui réunit les deux Égyptes sous sa domination, en faveur de Samtaouï, fils de Hishefhotpou. — Époque grecque.

458. **Bronze.** — Haut. 0 m. 20. (Don du Louvre, S 4143.)

Harpocrate, debout, marchant; même coiffure que le précédent. La tresse est brisée. — Époque grecque.

459. **Bronze.** — Haut. 0 m. 20.

Hor enfant, avec les longues plumes et le disque d'Amon : c'est une personne spéciale qu'on nomme Horammon et qui réunit, comme on voit la figure d'Horus aux insignes d'Amon. — Époque grecque.

460. **Bronze.** — Haut. 0 m. 12. (Don du Louvre, S 4143.)

Horammon assis : les plumes cassées. — Époque grecque.

461. **Bronze.** — Haut. 0 m. 15.

Harpocrate-lune, debout, marchant, l'uræus au front, le croissant et le disque sur la tête (cf. sur les dieux-lune, p. 105 et suiv.). — Époque grecque.

462. **Bronze.** — Haut. 0 m. 21.

Harpocrate-lune, debout, marchant, avec le diadème d'Osiris ou de Khonsou, et la tête d'ibis (cf. n°° 382-392, p. 106-107). Travail médiocre. — Époque grecque.

463. **Pierre saponaire.** — Haut. 0 m. 15.

Amulette représentant Horus sur les crocodiles. Il a les pieds posés sur deux têtes de crocodile et tient, à la main droite, un scorpion et trois serpents; à la main gauche, un lion. Des génies à tête de chacal, rangés de chaque côté, l'aident avec leur pique à repousser les monstres. L'inscription tracée sur les tranches et au verso est simulée plutôt qu'écrite : elle avait pour effet de protéger le porteur de l'amulette contre les serpents, les scorpions, les lions et tous les animaux féroces. Horus et les génies à tête de chacal veillaient sur lui et écartaient de lui les bêtes représentées sur l'amulette. — Époque grecque.

464. **Bronze.** — Haut. 0 m. 35.

Hor adulte, à tête d'épervier. Debout sur un naos, il brandit la pique pour en percer les ennemis d'Osiris ou de Râ. Travail assez bon. — Époque saïte.

465. **Bronze.** — Haut. 0 m. 15. (Don du Louvre, n° 3560.)

Hor-Lune, à tête d'épervier surmontée du disque et du croissant lunaire. Il est debout marchant : le bras qui tenait le sceptre est cassé au poing. — Époque saïte.

466. **Bronze.** — Haut. 0 m. 08, larg. 0 m. 04.

Groupe formé de quatre divinités debout, marchant : Mout coiffée du pskhent (cf. p. 104), Amon, dont les longues plumes sont brisées (cf. p. 103-104), Hor à tête d'épervier couronnée du disque solaire, Thot à tête d'ibis, surmontée du disque et du croissant lunaire (cf. p. 105-107). — Époque grecque.

467. **Bronze.** — Haut. 0 m. 14.

Un des génies d'Onou, corps d'homme, tête d'épervier (cf. p. 115). Il est agenouillé et adore le soleil, le bras gauche replié sur la poitrine, le bras droit levé en l'air, le poing fermé. Travail assez bon. — Époque saïte.

468. **Bronze.** — Haut. 0 m. 09.

On rencontre assez souvent des groupes formés d'un personnage accroupi ou debout, roi ou simple particulier, sur la tête duquel Hor et Sit versent d'un vase l'eau purificatrice, afin de les préparer aux épreuves de l'autre vie. Le n° 468 provient d'un groupe de ce genre : Hor à tête d'épervier, debout, lève à deux mains le vase à libation. Il est tordu et déjeté. Travail médiocre. — Époque grecque.

469. **Bronze.** — Haut. 0 m. 13.

L'un des quatre génies des entrailles (cf. p. 65), Hor à tête d'épervier, à corps de momie humaine. Les yeux sont cerclés d'or : pskhent sur la tête. Travail médiocre. — Époque grecque.

470. **Bronze.** — Haut. 0 m. 38, long. 0 m. 35.

Hor épervier, debout. Très beau travail. — Époque grecque.

471. **Bronze.** — Haut. 0 m. 28, long. 0 m. 25.

Hor épervier, d'un travail superbe. Le disque et les pattes sont rapportés. — Époque grecque.

472. **Bronze.** — Haut. 0 m. 35, long. 0 m. 23.

Épervier coiffé du pskhent, yeux incrustés d'or, collier au cou, debout sur un naos, dont la façade est ornée d'un œil mystique. Le piédestal était creux et servait de cercu[eil] à la momie d'un épervier sacré. Beau travail. — Époque grecque.

473. **Bronze doré.** — Haut. o m. 23, larg. o m. 20.

Épervier debout, coiffé du pskhent. Les yeux sont en émail noir. —Époque grecque.

474. **Bronze.** — Haut. o m. 38, larg. o m. 20.

Épervier debout, coiffé du diadème osirien, un collier au cou. Le diadème a été ajouté, mais est ancien; les pattes sont modernes. Bon travail. — Époque grecque.

475. **Bronze.** — Haut. o m. 017. (Don du Louvre, n° 4659.)

Très joli petit épervier : le diadème et la bélière ont disparu. — Époque grecque.

476. **Bronze.** — Haut. o m. 14, larg. o m. 11.

Deux petits éperviers, coiffés du pskhent, sont debout sur un naos. Sur la façade, dédicace à Hor. — Époque grecque.

477. **Bronze.** — Haut. o m. 06, larg. o m. 12.

Bout de collier en forme de tête d'épervier (cf. n° 54, p. 40 et n° 67, p. 50). L'épervier avait une coiffure aujourd'hui perdue. Les détails de la figure sont au trait.

478. **Bronze.** — Haut. o m. 31.

Nephthys debout, les pieds rapprochés, les bras collés au corps. Elle porte sur la tête, en guise de coiffure, l'hiéroglyphe de son nom (cf. p. 75, n° 239). — Époque grecque.

479. **Bronze.** — Haut. o m. 07. (Don du Louvre, n° 3740.)

Mâït, la déesse de la Vérité, celle qui introduit le mort devant Osiris (cf. p. 37-38). Elle est accroupie, la plume au front. Pièce assez rare. — Époque grecque.

L'Égypte possédait plusieurs dieux chacals ou à tête de chacal. Le plus important, Ouapouaïtou, le guide des chemins célestes, était le dieu national de Siout. Un autre, Anoupou, Anubis, était attaché au mythe d'Osiris. Placé près de la montagne d'Occident, il y attendait les morts pour les guider, d'où son nom de *Qui est sur sa montagne*, Tapidouf; il embaumait les hommes, les ensevelissait, les introduisait devant Osiris (cf. p. 39). Il se confondit avec Ouapouaïtou et lui prêta ses fonctions, au moins en partie. Un des quatre génies des entrailles, Tioumoutf (cf. p. 65), avait une tête de chacal et un corps de momie. Enfin, des génies, analogues pour le rôle aux esprits d'Onou à tête d'épervier (cf. n° 467, p. 118, et p. 115), avaient une tête de chacal sur un corps d'homme.

480. **Bronze.** — Haut. 0 m. 22.

Anubis, à corps d'homme, à tête de chacal, assis, le sceptre à la main gauche. Sur le socle, le nom de Hri (?) fils de Pétéménophis. — Époque grecque.

481. **Bronze.** — Haut. 0 m. 15.

Anubis, debout, marchant, le pskhent sur la tête : il tenait le sceptre de la main droite. — Époque grecque.

482. **Bronze.** — Haut. 0 m. 16.

Anubis, debout, marchant; le bras gauche est raccommodé. — Époque grecque.

483. **Bronze.** — Haut. 0 m. 095. (Don du Louvre, S 5167.)

Anubis debout, marchant, les bras pendants. Travail très fin. — Époque grecque. — Sérapéum.

484. **Bronze.** — Haut. 0 m. 055.

Anubis, debout, marchant, porte à deux mains devant lui un des emblèmes d'Osiris, le Tat surmonté du disque et des plumes. Les oreilles sont cassées. — Époque grecque.

485. **Bronze.** — Haut. 0 m. 03, long. 0 m. 04. (Don du Louvre, n° 5954.)

Chacal accroupi, la tête droite, la queue pendante. Bélière dans le dos. — Époque grecque.

486. **Bois.** — Haut. 0 m. 06, long. 0 m. 22. (Don du Louvre, n° 5810.)

Chacal allongé, du même type que le précédent.

487. **Bois.** — Haut. 0 m. 14, long. 0 m. 18.

Coffret sur lequel est allongé le chacal d'Anubis. — Époque grecque.

488. **Bronze.** — Haut. 0 m. 16.

Chacal debout sur une longue colonnette. — Époque grecque.

489. **Bronze.** — Haut. 0 m. 09, long. 0 m. 07.

Chacal d'Ouapouaïtou, debout, entre deux uræus lovées. Travail passable. — Époque grecque.

490. **Bronze.** — Haut. 0 m. 09, long. 0 m. 09.

Chacal d'Ouapouaïtou, provenant d'un bâton d'enseigne (cf. n° 636, p. 141). — Époque grecque.

491. **Bronze.** — Haut. 0 m. 04.

Anubis, à corps d'homme, à tête de chacal, debout: les pieds et les bras manquent. — Époque grecque.

Thot, l'écrivain des paroles divines, était le dieu des lettres dans un de ses rôles, le dieu de la Lune dans l'autre (cf. p. 105-107). Il est le secrétaire d'Osiris, le greffier du tribunal des morts (cf. p. 37-39). Il a la tête d'ibis ou de cynocéphale: souvent même, c'est un ibis ou un cynocéphale complet.

492. **Bronze.** — Haut. 0 m. 09.

Thot debout, marchant, à corps d'homme et à tête d'ibis. — Époque grecque.

493. **Bronze.** — Haut. 0 m. 064, long. 0 m. 08. (Acheté à M. Allemant.)

Ibis accroupi; travail passable. — Époque grecque.

494. **Bronze.** — Haut. 0 m. 07, long. 0 m. 08.

Ibis accroupi; travail médiocre. — Époque grecque.

495. **Bronze.** — Haut. 0 m. 045, long. 0 m. 075. (Don du Louvre, n° 4118.)

Ibis accroupi: les pattes et la queue sont brisées. — Époque grecque.

496. **Bronze.** — Haut. 0 m. 05, long. 0 m. 11.

Ibis accroupi: la tête est brisée. — Époque grecque.

497. **Bronze.** — Long. o m. o5. (Don du Louvre, n° 4031.)

Bec d'ibis; il était jadis ajusté à une statue en bois qui est aujourd'hui perdue.

498. **Bronze.** — Long. o m. 15. (Don du Louvre, sans numéro.)

Patte d'ibis. Comme le bec du n° 497, elle était ajustée à une statue d'Ibis aujourd'hui perdue.

499. **Bronze.** — Long. moy. o m. o5. (Don du Louvre, sans numéro.)

Trois pattes d'ibis, de même origine que les objets inscrits sous les n° 497-498.

500. **Schiste.** — Haut. o m. 12.

Cynocéphale accroupi : il portait sur la tête un disque et un croissant de bronze qui ont disparu. Le museau est moderne. — Époque grecque.

501. **Terre verte émaillée.** — Haut. o m. o8.

Cynocéphale accroupi. — Époque grecque.

502. **Bronze.** — Haut. o m. o6.

Cynocéphale accroupi, les mains aux genoux : sur le front, le disque et le croissant. Travail médiocre. — Époque grecque.

503. **Bronze.** — Haut. o m. 34.

La déesse Nit, Neith, la tisserande, a été identifiée par les Grecs avec Athéné. Elle était adorée surtout à Saïs, et passait pour être la mère du dieu Râ, la vache qui enfante le soleil. Déesse infernale, elle a souvent le visage et les mains peints en vert. Déesse guerrière, elle tient la flèche et l'arc, et c'est une Nit armée que représente le n° 5o3. Elle est coiffée de la couronne rouge et a les yeux incrustés d'or. Joli travail, un peu mou. — Époque grecque.

504. **Bronze.** — Haut. o m. 18.

Nit, debout, tenant le sceptre. Travail grossier. — Époque grecque.

505. **Bronze.** — Haut. o m. 18. (Don du Louvre, n° 3071.)

Nit, debout, marchant. — Époque grecque.

Divinités solaires et Cycle Memphite.

506. Bronze. — Haut. 0 m. 11.

Anhouri, vêtu de la longue robe, le bras levé pour brandir la pique : la coiffure de plumes est brisée. Anhouri, Onouris, «le vainqueur du firmament», est une forme jumelle de Shou, «celui qui soulève le ciel», et forme avec lui un couple Anhour-Shou, comme Shou forme avec la déesse Tafnouit, à tête de lionne, le couple Shou-Tafnouit. Les Grecs, séduits par son caractère belliqueux, l'identifièrent à Arès.

507. Bronze. — Haut. 0 m. 105.

Tafnouit, à corps de femme, à tête de lionne. Elle serre l'égide sur la poitrine de la main gauche et lève la main droite en signe de prière. La coiffure a disparu; on voit seulement qu'elle portait la tresse pendante. Assez bon travail. — Époque grecque.

508. Schiste. — Haut. 0 m. 14.

Fragment d'une statuette de Tafnouit : sur la tête, un emblème brisé. — Époque grecque.

509. Bronze. — Haut. 0 m. 25.

Nofirtoumou, debout, la main droite armée d'un sabre recourbé, s'avance le chef couronné d'un lotus épanoui, d'où sortent deux grandes plumes. Nofirtoumou le «beau par Toumou» était le fils de la déesse Sokhit, et paraît avoir représenté une des formes du soleil, celle qui précède et qui suit immédiatement l'aurore. Le lotus qu'il porte sur la tête est celui-là même d'où le Soleil sortit au début des âges, alors que l'Univers était encore plongé dans les eaux. Fils d'une déesse à tête de lionne, il était lion lui-même, et on le représentait souvent debout sur le dos d'un lion. Il était belliqueux et on le voit parfois armé du sabre. Ici, il est debout sur un naos, qui porte une dédicace en faveur de Hor, fils d'Amenhotpou et de la dame Kririt. — Époque grecque.

510. Bronze. — Haut. 0 m. 09. (Don du Louvre, n° 3884.)

Nofirtoumou debout, marchant les bras pendants. — Époque grecque.

511. Bronze. — Haut. 0 m. 04.

Nofirtoumou, armé du sabre et debout sur un lion. — Époque grecque.

512. **Bronze.** — Haut. 0 m. 05.

Buste provenant d'une statuette de Nofirtoumou. — Époque grecque.

La triade adorée à Memphis est d'origine secondaire. Au début, quand Memphis était une petite ville, son dieu Phtah vivait solitaire sans femme ni enfant. Plus tard, quand elle prit un rôle politique important, et que le système des triades prévalut au moins pour un temps dans les religions égyptiennes, Phtah associa la déesse du nome voisin de Létopolis, Sokhit, et son fils Nofirtoumou, eux-mêmes originaire d'Héliopolis. Phtah était un dieu cosmique, l'architecte ou le maçon qui avait bâti le monde au moyen de la coudée; mais il se confondit bientôt avec les dieux des morts Sokari et Osiris. Il est représenté debout sur la coudée et enveloppé de bandelettes: seule, la tête est vivante, et les deux mains, dégagées du maillot, tiennent le sceptre. Les traits de sa figure sont très fins, aussi l'appelle-t-on Phtah au beau visage. La déesse Sokhit, «la grande amie de Phtah», a double face. C'est une lionne, ou une déesse à tête de lionne, violente et destructrice; alors on l'appelle plus spécialement Sokhit. C'est une chatte, ou une déesse à tête de chatte, et alors on l'appelle Bastit. Bastit était plus spécialement adorée à Bubastis qui lui doit son nom. Le troisième dieu de la triade Nofirtoumou a déjà été décrit (cf. n°s 509-512, p. 123-124). Il fut promptement supplanté par une divinité d'un caractère différent, simple doublet de Phtah, et dont le nom Imhotpou était primitivement une épithète probablement appliquée à Phtah. Imhotpou, l'Imouthès des Grecs, «celui qui vient en paix», est un scribe à tête rase, qui lit un rouleau de papyrus étalé sur ses genoux. Il est le dieu magicien et guérisseur, celui que les Grecs ont identifié à leur Asklépios.

513. **Bronze.** — Haut. 0 m. 30.

Phtah-momie, sur la coudée. Les yeux sont incrustés d'or. Bon travail. — Époque grecque.

514. **Bronze.** — Haut. 0 m. 18.

Phtah-momie. Bon travail. — Époque grecque.

515. **Bronze.** — Haut. 0 m. 15. (Acquisition.)

Phtah-momie: le collier, la barbe et les yeux sont incrustés d'or. Très joli travail. — Époque grecque.

516. **Bronze.** — Haut. 0 m. 10. (Don du Louvre, n° 3682.)

Phtah-momie. Bon travail. — Époque grecque.

517. **Bronze.** — Haut. 0 m. 10. (Don du Louvre, S 5174.)

Phtah-momie. Bon travail. — Époque grecque. — Sérapéum.

518. **Bronze.** — Haut. 0 m. 10. (Don du Louvre, n° 4422.)

Phtah-momie. Bon travail. — Époque grecque.

519. **Bronze.** — Haut. 0 m. 31.

Sokhit est assise, le sceptre à la main gauche. Sur la tête, le disque et l'uræus. Très belle pièce. — Époque grecque.

520. **Bronze.** — Haut. 0 m. 10.

Le dieu Shou (cf. n° 506, p. 123) à tête de lion, l'uræus droite entre les deux oreilles, est assis les poings sur les genoux. C'est une pièce rare et d'une facture excellente. — Époque saïte.

521. **Bronze.** — Haut. 0 m. 23.

Sokhit debout, le disque et l'uræus sur la tête : elle tenait le sceptre à la main droite. Sur le socle, dédicace à [Sokhit]-Ouazit, la déesse du Nord, dame de Bouto, en faveur de Pefhri, fils d'Amou et de la dame Tihabi (?). — Époque grecque.

522. **Bronze.** — Haut. 0 m. 18.

Sokhit, debout, marchant, les deux bras collés au corps : disque et uræus sur la tête. Bon travail. — Époque grecque.

523. **Bronze.** — Haut. 0 m. 13. (Don du Louvre, n° 3831.)

Sokhit du même type que la précédente. — Époque grecque.

524. **Bronze.** — Haut. 0 m. 08. (Don du Louvre, n° 5990.)

Sokhit du même type que le n° 523. — Époque grecque.

525. **Bronze.** — Haut. 0 m. 08. (Don du Louvre, E 4233.)

Sokhit du même type que le n° 523. — Époque grecque.

526. **Bronze.** — Haut. 0 m. 11. (Don du Louvre, sans numéro.)

Sokhit, debout, marchant, la main droite pressée sous le sein gauche. Tête fine. — Époque grecque.

527. Bronze. — Haut. 0 m. 23.

Bastit (cf. p. 124), tête de chatte, debout, la main gauche ramenée sur la poitrine. Elle est vêtue de la robe courte, rayée et tachetée. — Époque grecque.

528. Bronze. — Haut. 0 m. 12.

Bastit, debout, tenant à la main droite un sistre brisé, à la main gauche une égide serrée sur la poitrine. Les oreilles étaient percées pour recevoir des pendants en or. — Époque grecque.

529. Bronze. — Haut. 0 m. 11. (Don du Louvre, n° 4248.)

Bastit debout, le sistre à l'épaule, l'égide sur la poitrine, un panier au bras gauche. — Époque grecque.

530. Bronze. — Haut. 0 m. 09. (Don du Louvre, n° 3857.)

Bastit, même type que le n° 529, mais le sistre a disparu. — Époque grecque.

531. Bronze. — Haut. 0 m. 07. (Don du Louvre, n° 3858.)

Bastit, même type que le n° 529, mais les jambes brisées. — Époque grecque.

532. Bronze. — Haut. 0 m. 16, larg. 0 m. 11.

Fragment provenant d'une égide (cf. n°s 610-613, p. 137-138). Tête de lionne, surmontée d'une uræus, et munie d'une bélière : le disque a disparu. Facture large et sûre. — Époque grecque.

533. Bronze. — Haut. 0 m. 40, larg. 0 m. 30.

Chatte assise sur le train de derrière, un collier au cou, les yeux sont incrustés. — Époque grecque.

534. Bronze. — Haut. 0 m. 20.

Chatte assise. Les yeux sont rapportés, les oreilles percées pour recevoir des pendants : la momie de la bête est encore dans le creux du bronze. Le socle en bois est antique. — Époque grecque.

535. Bronze. — Haut. 0 m. 13.

Chatte assise, collier au cou, oreilles percées, les yeux incrustés. Sur la tête, entre les deux oreilles, l'image d'un scarabée est gravée au trait. Travail fin et soigné. — Époque grecque.

536. **Bronze.** — Haut. 0 m. 12.

Chatte accroupie, collier au cou, scarabée sur la tête. — Époque grecque.

537. **Bois.** — Haut. 0 m. 11. (Don du Louvre, n° 3909.)

Chatte assise, très fruste. — Époque grecque.

538. **Bois.** — Haut. 0 m. 05. (Don du Louvre, n° 5713.)

Chatte accroupie, vue de profil. — Époque grecque.

539. **Bronze.** — Haut. 0 m. 03.

Petit chat, assis sur une bélière. — Époque grecque.

540. **Bronze.** — Long. 0 m. 07.

Sujet très fréquent. Une chatte allongée sur le flanc allaite trois de ses petits : un quatrième est perché sur la tête de sa mère. C'est Bastit nourricière et féconde, par opposition à Sokhit destructive et stérile. — Époque grecque.

541. **Bronze.** — Haut. 0 m. 07, long. 0 m. 10.

Deux petits chats sont couchés méditatifs sur une boîte en bronze : la boîte est creuse et renferme encore une momie de chat. La mine éveillée et la pose calme du chaton au repos ont été très bien rendues par l'artiste. Le chat est un des animaux que les Égyptiens ont le mieux aimé et le plus étudié : nul peuple n'a su saisir avec plus de bonheur qu'ils ne l'ont fait ce qu'il y a de grâce et de force dans les lignes de son corps. — Époque grecque.

542. **Bronze.** — Haut. 0 m. 12.

Tête de chatte, yeux en émail, oreilles percées : le scarabée en relief entre les deux oreilles. Ces têtes de chatte, qu'on a découvertes par milliers à Zagazig, dans les ruines de Bubastis, ne sont pas des débris de statues en bronze. Elles étaient pour la plupart adaptées à des corps en bois, analogues à ceux des numéros 89 et 90 (cf. p. 58), et servant de cercueil à des momies de chat. — Époque grecque.

543. **Bronze.** — Haut. 0 m. 14. (Don du Louvre, n° 5740.)

Tête de chatte, les yeux et le scarabée incrustés d'or, les oreilles percées : au cou, une chaîne dont le fermoir a la forme d'une tête de léopard. — Époque grecque.

544. **Bronze.** — Haut. 0 m. 07. (Don du Louvre, n° 5740.)

Tête de chatte. — Époque grecque.

545. **Bronze.** — Haut. 0 m. 15.

Imhotpou assis, lisant : son nom est tracé sur le rouleau. Sur le socle, dédicace à Imhotpou, en l'honneur d'un certain Nofiribri. — Époque saïte.

546. **Bronze.** — Haut. 0 m. 15.

Imhotpou assis, lisant : sur le rouleau, la légende «Imhotpou, fils aîné de Phtah». — Époque saïte.

547. **Bronze.** — Haut. 0 m. 11.

Imhotpou est assis sur un siège travaillé à jour : son nom est tracé sur le rouleau en caractères indistincts. Sur le socle, dédicace illisible. — Époque saïte.

548. **Bronze.** — Haut. 0 m. 13.

Fragment d'une statuette d'Imhotpou : le dieu était assis sur un siège à jour, identique au siège du numéro précédent, et lisait. Le collier est en argent, les yeux sont incrustés d'or. La tête est fort jolie et le corps d'une facture assez soignée, bien qu'un peu molle. — Époque saïte.

549. **Bronze.** — Haut. 0 m. 10. (Don du Louvre, n° 5117.)

Imhotpou assis, lisant. — Époque grecque.

550. **Bronze.** — Haut. 0 m. 09. (Don du Louvre, n° 5117.)

Imhotpou assis, lisant. — Époque grecque.

Divinités diverses, Enseignes, Emblèmes divins.

Khnoumou, le modeleur, était adoré à la frontière méridionale de l'Égypte : son siège favori était Éléphantine et les îles de la première cataracte. C'était un bélier ou un dieu à tête de bélier, et il était accompagné de deux déesses ou de deux fées des eaux : Satit la flèche, qui représentait le courant du Nil et Anoukit celle qui resserrait le Nil entre les rochers.

Il avait un rôle cosmogonique, et les sculptures le représentent tournant la matière sur un tour à potier, pour en fabriquer l'œuf d'où sortit le soleil. Son culte ne paraît pas avoir été très répandu aux temps pharaoniques : à l'époque romaine, il devint, sous le nom de Khnoubis, Khnouphis, Kneph, une des divinités favorites des sectes gnostiques, païennes ou chrétiennes.

551. **Bronze.** — Haut. 0 m. 24.

Khnoumou à tête de bélier portant sur la tête le diadème flanqué de deux plumes et surmonté du disque solaire. Il est debout, marchant, posé sur un socle oblong en forme de naos. — Époque grecque.

552. **Bronze.** — Haut. 0 m. 17.

Khnoumou, même type que le numéro précédent, mais fortement retouché par un de ses possesseurs modernes. — Époque grecque.

553. **Bronze.** — Haut. 0 m. 15.

Khnoumou, même type que les deux numéros précédents. Sur le socle, dédicace à Khnoumou en faveur de Psimouth, fils de Nsimhi. — Époque grecque.

554. **Bronze.** — Haut. 0 m. 23.

La déesse Satit, debout sur un naos. Elle est coiffée du diadème blanc, flanqué de deux cornes, porte au cou le large collier, est revêtue de la robe longue et tenait à la main un sceptre qui a disparu. — Époque grecque.

Bisou, Bisa, était d'origine étrangère; les textes nous affirment qu'il venait de Pounit, c'est-à-dire des pays qui avoisinent le détroit de Bab-el-Mandeb. Son nom est celui de la panthère dont il porte la peau, et dont la queue lui pend entre les deux jambes. Il a les fonctions les plus contradictoires en apparence. Nous avons déjà vu sa figure sur les chevets (cf. nos 264-268, p. 89-90). Quelquefois, il danse en brandissant une épée au-dessus de sa tête, et en ramenant sur sa poitrine un bouclier ovale; quelquefois, il tient dans les bras un petit enfant qu'il semble vouloir avaler; il a souvent sur la tête un panache de plumes frisées. Il est le dieu de la toilette, de la danse, de la musique et tient une harpe dont il joue tout en sautant; sa figure a passé en Phénicie et en Grèce, où elle se confond avec le type de Silène et avec celui de la Gorgone (cf. Heuzey, *Papposilène et le dieu Bès*).

IMPRIMERIE NATIONALE.

555. **Bronze.** — Haut. 0 m. 29.

Bisou, debout sur une colonne à chapiteau campaniforme, entre deux petits singes; celui de gauche est debout, celui de droite assis aux pieds du dieu. — Époque grecque.

556. **Bronze.** — Haut. 0 m. 21.

Bisou debout sur sa colonne : une uræus dressée contre la jambe droite serre autour de la colonne les replis de sa queue. Le dieu tient à la main gauche un autre serpent sur lequel il lève le couteau de la main droite. C'est le Bisou destructeur des animaux nuisibles, des dieux malfaisants et des mauvais rêves que nous avons déjà rencontré sur les chevets (cf. p. 89). — Époque grecque.

557. **Bois.** — Haut. 0 m. 28.

Bisou debout sur sa colonne, les deux poings aux hanches. — Époque grecque.

558. **Bronze.** — Haut. 0 m. 06. (Don du Louvre, sans numéro.)

Bisou brandissant le glaive de la main droite. — Époque grecque.

559. **Bronze.** — Haut. 0 m. 065. (Don du Louvre, n° 5996.)

Bisou brandissant le glaive. Bélière dans le dos. — Époque grecque.

560. **Terre cuite noire.** — Haut. 0 m. 18, larg. 0 m. 15.

Stèle-amulette pour protéger une maison et ses habitants contre les serpents : c'est une variante de *l'Horus sur les crocodiles* que j'ai déjà signalé plus haut (cf. n° 463, p. 117). Dans le champ, Bisou, comme Hercule enfant, serre au cou un serpent dont le corps s'élève plus haut que lui : il brandit le glaive au-dessus de sa tête. — Époque romaine.

561. **Bronze.** — Long. 0 m. 13, haut. 0 m. 069.

Crocodile de travail grossier, le diadème sur la tête. C'est le dieu Sovkou, vénéré à Ombos et au Fayoum. Sovkou, en grec Soukhos, était une variante locale du dieu créateur. Comme les Égyptiens pensaient qu'avant la création du monde, l'eau primordiale seule existait, les prêtres d'Ombos et du Fayoum avaient donné au dieu qui se trouvait dans cette eau, une des formes les plus appropriées au milieu dans lequel il était plongé, celle du crocodile. — Époque grecque.

Les Égyptiens, surtout ceux des derniers temps, réunissaient volontiers les attributs de plusieurs dieux sur une seule figure qui devenait alors comme un résumé du Panthéon égyptien. Elle servait dans les conjurations magiques et assurait à son propriétaire la protection de tous les dieux auxquels elle empruntait quelque trait particulier. Le musée possède une belle collection de ces divinités composites.

562. **Bronze.** — Haut. o m. 23.

Khnoumou-panthée (cf. p. 128-129). Il a deux têtes : l'une de bélier par devant, l'autre à tête de chacal par derrière. Le phallus, érigé vigoureusement, se termine par une petite tête de bélier; une queue d'épervier pend au dos, deux serpents s'enroulent aux pieds. Ce joli personnage bande un arc et se prépare à décocher une flèche contre les ennemis de son possesseur. — Époque gréco-romaine.

563. **Bronze.** — Haut. o m. 23.

Phtah-panthée. Le type choisi ici n'est pas celui de Phtah à la belle face (cf. n° 513 et suiv., p. 124), mais celui du Phtah-Patèque. Une maladie spéciale de la moelle épinière, heureusement assez rare, produit les phénomènes de déformation qu'on remarque sur ce petit monstre. Il est debout sur deux crocodiles entre deux longs serpents qui se replient derrière lui. Il a par devant trois têtes, l'une d'homme qui porte la coiffure d'Amon, les deux autres de cynocéphale et d'épervier qui portent le disque solaire. Il a par derrière deux têtes superposées, l'une de bélier surmontée du disque, et au-dessus la tête d'Hâthor. La queue d'épervier lui pend au dos. Un scarabée est dessiné sur sa poitrine. Son phallus se termine en tête de chatte. De la main droite, il tient un sceptre brisé; de la main gauche, il étrangle un serpent. C'est la figure centrale de beaucoup de stèles au type d'*Horus sur les crocodiles* (cf. n° 463, p. 117), détachée et coulée en bronze. — Époque gréco-romaine.

564. **Bronze.** — Haut. o m. 20.

Bisou-panthée (cf. n° 555 et suiv., p. 128-129), debout sur un naos. Par devant, tête de Bisou surmontée du disque entre deux uræus et de deux plumes; par derrière, tête de bélier, et au-dessous tête d'épervier couronnées toutes deux du disque solaire. Isis-Hâthor (cf. n° 427 et suiv., p. 112-115), l'embrasse par derrière et étend ses ailes de chaque côté de lui. Il étrangle un serpent de la main gauche, et foule aux pieds d'autres serpents et des crocodiles. Devant lui, le chacal accroupi. — Époque gréco-romaine.

565. **Bronze.** — Haut. 0 m. 19.

Même type que le précédent, moins la tête de bélier. Le phallus est brisé. Époque gréco-romaine.

566. **Bronze.** — Haut. 0 m. 10.

Anubis-panthée (cf. nos 480 et suiv., p. 119-121). Par devant, tête de chacal couronnée, par derrière, tête de bélier. Le dieu est debout sur les crocodiles et étouffe un serpent de la main droite; il a une queue d'épervier. Les deux bras d'Isis-Hâthor l'enveloppent de leurs ailes et brandissent un paquet de serpents de chaque main.

567. **Bronze.** — Haut. 0 m. 09.

Bisou-panthée, même type que les nos 564-565, mais le phallus se termine en tête de chat. Le dieu tient de plus à chaque main une uræus dont la tête est surmontée du disque. Sur le plat des ailes d'Isis sont dessinés une uræus et un scarabée aux ailes déployées. Par derrière, au-dessus de la tête de bélier, une tête de chacal fait saillie. — Époque gréco-romaine.

568. **Bronze.** — Haut. 0 m. 06.

Anubis-panthée. Par devant tête de chacal coiffée des plumes d'Amon (cassées), par derrière, tête et queue d'épervier. Le dieu lève le fouet de Minou (cf. nos 379-381, p. 105), de la main droite, et, de la main gauche, étrangle un serpent : le phallus est brisé. Outre les ailes d'Isis qui retombent en avant, la figure en possède quatre autres qu'elle déploie à droite et à gauche. — Époque gréco-romaine.

Les Égyptiens avaient dans l'autre monde un dieu dont le nom Nahbkaou signifie *Celui qui unit les doubles*, et dont le rôle n'est pas bien défini. Parfois, c'est un serpent avec deux mains humaines qu'il porte à la gueule. Parfois, c'est un serpent debout sur deux jambes d'homme, avec ou sans les bras. Souvent, enfin, c'est un homme à tête de serpent couronné d'un diadème.

569. **Bronze.** — Haut. 0 m. 16.

Nahbkaou, à corps humain, à tête de serpent, debout, marchant. Pièce rare. — Époque saïte.

570. **Bronze.** — Haut. 0 m. 135.

Nahbkaou, tête de serpent sans coiffure. Le dieu est debout sur un naos. — Époque saïte.

571. **Bronze.** — Haut. 0 m. 13, long. 0 m. 17.

Entre autres divinités, l'uræus représentait une déesse des morts Miritskro, «celle qui aime le silence», dont le culte était répandu dans la Thébaïde. C'est elle, je crois, que le n° 570 nous montre avec une tête humaine coiffée du pskhent. La boîte oblongue est creuse et a dû contenir la momie d'un serpent. — Époque saïte.

572. **Bronze.** — Haut. 0 m. 09, long. 0 m. 17.

Serpent, aux yeux cerclés d'or, posé sur un naos. Sur les côtés, à droite, six génies à tête de chacal (cf. p. 120), à gauche, six génies à tête d'épervier (cf. n° 467, p. 115, 118), agenouillés et levant les bras en signe d'adoration. Deux de ces derniers manquent à l'endroit où l'on a enlevé une pièce de bronze pour retirer la momie de serpent que le naos contenait. Sur la paroi de derrière est dessiné au trait l'épervier étendant ses ailes; sur la face, une dédicace à Toumou en faveur de Ouahibri. — Époque saïte.

573. **Bronze.** — Haut. 0 m. 15.

Fleur de lotus, sur laquelle une uræus est posée. La queue du serpent s'enroule autour de la fleur. — Époque grecque.

574. **Bronze.** — Haut. 0 m. 062. (Don du Louvre, n° 5871.)

Uræus coiffée de la couronne rouge et munie d'une bélière. Elle est posée sur une fleur de lotus. — Époque grecque.

575. **Bois.** — Haut. 0 m. 20.

Uræus lovée et portant le disque solaire sur la tête : elle a orné probablement la corniche d'un lit funéraire ou d'un naos.

576. **Bronze.** — Haut. 0 m. 029. (Don du Louvre, n° 6039.)

Uræus lovée; détachée probablement d'une coiffure.

577. **Bronze.** — Haut. 0 m. 028. (Don du Louvre, n° 6010.)

Deux uræus jumelles, émaillées. Ce sont des pendeloques de coiffure, analogues à celles que nous avons vues en place au numéro 398 (cf. p. 108). — Époque grecque.

578. **Bronze.** — Haut. 0 m. 09.

Uræus lovée, coiffée de la couronne blanche. Sur la poitrine, des plaques d'émail bleu et rouge simulent l'aspect bariolé que présente la gorge de l'animal lorsqu'elle est gonflée par la crainte ou par la colère. — Époque grecque.

579. **Bronze.** — Haut. o m. 06.

Deux pendeloques de coiffure, en forme d'uræus (cf. n° 577). — Époque grecque.

580. **Bronze.** — Haut. o m. 07.

Uræus lovée, sans émaux. — Époque grecque.

581. **Bronze.** — Haut. o m. 023, long. o m. 067. (Don du Louvre, n° 5709.)

Lézard allongé sur une boîte : la boîte, qui a été ouverte à une extrémité, contenait une momie de lézard.

582. **Bronze.** — Haut. o m. 05, long. o m. 10.

Ichneumon, marchant, le diadème à deux plumes sur la tête. L'ichneumon était consacré aux dieux solaires. — Époque grecque.

583. **Bronze.** — Haut. o m. 08, long. o m. 26.

Ichneumon. — Époque grecque.

584. **Bronze.** — Haut. o m. 06, long. o m. 10.

Ichneumon : la queue est fausse, les yeux sont incrustés d'or. Sur le dos sont dessinés deux disques solaires munis d'ailes. Sur le socle, dédicace à un Horus en faveur d'Imhotpou, fils de Khouti et de la dame Mesimout. — Époque saïte.

585. **Bronze.** — Haut. o m. 23.

Ichneumon assis sur le train de derrière, les pattes de devant levées en attitude de défense. Les yeux sont incrustés d'or : uræus et disque solaire sur la tête. — Époque saïte.

586. **Bronze.** — Haut. o m. 13.

Ichneumon assis sur le train de derrière, les pattes de devant tombantes. — Époque saïte.

587. **Bronze.** — Haut. o m. o8, long. o m. 19.

Trois ichneumons assis sur un même socle creux : le socle renfermait une momie qui a disparu. — Époque saïte.

588. **Bronze.** — Long. o m. o6.

Scarabée en bronze portant le triple diadème sur la tête. — Époque saïte.

589. **Bronze.** — Long. o m. o3.

L'oxyrrhynque, sorte de poisson propre au Nil, passait pour avoir dévoré le membre d'Osiris, lorsque ce dieu avait été mis en pièces par Typhon. Il était consacré à Hâthor, dame d'Esnéh. — Époque saïte.

590. **Bois.** — Long. o m. 25, haut. o m. 12. (Ancien musée.)

Oxyrrhynque creux, peint rouge et blanc. La petite trappe qu'on voit sur l'un des côtés servit à introduire une momie de poisson qui a disparu.

591. **Schiste rougeâtre.** — Long. o m. 17, haut. o m. o8.

Oxyrrhynque sur un socle. La queue est cassée. — Époque grecque.

592. **Bronze.** — Haut. o m. 15.

Plume d'autruche, emblème de la déesse Mâit, la Vérité (cf. n° 479).

593. **Bronze.** — Haut. o m. o5, larg. o m. o55.

Diadème formé d'un paquet de tiges liées aux deux extrémités, surmontées d'un disque solaire, flanqué des deux plumes et des deux uræus, le tout posé sur une paire de cornes flamboyantes. Provient probablement d'une statuette d'Harpocrate.

594. **Bronze.** — Haut. o m. o6, larg. o m. o55.

Coiffure en plumes du dieu Bisou (cf. n°s 555-560, p. 129-130).

595. **Bronze.** — Haut. o m. o54.

Le disque entre deux cornes de vache, coiffure de la déesse Hâthor et de toutes les déesses qu'on identifie avec elle (cf. n°s 427 et suiv., p. 112-115).

596. Bronze. — Haut. 0 m. 085.

Les deux cornes sans le disque : coiffure d'Hâthor.

597. Bronze. — Haut. 0 m. 15, larg. 0 m. 125.

Les deux cornes d'Hâthor avec le disque découpé sur lequel elles sont posées d'ordinaire.

598. Bronze. — Haut. 0 m. 251.

Une corne portant une plume d'autruche et une uræus : provient d'une coiffure analogue au n° 593.

599. Bronze. — Haut. 0 m. 24.

Même sujet, même provenance.

600. Bronze. — Haut. 0 m. 04.

La couronne des rois d'Egypte, formée par la réunion des deux couronnes rouge et blanche de la Haute et de la Basse-Egypte. Elle appartient aux dieux comme aux rois.

601. Bronze. — Haut. 0 m. 15.

Le bonnet royal égyptien avec pièces retombant de chaque côté de la tête et encadrant le cou : l'uræus et le diadème formé par la triple répétition du type décrit au n° 593 (p. 135). — Époque grecque.

602. Bronze. — Haut. 0 m. 08.

Le casque des Pharaons avec l'uræus et la tresse des enfants ou d'Horus, pendant sur le côté. — Époque grecque.

603. Bronze. — Haut. 0 m. 23.

Partie du fléau ou fouet que portent certaines divinités égyptiennes, Minou, Osiris, Phtah, etc., et les rois lorsqu'ils sont identifiés avec les divinités.

604. Bronze. — Haut. 0 m. 09.

Fléau complet, détaché d'une statuette d'Osiris. Il est incrusté de lapis-lazuli et de cornaline.

605. Bronze. — Haut. 0 m. 23.

Sistre (cf. n° 253, p. 87). Le manche est terminé en tête d'Hâthor, et la chatte de Bastit est posée sur le sommet de l'instrument. Les barres ont été ajoutées par une main moderne.

606. **Bronze.** — Haut. 0 m. 255.

Pied de derrière d'un fauteuil bas.

607. **Bronze.** — Haut. 0 m. 25, long. 0 m. 14.

Penture de porte.

608. **Bronze.** — Diam. 0 m. 025.

Deux anneaux.

609. **Bronze.** — Long. 0 m. 075.

Table d'offrandes votive (cf. n° 4, p. 3). Sur le plat sont dessinés deux vases répandant leur eau, et trois pains entre les deux. Une grosse grenouille est accroupie sur le goulot, deux cornes s'allongent aux deux angles extérieurs, puis deux éperviers et deux cynocéphales se succèdent sur les côtés. Par derrière, entre deux bétières à demi brisées, un petit homme verse une libation. — Époque grecque.

610. **Bronze.** — Haut. 0 m. 08, larg. 0 m. 08, long. 0 m 08.

Emblème divin, formé de deux emblèmes distincts. Le premier, connu sous le nom d'égide, se compose d'un large collier que surmonte la tête de lionne couronnée du disque. Le second, nommé monâit, est un collier dont les deux extrémités s'enfoncent dans une sorte de cornet en bois ou en métal orné de dessins. Ici les dessins sont effacés. L'égide est consacrée d'ordinaire aux déesses lionnes ou à tête de lionne : on la voit entre les mains de Sokhit ou de Bastit (cf. n°ˢ 528-532, p. 126). — Époque grecque.

611. **Bronze.** — Haut. 0 m. 14, long. 0 m. 15, larg. 0 m, 13.

Égide à tête de lionne du même type que la précédente. La partie postérieure (monâit) est couverte de dessins représentant : la tige une Sokhit à tête de lionne, debout, la partie ronde, une barque flottant sur les eaux et une Sokhit à tête de lionne accroupie dans le naos de la barque. — Époque grecque.

612. **Bronze.** — Haut. 0 m. 14, larg. 0 m. 055.

Égide, surmontée de la tête de lionne de Tafnout et de la tête humaine de son mari Anhouri (cf. n°ˢ 506-508, p. 124-126). Sur la tige postérieure, Anhouri au trait; sur la partie ronde, un poisson oxyrrhynque qui nage au milieu des lotus (cf. n° 589, p. 135). — Époque grecque.

613. **Bronze.** — Haut. 0 m. 10.

Égide du même type que la précédente. — Époque grecque.

614. **Bronze.** — Haut. 0 m. 136.

Partie de collier (monâît) détachée d'une égide. Elle est découpée à jour et surmontée d'une tête d'Hâthor entre deux uræus : sur la tige, Hâthor-Isis entre deux petites chattes; sur la partie ronde, Hor l'épervier dans les lotus. — Époque grecque.

615. **Bronze.** — Haut. 0 m. 12.

Même objet que celui qui est décrit au numéro précédent, mais les dessins sont en relief. Dans la partie ronde, la vache d'Hâthor debout au milieu des lotus. — Époque grecque.

616. **Bronze.** — Haut. 0 m. 09.

Comme aux deux numéros précédents : dans la partie ronde, Hor, coiffé du pskhent, est debout au milieu des lotus. — Époque grecque.

617. **Bronze.** — Diam. 0 m. 18.

A partir de l'époque saïte, on plaçait souvent sous la tête des momies, un disque en carton ou en toile, rarement en bois ou en bronze, sur lequel on traçait des légendes et des figures magiques : il était destiné à empêcher la corruption du corps et procurait à l'âme la faculté de monter dans les barques solaires. L'objet n° 617 est le reste d'un de ces hypocéphales en bronze. Au centre, Amon à double tête de bélier sur un seul corps humain reçoit l'hommage de deux cynocéphales. Au-dessus, la vache, mère du soleil, s'avance suivie d'une femme dont la tête est un disque sur lequel on voit dessiné l'œil mystique : derrière ces deux personnages, deux serpents, dont l'un au moins paraît avoir une tête de chacal. En face de ce groupe, les quatre génies des entrailles sont debout, reconnaissables à leurs têtes caractéristiques, et paraissent veiller sur le veau, le soleil naissant, fils de la vache. Au-dessous d'Amon, les deux barques du soleil et leur équipage sont figurées l'une à côté de l'autre, puis Amon à tête d'homme fait face à un canot sur lequel sont montées Isis et Nephthys. C'est, en résumé, la destinée de l'homme après la mort : naître, comme le soleil, de la vache céleste, parcourir son jour, mourir, renaître, sans jamais s'arrêter. Le nom du propriétaire a disparu avec la partie manquante de l'hypocéphale. — Époque grecque.

618. **Bronze.** — Haut. 0 m. 21.

Torse d'Osiris-momie coiffé de la couronne blanche, avec incrustations d'émaux. — Époque grecque.

619. **Bronze.** — Haut. 0 m. 27.

Roi anonyme, debout, marchant. Il est coiffé de la perruque courte à petites mèches, que surmontent le pskhent et l'uræus. Sur la poitrine, un pectoral qui porte au trait l'image de trois divinités. Bon travail. — Époque saïte.

620. **Bronze.** — Haut. 0 m. 125.

Femme assise, les bras allongés sur les cuisses; perruque à petites boucles. Pas d'inscription. — Époque saïte.

621. **Bronze.** — Haut. 0 m. 035.

Enfant, probablement Hor enfant, assis sur un coussin. Il a la tresse et l'uræus au front; la main droite serre une fleur sur la poitrine, la main gauche est appuyée sur le genou. Très joli travail. — Époque saïte.

622. **Bronze.** — Haut. 0 m. 21.

Roi coiffé de la couronne blanche, agenouillé et présentant les deux vases à vin. Ce personnage et ceux qui sont enregistrés sous les numéros suivants (623-629) proviennent de groupes analogues au groupe n° 384 (p. 106), et représentent l'adoration ou l'offrande à une divinité. — Époque saïte.

623. **Bronze.** — Haut. 0 m. 13.

Roi en adoration : sur la tête, la coiffure rayée surmontée de l'uræus. — Époque saïte.

624. **Bronze.** — Haut. 0 m. 11.

Roi casqué, agenouillé, les bras tendus parallèlement aux cuisses. — Époque saïte.

625. **Bronze.** — Haut. 0 m. 13.

Roi casqué, agenouillé : l'un des bras est casqué. — Époque saïte.

626. **Bronze.** — Haut. 0 m. 155.

Roi agenouillé : les bras manquent. — Époque saïte.

627. **Bronze.** — Haut. 0 m. 09.

Petit personnage nu. — Époque grecque.

628. **Bronze.** — Haut. 0 m. 07.

Petit personnage debout, les mains levées en adoration. — Époque grecque.

629. **Bronze.** — Haut. 0 m. 09.

Très curieuse figure : un prêtre ou un esclave, vêtu d'une robe longue, s'avance présentant de la main droite un énorme lotus, et de la main gauche tenant en équilibre sur sa tête un plat chargé d'une volaille troussée. — Époque grecque.

630. **Bronze.** — Haut. 0 m. 25.

Figure de femme nue, agitant des crotales de chaque main. Elle est creuse : le haut de la tête est détaché et forme couvercle. Travail barbare, probablement copte, du xe ou xie siècle de notre ère.

631. **Bronze.** — Haut. 0 m. 32. (Don de M. Falque.)

Scribe accroupi tenant devant lui un naos chargé d'inscription. C'est le moulage moderne d'une statue d'époque saïte dont je ne connais pas l'original.

Les enseignes militaires des Égyptiens et celles qu'on portait dans les processions religieuses, devant l'arche des dieux, se composaient d'une hampe en bois, terminée en bas par une petite fourche en bronze (n° 633), en haut par des emblèmes variés également en bronze. Le musée de Marseille possède une collection de ces têtes d'enseignes (n°s 632-648) sinon unique, comme on l'a dit, du moins plus riche que celles qu'on trouve dans la plupart des grands musées de l'Europe.

632. **Bronze.** — Haut. 0 m. 23.

633. **Bronze.** — Haut. 0 m. 23.

J'ai fait reconstituer un bâton d'enseigne complet au moyen des deux numéros 632 et 633. La hampe en bois est moderne : la fourche (n° 633) est en deux morceaux, mais a été restaurée habilement. La partie supérieure est d'un dessin très compliqué. Elle est munie de deux pointes barbelées et superposées dont la dernière est mousse en l'état actuel. Sous les pointes est dessiné un crocodile, la queue en l'air, la tête en bas, qui est comme empalé sur la tige. La tige elle-même jaillit du corps d'un second crocodile dont la queue retombe le long de la douille. Un Horus à tête d'épervier, debout sur la tête du second crocodile, la transperce de sa lance. Une bélière, placée sous lui, servait à attacher la flamme. Le tout est d'un travail très soigné et d'une belle conservation. — Époque grecque.

634. **Bronze.** — Haut. 0 m. 11.

L'ibis de Thot (cf. nos 492-499, p. 121-122) est accroupi sur une natte que supportent par devant deux hommes agenouillés, par derrière un bouquet de lotus : entre les hommes et les fleurs, de chaque côté, un lion passant. Le tout est posé sur un chapiteau campaniforme. — Époque grecque.

635. **Bronze.** — Haut. 0 m. 07.

Le cynocéphale de Thot est assis sur un chapiteau garni de feuilles de palmier. Il mange un fruit qu'il tient à deux mains. — Époque grecque.

636. **Bronze.** — Haut. 0 m. 13.

Chacal (cf. nos 480-491, p. 119-121) allongé sur un chapiteau campaniforme. La queue se replie sous l'animal en façon d'anse, les oreilles sont cassées. — Époque grecque.

637. **Bronze.** — Haut. 0 m. 12.

Isis-Hâthor (cf. nos 427 et suiv., p. 112) assise sur un siège plein, les bras pendants : les cornes de la coiffure sont cassées. La figure est posée sur un chapiteau campaniforme. — Époque grecque.

638. **Bronze.** — Haut. 0 m. 12.

Hor enfant, nu, les bras pendants, la tresse à la tempe, est assis sur un siège à jour. La figure est sur un chapiteau campaniforme. — Époque grecque.

639. **Bronze.** — Haut. 0 m. 16.

La vache Hâthor, coiffée du disque et deux longues plumes, accroupie sur la plate-forme d'un petit chapiteau. — Époque grecque.

640. **Bronze.** — Haut. 0 m. 07.

Scorpion à tête humaine et à bras humains, posé sur une plate-forme, enseigne de la déesse Selkit (cf. n° 432, p. 113). Travail très grossier. — Époque grecque.

641. **Bronze.** — Haut. 0 m. 14.

Enseigne de Selkit, mais d'un travail plus fin. Le scorpion a deux ailes qui retombent en avant entre les deux bras. Il est perché sur une colonne dont le chapiteau rappelle le chapiteau corinthien. L'inscription est une dédicace à Isis-Selkit en faveur d'un certain Péteselkit. — Époque grecque.

642. **Bronze.** — Haut. 0 m. 10.

Uræus posée sur un chapiteau campaniforme. — Époque grecque.

643. **Bronze.** — Haut. 0 m. 13.

Chatte assise sur un chapiteau campaniforme. — Époque grecque.

644. **Bronze.** — Haut. 0 m. 104.

Tête d'épervier coiffée de la coufièh, dont les bouts retombent le long de la douille. — Époque grecque.

645. **Bronze.** — Haut. 0 m. 13.

Egide ornée de dessins au trait et surmontée d'une tête de bélier, ornée du diadème à plumes (cf. n° 593, p. 135). — Époque grecque.

646. **Bronze.** — Haut. 0 m. 11.

Hor à tête d'épervier, surmontée du pskhent, et Khnoumou à tête de bélier (cf. n°^{s} 551-553, p. 128-129), surmontée du disque, sont assis entre deux uræus coiffées l'une du diadème rouge, l'autre du diadème blanc. Un petit homme agenouillé présente un plat chargé de neuf pains qu'il porte à deux bras sur la tête. Le tout posé sur un chapiteau campaniforme. — Époque grecque.

647. **Bronze.** — Haut. 0 m. 17, diam. 0 m. 08.

Une fleur de lotus épanouie d'où sort Horus enfant. Horus est de travail grec et tient la corne d'abondance de l'Horus Alexandrin. — — Époque grecque.

648. **Bronze.** — Haut. 0 m. 10.

Hor enfant de style grec assis et tenant la corne d'abondance : il a sur la tête le disque solaire entre les cornes. — Époque grecque.

649. **Bronze.** — Haut. o m. 55, long. o m. 08. (Acquisition récente.)

Plaque en bronze détachée du devant d'un socle de statue; commencement d'une double légende hiéroglyphique en caractères incrustés d'or. — Époque saïte.

B. Figures en émail.

Les figurines de divinités en émail sont rangées dans la partie supérieure du meuble qui occupe le milieu de la salle. Comme elles ont en général les mêmes formes et les mêmes attributs que les figures de divinités en bronze, je ne m'attarderai pas à les décrire une par une : je me bornerai à indiquer, avec le numéro d'ordre, le nom de la divinité et les dimensions de la pièce. Pour les descriptions et les définitions, je prie les visiteurs de vouloir bien se reporter aux numéros du catalogue relatifs aux figures en bronze qu'ils trouveront indiqués au commencement de chaque paragraphe.

889. **Chalcédoine.** — Haut. o m. 110, larg. o m. 062.

Triade représentant Ramsès II entre Amon-Râ de Karnak à droite, et Harmâkhis à tête d'épervier à gauche. — XIXe dynastie.

Cycle Osirien (cf. n°s 394-395, p. 107-122).

1° Isis (cf. n°s 427 et suiv., p. 112-115).

650. **Terre émaillée verte.** — Haut. o m. 10.

651. **Terre émaillée verte.** — Haut. o m. 11.

652. **Terre émaillée verte.** — Haut. o m. 065.

La coiffure originale, cassée, a été remplacée par une paire de cornes et un disque en bronze de travail antique.

653. **Terre émaillée verte.** — Haut. o m. 05.

654. **Terre émaillée bleue.** — Haut. o m. 055.

655. **Terre émaillée bleue.** — Haut. o m. o38.

656. **Terre émaillée bleu-clair.** — Haut. o m. o25.

Les numéros 657-660, en lapis-lazuli, sont dans le cadre triangulaire posé sur la cheminée.

657. Haut. o m. o19.

658. Haut. o m. o3.

659. Haut. o m. o35.

660. Haut. o m. o35.

661. **Jaspe vert.** (Don du Louvre, sans numéro.) — Haut. o m. o45.

Isis allaitant Horus : sur la tête une feuille d'or mince, en guise de coiffure.

662. **Terre émaillée verte.** — Haut. o m. o85.

Isis debout, coiffée du pskhent et tendant la mamelle à Hor enfant, nu, debout devant elle qui détourne la tête vers la gauche (cf. n°s 438-441, p. 114). La chevelure est colorée en violet manganèse. Les pieds brisés. — Époque grecque.

663. **Terre émaillée vert-jaunâtre.** — Haut. o m. o3.

Tête d'Isis de travail médiocre.

664. **Terre émaillée bleue.** — Haut. o m. o4.

888. **Terre émaillée verte.** — Haut. o m. o82.

Tête d'Hâthor provenant d'une poignée de sistre (cf. n° 253, p. 87).

2° Nephthys (cf. n° 478, p. 119).

665. **Terre émaillée bleuâtre.** — Haut. 9 m. o6.

666. **Terre émaillée vert-jaunâtre.** — Haut. o m. o5.

667. **Terre émaillée verte.** — Haut. o m. o56.

668. **Terre émaillée verte.** — Haut. 0 m. 03.

669. **Terre émaillée verte.** — Haut. 0 m. 035. (Don du Louvre, n° 3490.)

670. **Terre émaillée bleue.** — Haut. 0 m. 025. (Don du Louvre, n° 6047.)

671. **Lapis-lazuli.** — Haut. 0 m. 034.

Cet objet est dans le cadre triangulaire sur la cheminée.

3° Triades d'Isis, Nephthys et Horus.

Elles représentent Harpocrate nu, ou l'une de ses formes secondaires, debout entre Isis et Nephthys : c'est une allusion au mythe d'après lequel Hor enfant, poursuivi par Typhon, le meurtrier de son père, n'aurait dû son salut qu'à la protection perpétuelle d'Isis et de Nephthys.

672. **Terre émaillée gris-vert.** — Haut. 0 m. 042 (Don du Louvre, n° 4294.)

673. **Terre émaillée vert-jaune.** — Haut. 0 m. 025.

674. **Terre émaillée vert-jaune.** — Haut. 0 m. 025.

675. **Terre émaillée verte.** — Haut. 0 m. 045.

676. **Terre émaillée verte.** — Haut. 0 m. 045.

677. **Terre émaillée vert-tendre.** — Haut. 0 m. 042.

678. **Terre émaillée bleu-gris.** — Haut. 0 m. 055.

679. **Terre émaillée bleue.** — Haut. 0 m. 045.

Elle est encore enduite du goudron dont étaient imprégnées les toiles de la momie.

680. **Terre émaillée bleu-gris.** — Haut. 0 m. 04. (Don du Louvre, n° 2497.)

Les figures ne sont pas en ronde bosse, mais n'ont qu'un relief très léger.

4° Sati (cf. n° 432, p. 112-113).

682. **Terre émaillée violacée.** — Haut. o m. 045.

683. **Lapis-lazuli.** — Haut. o m. 025. (Don du Louvre, n° 2493.)

684. **Lapis-lazuli.** — Haut. o m. 028 (Don du Louvre, n° 3752.)

685. **Lapis-lazuli.** — Haut. o m. 02.

Ce numéro est dans le cadre triangulaire sur la cheminée.

5° Nit (cf. n° 503-505, p. 122).

686. — Haut. o m. 03.

687. — Haut. o m. 03.

Les objets qui portent ces deux numéros, en Lapis-lazuli, sont dans le cadre triangulaire sur la cheminée.

825. **Terre émaillée verte.** — Haut. o m. 06.

Nit allaitant les deux crocodiles.

826. **Lapis-lazuli.** — Haut. moy. o m. 03. (Don du Louvre, n° 3679.)

Trois Nit sur un même socle.

6° Mut (cf. n° 479, p. 119).

688. **Lapis-lazuli.** — Haut. o m. 03. (Don du Louvre, n° 3745.)

689. **Lapis-lazuli.** — Haut. o m. 025. (Don du Louvre, n° 3748.)

690. **Lapis-lazuli.** — Haut. o m. 025. (Don du Louvre, n° 4437.)

691. **Calcaire.** — Haut. o m. 022. (Don du Louvre, nº 6040.)

L'attribution de cette figurine à la déesse Mâit est douteuse : les mutilations qu'elle a subies empêchent toute certitude à cet égard.

723. **Lapis-lazuli.** — Haut. o m. o36.

Cette figurine est dans le cadre triangulaire, sur la cheminée.

7° Toueris, Thouéris.

Le disgracieux hippopotame femelle, au ventre arrondi et aux flasques mamelles de femme, qu'on désigne d'ordinaire sous ce nom, est un des personnages importants du Panthéon égyptien. Appuyée de la patte gauche sur un nœud de corde mystique, elle avait protégé Isis, enceinte d'Horus, contre son propre mari Typhon : elle passait depuis pour veiller sur l'âme des justes dans l'autre monde, et, le couteau à la patte, elle luttait contre les mauvais esprits (cf. nº 266, p. 90).

692. **Terre émaillée bleu-gris.** — Haut. o m. 07.

693. **Terre émaillée bleue.** — Haut. o m. o45.

694. **Terre émaillée bleue.** — Haut. o m. o52.

695. **Terre émaillée verdâtre.** — Haut. o m. o60.

696. **Terre émaillée bleu tendre.** — Haut. o m. 070

697. **Terre émaillée vert-jaune.** — Haut. o m. o55.

698. **Terre émaillée verte.** — Haut. o m. o5o.

699. **Terre émaillée bleue, presque blanche.** — Haut. o m. o3o.

700. **Terre émaillée verte.** — Haut. o m. 070.

Un crocodile en relief est appuyé contre le dos de la déesse.

701. **Terre émaillée brûlée.** — Haut. o m. 113.

702. **Terre émaillée bleue.** — Haut. 0 m. 070.

Coupée à la hauteur des jambes.

765. **Terre émaillée bleue.** — Haut. 0 m. 03.

Thouéris, armé du couteau, la patte sur le nœud de corde.

822. **Terre émaillée verte.** — Haut. 0 m. 043.

Thouéris debout.

837. **Terre émaillée verte.** — Haut. 0 m. 050. (Don du Louvre, n° 8639.)

8° Horus (cf. n°s 448-465, p. 114-117).

703. **Terre émaillée verte.** — Haut. 0 m. 22.

Harpocrate, coiffé du pskhent : la figure a été trop retouchée par un de ses possesseurs modernes.

704. **Terre émaillée verte.** — Haut. 0 m. 08. (Don du Louvre, n° 5663.)

705. **Terre émaillée verte.** — Haut. 0 m. 025.

Le dieu est assis dans un fauteuil.

706. **Terre émaillée vert-olive.** — Haut. 0 m. 04.

707. **Terre émaillée bleue.** — Haut. 0 m. 05.

Hor à tête d'épervier, coiffé du pskhent, debout, marchant.

708. **Terre émaillée verte.** — Haut. 0 m. 05.

Hor à tête d'épervier surmontée du disque.

709. **Terre émaillée bleue.** — Haut. 0 m. 06.

710. **Terre émaillée verte.** — Haut. 0 m. 05.

711. **Terre émaillée verte.** — Haut. 0 m. 04.

712. **Terre émaillée blanche.** — Haut. o m. 025.

Épervier; la tête est coiffée du pskhent, le bec et les pattes sont peints en noir.

713. **Terre émaillée verte.** — Haut. o m. 034.

Épervier; les détails sont gravés au trait d'une touche très fine.

714. **Terre émaillée bleu-tendre.** — Haut. o m. 055.

Épervier.

715. **Terre émaillée verte.** — Haut. o m. 035.

Épervier : sur la tête, le disque et le croissant lunaire.

716. **Terre émaillée verte.** — Haut. o m. 02.

Épervier.

717. **Jaspe verdâtre.** — Haut. o m. 04. (Don du Louvre, n° 4652.)

Épervier.

718. **Terre émaillée verte.** — Haut. o m. 03. (Don du Louvre, n° 5908.)

Épervier.

719. **Jadéite.** — Haut. o m. 03. (Don du Louvre, n° 5933.)

Épervier.

720-722. **En lapis-lazuli.**

Ces figurines sont dans le cadre triangulaire qui est posé sur la cheminée. Toutes les trois représentent Hor à corps humain, à tête d'épervier.

720. Haut. o m. 02.

721. Haut. o m. 031.

722. Haut. o m. 035.

723. Voir p. 147, à la déesse Mâit.

724. **Terre émaillée bleue.** — Haut. 0 m. 025. (Don du Louvre, n° 4654.)

Épervier.

725. **Terre émaillée bleue.** — Haut. 0 m. 025. (Don du Louvre, n° 4708.)

Deux éperviers à tête humaine, couronnés du disque, accouplés, «une âme divine en ses deux jumeaux». D'après les théologiens égyptiens, les hommes et les dieux avaient chacun plusieurs âmes ; nous savons que Râ, par exemple, possédait sept âmes (*baïou*) et quatorze doubles (*kaou*). Les éperviers accouplés représentent des âmes appartenant à un même homme ou à un même dieu.

726. **Terre émaillée bleu-gris.** — Haut. 0 m. 035. (Don du Louvre, n° 4141.)

Hor à tête d'épervier.

727. **Terre émaillée gris-bleu.** — Haut. 0 m. 04. (Don du Louvre, n° 3139.)

Hor à tête d'épervier.

728. **Terre émaillée bleue.** — Haut. 0 m. 05.

Hor à tête d'épervier.

737. **Terre émaillée bleue.** — Haut. 0 m. 05. (Don du Louvre, n° 3686.)

Hor à tête d'épervier.

824. **Terre émaillée verte.** — Haut. 0 m. 04.

Travail grec.

827. **Terre émaillée verte.** — Haut. 0 m. 050.

828. **Terre émaillée verte.** — Haut. 0 m. 040.

Hor avec une oie.

9° Anubis (cf. n°s 480-491, p. 119-121).

729. **Terre émaillée bleue.** — Haut. 0 m. 035.

Corps d'homme, tête de chacal.

730. **Terre émaillée verte.** — Haut. 0 m. 05.

731. **Terre émaillée bleue.** — Haut. 0 m. 035.

732. **Terre émaillée verte.** — Haut. 0 m. 05.

733. **Terre émaillée verte.** — Haut. 0 m. 019. (Don du Louvre, n° 4565.)

734. **Terre émaillée verte.** — Haut. 0 m. 02. (Don du Louvre, n° 4564.)

735. **Terre émaillée bleue.** — Long. 0 m. 07. Haut. 0 m. 04.

Chacal couché.

736. **Bois.** — Haut. 0 m. 041.

Anubis à corps d'homme, à tête de chacal; cette figurine est dans le cadre trangulaire, sur la cheminée.

737. Voir p. 150, au dieu Horus.

738. **Terre émaillée bleue.** — Haut. 0 m. 07. (Don du Louvre, n° 4058.)

Anubis à tête de chacal.

10° Thot (cf. n°s 492-502, p. 121-122).

739. **Terre émaillée bleue.** — Haut. 0 m. 05. (Don du Louvre, n° 4457.)

Thot à corps d'homme, à tête d'ibis.

740. **Terre émaillée violet tendre.** — Haut. 0 m. 12.

Thot à tête d'ibis : l'émail au moins paraît être moderne.

741. **Terre émaillée bleu tendre.** — Haut. 0 m. 11.

Thot à tête d'ibis.

742. **Terre émaillée verte.** — Haut. 0 m. 09. (Don du Louvre, n° 4079.)

Thot à tête d'ibis.

743. **Terre émaillée bleue.** — Haut. 0 m. 08.

Plaque oblongue sur laquelle est gravé en relief un Thot à tête d'ibis, avec l'inscription «Thot de la ville de Khmounou». Khmounou, Hermopolis Magna, aujourd'hui Eshmounéïn, était consacrée au dieu Thot.

744. **Terre émaillée bleue.** — Haut. 0 m. 06.

Thot à tête d'ibis.

745. **Terre émaillée bleu-clair.** — Haut. 0 m. 03.

Ibis accroupi; les ailes et les pattes sont relevées de bleu sombre. La tête est cassée.

746. **Terre émaillée verte.** — Haut. 0 m. 02.

Ibis accroupi, le bec appuyé sur la plume de vérité.

747. **Terre émaillée bleue.** — Haut. 0 m. 015.

Ibis accroupi, le bec appuyé sur la plume.

748. **Terre émaillée verte.** — Haut. 0 m. 11.

Cynocéphale accroupi, tenant l'œil mystique sur ses genoux: le museau a été refait.

749. **Terre émaillée verte.** — Haut. 0 m. 045. (Don du Louvre, n° 4106.)

Cynocéphale accroupi sur un panier.

750. **Terre émaillée verte.** — Haut. 0 m. 04.

751. **Terre émaillée verte.** — Haut. 0 m. 032.

752. **Terre émaillée verte.** — Haut. 0 m. 05.

753. **Terre émaillée bleue.** — Haut. 0 m. 04.

Les pieds manquent.

754. **Terre émaillée bleue.** — Haut. o m. 07.

755. **Terre émaillée bleue.** — Haut. o m. 05.

756. **Terre émaillée bleue.** — Haut. o m. 05.

757. **Terre émaillée bleue.** — Haut. o m. 035.

758. **Terre émaillée bleue.** — Haut. o m. 04.

759. **Terre émaillée verte.** — Haut. o m. 03.

Cynocéphale accroupi, mangeant un fruit.

760. **Bois.** — Haut. o m. 04.

Cette figurine est dans le cadre triangulaire, sur la cheminée. Elle représente un singe debout tirant de l'arc : le but, ordinairement une fenêtre pratiquée dans un petit obélisque, manque. La face, la ceinture et les bracelets sont dorés.

761. **Terre émaillée verte.** — Haut. o m. 06.

Guenon tenant son petit dans ses bras : figure creuse, ayant servi de vase à kohol.

762. **Terre émaillée verte.** — Haut. o m. 055.

Guenon assise, embrassant son petit debout devant elle.

763. **Terre émaillée verte.** — Haut. o m. 05.

Guenon grosse, se détournant pour manger un fruit : figure creuse ayant servi de vase à kohol.

764. **Terre émaillée verte.** — Haut. o m. 06.

Thot panthée : tête de cynocéphale sur le corps de Phtah patèque, ailes et queue d'épervier. Pièce assez rare et d'un travail soigné.

765. Voir p. 148, à la déesse Thouéris.

Divinités Solaires et Cycle Memphite (n°s 506-550).

1° Nofirtoumou (cf. n°s 509-512, p. 123-124).

766. **Terre émaillée bleue.** — Haut. o m. 073.

Nofirtoumou debout sur le lion.

767. **Terre émaillée bleue.** — Haut. o m. 049.

Nofirtoumou sans son lion.

768. **Terre émaillée bleue.** — Haut. o m. 14.

769. **Terre émaillée bleue.** — Haut. o m. 10.

770. **Terre émaillée bleue.** — Haut. o m. 09.

Nofirtoumou, la coiffure peinte en violet manganèse.

771. **Terre émaillée bleue.** — Haut. o m. 09. (Don du Louvre, n° 5738.)

772. **Terre émaillée bleue.** — Haut. o m. 09.

Nofirtoumou sur son lion.

773. **Terre émaillée verte.** — Haut. o m. 09.

Nofirtoumou, coiffure cassée. Dans le dos, la légende du dieu : «Nofirtoumou, protecteur des deux mondes, maître des doubles, qui donne la vie, la santé, la joie, comme Râ éternellement.»

2° Phtah (cf. n°s 513-518, p. 124-125).

774. **Terre émaillée bleu-vert.** — Haut. o m. 224.

Phtah-momie, assis sur un siège revêtu d'écailles : coiffure violette.

775. **Terre émaillée verte.** — Haut. o m. 10.

776. **Terre émaillée verte.** — Haut. o m. 045. (Don du Louvre, n° 5759.)

777. **Terre émaillée verte.** — Haut. o m. 04. (Don du Louvre, n° 5757.)

778. **Terre émaillée bleue.** — Haut. o m. 05. (Don du Louvre, n° 5935.)

Phtah-patèque (cf. n° 563, p. 131).

779. **Terre émaillée verte.** — Haut. o m. 05. (Don du Louvre, n° 5712.)

Phtah patèque, avec tête de bélier par derrière : les jambes sont cassées.

780. **Terre émaillée bleue.** — Haut. 0 m. 03.

781. **Terre émaillée verte.** — Haut. 0 m. 04.

L'émail a presque entièrement disparu. Phtah patèque avec le scarabée sur la tête.

782. **Terre émaillée verte.** — Haut. 0 m. 04.

783. **Terre émaillée verte.** — Haut. 0 m. 05.

Phtah étrangle deux serpents.

784. **Terre émaillée verte.** — Haut. 0 m. 025.

Phtah patèque, debout sur le crocodile, étrangle les deux serpents. Il a un épervier sur chaque épaule, un scarabée sur la tête. A sa droite Isis est debout, Nephthys à sa gauche, et derrière lui Hâthor étend ses ailes.

785. **Terre émaillée verte.** — Haut. 0 m. 08.

Phtah panthée, identique au précédent, mais un peu mutilé.

786. **Terre émaillée verte.** — Haut. 0 m. 10.

Phtah panthée.

787. **Terre émaillée verte.** — Haut. 0 m. 07.

Phtah panthée.

839. **Terre émaillée verte.** — Haut. 0 m. 050.

Phtah panthée.

3° Imhotpou (cf. nos 549-550, p. 124-128).

823. **Terre émaillée bleue.** — Haut. 0 m. 03.

4° Bisou (cf. nos 555-560, p. 129-130).

788. **Terre émaillée verte.** — Haut. 0 m. 06. (Don du Louvre, n° 5690.)

Bisou à deux faces.

789. **Terre émaillée verte.** — Haut. 0 m. 05. (Don du Louvre, n° 5994.)

Bisou : les plumes de la coiffure sont incrustées d'émail bleu.

790. **Terre émaillée verte.** — Haut. o m. 065.

791. **Terre émaillée verte.** — Haut. o m. 045.

792. **Terre émaillée verte.** — Haut. o m. 03.

Bisou à quatre faces.

793. **Terre émaillée verte.** — Haut. o m. 025.

Bisou à deux faces.

794. **Terre émaillée verte.** — Haut. o m. 03.

Bisou à deux faces.

795. **Terre émaillée bleue.** — Haut. o m. 06.

Bisou à deux faces.

5° Sokhit et Bastit (cf. n° 519-544, p. 124-128).

796. **Terre émaillée bleue.** — Haut. o m. 07.

Sokhit à tête de lionne, debout, coiffure brisée.

797. **Terre émaillée verte.** — Haut. o m. 12.

798. **Terre émaillée jaune.** — Haut. o m. 07.

Sokhit à tête de lionne, assise, serrant l'œil mystique sur la poitrine.

799. **Terre émaillée verte.** — Haut. o m. 07.

800. **Terre émaillée verte.** — Haut. o m. 055.

Sokhit debout.

801. **Terre émaillée verte.** — Haut. o m. 025.

802. **Terre émaillée verte.** — Haut. o m. 05.

Bastit à tête de chatte, debout.

803. **Terre émaillée verte.** — Haut. o m. 062.

Bastit assise sur un siège découpé, tenant le sistre à la main droite.

804. **Terre émaillée bleue.** — Haut. o m. 062.

Bastit assise. Les bracelets de la déesse et les ornements du siège sont relevés de violet manganèse.

805. **Imitation de lapis-lazuli.** — Haut. o m. 045.

Dans le dos, la légende : «Je suis Bastit...».

806. **Terre émaillée bleue.** — Haut. o m. 08.

807. **Terre émaillée verte.** — Haut. o m. 10.

808. **Terre émaillée verte.** — Haut. o m. 07.

Pieds brisés.

809. **Terre émaillée verte.** — Haut. o m. 062.

Nofirtoumou et Sokhit sont debout, côte à côte. Dans le dos, double légende de «Nofirtoumou, fils de Sokhit, aimée de Phtah» et de «Sokhit, la grande amie de Phtah».

810. **Terre émaillée verte.** — Haut. o m. 05.

Bastit debout.

811. **Terre émaillée verte.** — Haut. o m. 055.

La coiffure est relevée de violet.

812. **Terre émaillée bleue.** — Haut. o m. 02.

Chatte avec huit petits chats, dont un perché sur la tête de sa mère.

836. **Terre émaillée verte.** — Haut. o m. 062. (Don du Louvre, n° 3825.)

Bastit assise.

6° Atoumou, Toumou.

813. **Émail vert.** — Haut. o m. 055.

Le dieu créateur, dans la théologie d'Héliopolis. Homme debout, marchant sans insignes : représente peut-être Atoumou, peut-être Phtah.

814. Voir p. 159, au dieu Khnoumou.

7° Saou (cf. n° 520, p. 125).

815. **Émail bleu.** — Haut. 0 m. 050. (Don du Louvre, n° 5760.)

Shou à tête de lion, couronné du diadème à deux plumes, debout et marchant.

816-820. Voir p. 159, au dieu Khnoumou.

821. Voir p. 159, à la déesse Mout.

822. Voir p. 148, à la déesse Thouéris.

823. Voir p. 155, au dieu Imhotpou.

824. Voir p. 150, au dieu Horus.

825-826. Voir p. 146, à la déesse Nit.

827-828. Voir p. 150, au dieu Horus.

829. **Terre émaillée verte.** — Haut. 0 m. 045.

830. **Terre émaillée verte.** — Haut. 0 m. 035.

831. **Terre émaillée verte.** — Haut. 0 m. 050.

Shou agenouillé, soulevant le soleil au-dessus de sa tête. A la voix d'Atoumou, Shou avait séparé le ciel de la terre et avait porté le soleil à l'horizon. C'est à la représentation de ce dieu que les Grecs empruntèrent probablement la figure d'Atlas supportant le monde.

832. **Terre émaillée bleue.** — Haut. 0 m. 02.

833. **Terre émaillée bleue.** — Haut. 0 m. 04.

834-835. **Terre émaillée bleue.** — Haut. 0 m. 078, et 0 m. 08. (Don du Louvre, n° 3888.)

848. **Terre émaillée bleue.** — Haut. 0 m. 02.

Cinq dieux Shou.

8° Khnoumou (cf. n°s 551-503, p. 128 et suiv.).

814. **Terre émaillée bleue.** — Haut. o m. o5o. (Don du Louvre, n° 5726.)

816. **Terre émaillée bleue.** — Haut. o m. o45.

817. **Terre émaillée bleu foncé.** — Haut. o m. o4.

818. **Terre émaillée verte.** — Haut. o m. o2.

819. **Terre émaillée bleue.** — Long. o m. o3.

Bélier couché de Khnoumou et d'Amon : la bélière est cassée.

820. **Terre émaillée bleue.** — Long. o m. o8.

Bélier couché.

835. Voir p. 158, au dieu Shou.

836. Voir p. 157, à la déesse Bastit.

837. Voir p. 148, à la déesse Thouéris.

838. **Terre émaillée verte.** — Haut. o m. o45. (Don du Louvre, n° 3613.)

Khnoumou à tête de bélier.

839. Voir p. 155, au dieu Phtah.

9° Mout (cf. n°s 375-378, p. 104-105).

821. **Terre émaillée verte.** — Haut. o m. o5o.

Colonnette surmontée d'un buste de la déesse Mout, coiffée du pskhent.

10° Khonsou-Lune (cf. n° 382 et suiv., p. 105 et suiv.).

840. **Terre émaillée verte.** — Haut. o m. o4o.

Khonsou-Lune momie.

11° Mihou (cf. n°s 379-381, p. 105).

841. **Terre émaillée verte.** — Haut. o m. o3o.

Personnages et Emblèmes divers.

842. **Terre émaillée blanche.** — Haut. o m. 06.

Homme accroupi, jouant de la double flûte. La perruque et la flûte sont peintes en violet. — Époque grecque.

843-847.

Serpents en arrêt, la tête droite, le cou gonflé (cf. n°s 572 et suiv., p. 133).

843. **Terre émaillée verte.** — Haut. o m. 050.

844. **Terre émaillée bleue.** — Haut. o m. 520.

845. **Terre émaillée verte.** — Haut. o m. 025.

846. **Terre émaillée verte.** — Haut. o m. 045.

847. **Terre émaillée verte.** — Haut. o m. 045.

848. Voir p. 158, au dieu Shou.

849. **Terre émaillée verte.** — Haut. o m. 06.

Vautour embrassant un épervier ; pièce détachée d'un sistre votif en porcelaine (cf n° 253, p. 87). — Époque grecque.

850. **Terre émaillée verdâtre.** — Haut. o m. 05.

Pot à kohol (cf. p. 68), en forme de hérisson. Le dessin des piquants de la bête est accentué de taches d'émail violet.

851. **Terre émaillée bleue.** — Long. o m. 04.

Truie fouillant le sol de son groin. La truie avait deux rôles différents. Ou bien elle était une forme de Typhon, et elle avait mangé l'œil de Râ : c'était une manière d'expliquer la disparition totale ou partielle du soleil au moment des éclipses. Ou bien elle était un emblème de fécondité et alors elle était consacrée à Isis.

852. **Terre émaillée verte.** — Long. o m. 04.

Truie fouillant le sol de son groin.

853. **Terre émaillée bleue.** — Long. o m. 038.

Truie fouillant le sol de son groin.

854. **Terre émaillée bleue.** — Haut. 0 m. 03.

Le taureau Hâpi (cf. nos 419-426, p. 111-112), debout, marchant, le disque entre les cornes. Il est tacheté de violet pour simuler les marques réglementaires auxquelles on reconnaissait sa divinité.

855. **Terre émaillée bleue.** — Long. 0 m. 032.

Lièvre à longues oreilles, couché. Le lièvre était une des formes d'Osiris.

856. **Terre émaillée verte.** — Long. 0 m. 030.

Ichneumon marchant (cf. nos 582-587, p. 134-135). Les détails sont marqués au trait.

857-860. — Crocodiles (cf. n° 561, p. 130).

857. **Terre émaillée verte.** — Long. 0 m. 02.

858. **Terre émaillée verte.** — Long. 0 m. 05.

859. **Terre émaillée bleue.** — Long. 0 m. 022.

Sept crocodiles placés côte à côte : ce sont les enfants de Sit-Typhon ou de la déesse Nit de Saïs (cf. nos 503-505, p. 122).

860. **Terre émaillée verte.** — Long. 0 m. 042.

861. **Pierre émaillée verte.** — Long. 0 m. 027.

Poisson oxyrrhynque, allongé sur un socle (cf. nos 589-591, p 135).

862. **Terre émaillée bleue.** — Diam. 0 m. 03.

Deux boules à segments violets. L'usage en est inconnu : les unes sont percées d'un trou et paraissent avoir été enfilées dans un collier, les autres sont pleines et semblent être ou bien des simulacres de balles à lancer qu'on mettait dans les tombeaux ou une grosse espèce de bille dont on se servait pour jouer à différents jeux, le *jeu du pot* par exemple.

863-866.

Les quatre fils d'Horus (cf. p. 39, 40-41, 64-65, etc.), à corps de momie. On les cousait sur le linge des momies à la hauteur de la cuisse, pour qu'ils protégeassent le mort (cf. n° 53, p. 39).

863. **Terre émaillée bleue.** — Haut. 0 m. 06.

Amsit à tête humaine.

864. **Terre émaillée bleue.** — Haut. o m. o5.

Amsit.

865. **Terre émaillée grise.** — Haut. o m. o6.

Hâpi à tête de cynocéphale.

866. **Terre émaillée grise.** — Haut. o m. o5.

Qabhsonouf à tête d'épervier.

867. **Terre émaillée bleue.** — Haut. o m. o34.

Siège d'Isis (cf. n° 262, p. 89). Il sert, comme je l'ai déjà dit, à écrire le nom de la déesse : le vivant ou le mort qui portait l'amulette en forme de siège était donc sous la protection d'Isis.

Sous la vitrine droite qui renferme le Panthéon des figurines, on a exposé, dans des vitrines inclinées, plusieurs cartons sur lesquels sont rangés des amulettes, des pendeloques, des perles de diverses formes et de diverses matières. Ces menus objets sont tous fort curieux à étudier : ils donnent une idée très avantageuse de l'habileté des Égyptiens à manier la terre et les émaux. Une description pièce à pièce serait trop longue et d'ailleurs peu utile : la plupart des objets se répètent à grand nombre d'exemplaires et ne diffèrent l'un de l'autre que par la couleur et les dimensions. Je me bornerai donc à décrire ceux qui présentent quelque particularité spéciale ou qui évoquaient dans l'esprit des Égyptiens des idées que je n'ai pas eu encore l'occasion d'expliquer au visiteur.

Case A.

Renferme des amulettes qu'on portait pendues au cou isolément, ou enfilées parmi les perles d'un collier ordinaire. J'ai déjà décrit à part les objets numérotés 673, 674, 675, 676, 677, 678 et 679 : on n'aura qu'à les chercher à leur place numérique (p. 145).

868. **Terre émaillée bleue.** — Haut. o m. 023.

La couronne rouge, emblème de l'autorité des rois et des dieux sur la Basse-Égypte.

869. **Terre émaillée verte.** — Haut. o m. 046.

Amulette formée d'un cadre dans lequel cinq Sokhit à tête de lionne (cf. nos 519 et suiv., p. 124 et suiv.) sont rangées debout à la file. Elle est percée de deux trous dans le sens de la longueur, pour recevoir les fils d'un collier.

870. **Terre émaillée verte.** — Haut. o m. 06.

Tête du Dieu Bisou, couronné de plumes (cf. nos 555 et suiv., p. 129 et suiv.). Pendeloque d'un collier.

871. **Terre émaillée blanche.** — Haut. o m. 052.

Égide (cf. n° 610, p. 137) complète à tête d'Hâthor.

872. **Terre émaillée bleue.** — Long. o m. 023.

Deux fleurettes provenant d'un collier.

873. **Terre émaillée verte.** — Long. o m. 022.

Deux amulettes en forme d'escalier. D'après la légende égyptienne, Shou avait séparé le ciel de la terre; voulant donner au firmament la hauteur convenable (cf. n° 831, p. 158), il avait dû se servir d'un escalier placé dans la ville de Khmounou (Hermopolis Magna). Les deux amulettes n° 873 sont l'image de cet escalier : elles assuraient la protection de Shou à leur possesseur.

874. **Terre émaillée bleue.** — Haut. o m. 043.

Tête de lionne (cf. nos 522 et suiv., p. 124 et suiv.). Pendeloque de collier.

875. **Terre émaillée bleue.** — Haut. o m. 023.

Cette amulette est formée de deux nœuds de ceinture accolés l'un à l'autre. On la trouve fréquemment sur les momies : elle représentait les vertus magiques et le sang d'Isis dont la possession valait au mort de parcourir les voies de la terre et du ciel.

876. **Terre émaillée verte.** — Haut. o m. 025

Débris d'une amulette qui représentait le serpent Nahbkoou (cf. nos 569-570, p. 132-133).

877. **Terre émaillée bleu sombre.** — Haut. 0 m. 023.

Pendeloque de collier, dans laquelle un dieu Bisou est découpé, debout, entre deux Thouéris. Pour le sens de cette représentation, cf. les nos 264 et 266 (p. 89-90).

878. **Terre émaillée bleue.** — Haut. 0 m. 043.

Plaque sur laquelle est un Tat debout entre Isis et Nephthys, en d'autres termes, Osiris protégé par les deux déesses. Le Tat était d'abord un tronc d'arbre coupé à mi-hauteur et garni à la partie supérieure de ses branches taillées symétriquement à petite distance de la tige; plus tard, on en régularisa le dessin et on le transforma en une sorte d'autel à trois, quatre ou cinq tablettes superposées. Ce fétiche paraît avoir été adoré par les habitants de la partie orientale du Delta qui confine au lac Menzalèh; il représentait un dieu Didou, Doudou, qui se confondit de bonne heure avec le dieu des morts de la région, Osiris. Le siège de son culte était Mendès et Busiris, les deux villes voisines l'une de l'autre, dans le nom desquelles le signe entre comme élément essentiel. Le Tat marqua plus tard, outre la personne d'Osiris, les idées de durée et de stabilité : aussi le trouve-t-on souvent employé comme amulette pour assurer aux vivants ou bien aux morts la possession de ces avantages. Provient d'un collier.

879. **Terre émaillée verte.** — Haut. 0 m. 033.

Petit naos, dans lequel un taureau Hâpi se tient debout (cf. p. 111).

880. **Terre émaillée bleu-clair.** — Haut. 0 m. 027.

Au milieu du cadre, un enfant nu, phallique, joue du luth. Les détails sont relevés de teinte bleu-sombre.

881. **Terre émaillée bleue.** — Haut. 0 m. 025.

Fleurette simple provenant d'un collier (cf. n° 872, p. 163).

882. **Calcaire.** — Haut. 0 m. 042.

Anneau dans lequel est encadrée une tête d'Hâthor, à oreilles de vache, découpée à jour (cf. p. 122 et suiv.).

883. **Terre émaillée bleue.** — Haut. 0 m 025.

Mufle de lion, avec les pattes de devant, vues de face.

884. **Terre émaillée bleu-clair.** — Haut. 0 m. 019.

Sceau votif d'un joli travail.

885. **Terre émaillée bleu-clair.** — Haut. o m. 04.

Naos surmonté d'une corniche : dans le champ, on voit l'oxyrhynque, et, sous lui, la chatte accroupie, la déesse Bastit (cf. n°s 527 et suiv., p. 124, n°s 589-591, p. 135).

887. **Terre émaillée bleue.** — Haut. o m. 078.

Égide (cf. n° 61), p. 137) à tête d'Isis.

Case B.

La case B renferme une collection d'*Yeux d'Horus* ou *Yeux mystiques*, en égyptien *Ouzas*, des plus variés. Outre les formes que nous avons déjà appris à connaître (cf. n° 25, p. 16), je signalerai :

a. Œil d'Horus surmonté d'un petit chat en émail vert.

b. Œil dont les détails sont en émail rouge et blanc sur fond bleu.

c. Œil dont les détails sont en émail bleu-ciel sur émail bleu-turquois.

d. Superbe amulette, d'un émail vert-gris.

e. Grand œil en émail bleu relevé de tons noirs. Sous l'œil, un chacal vert, un œil et un second petit œil.

Plusieurs autres pièces sont formées par l'assemblage de deux ou plusieurs de ces yeux mystiques : on les portait contre le mauvais œil.

Case C.

Parmi les objets que renferme cette case, je ne vois guère à signaler que :

a. Petite table d'offrande portative en émail vert (cf. n° 609, p. 127).

b. Un petit cœur en émail vert, sur lequel un œil mystique est gravé au trait.

c. Un cartouche surmonté de deux plumes en émail vert : légendes illisibles.

d. Un cœur en émail bleu.

e-e. Ce sont quatre pions en terre émaillée, qui servaient à jouer un jeu analogue à notre jeu de dames. Les Égyptiens les nommaient *chiens*, comme les Grecs.

f. Osselet en terre émaillée vert-gris.

g. Un serpent Nahbkoou (cf. n°s 569-570, p. 132).

Case D.

Collection de ces objets en forme d'autel à quatre tablettes que les Égyptiens nommaient *Tats* et qui étaient l'emblème d'Osiris (cf. n° 878, p. 164). Tous les tats réunis dans cette case sont d'un travail très soigné.

Case E.

Amulettes de formes diverses.

a. Plumes en jayet.

b. Niveau de maçon en hématite. Cet emblème paraît avoir exprimé l'état d'équilibre où est la lune en son plein et, par suite la perfection de l'âme en possession de toutes ses amulettes.

c. L'hiéroglyphe du verbe *Samou*, réunir, exprime la réunion au mort de toutes les choses (Samou Khetou) dont il a besoin pour vivre en l'autre monde.

d. Poids carré en schiste : le signe de l'or est gravé au trait, sur une des faces. — Les doigts accouplés sont en jayet ou en schiste, quelques-uns dorés. Au moment de la mise au tombeau, le prêtre célébrant exécutait sur la momie diverses cérémonies destinées à lui rendre l'usage de ses membres dans l'autre monde : la principale était l'*Ouverture de la bouche*, qui lui permettait de respirer, de manger, de boire, surtout de parler. On se servait pour cette cérémonie de divers instruments, entre autres des deux doigts. Les deux doigts déposés dans le cercueil étaient une protection suffisante contre le mauvais œil et ses conséquences fâcheuses.

Cases F-G.

Les Égyptiens connaissaient l'art de la verrerie de très longue date : on voit la fabrication du verre représentée assez souvent dans les tombeaux contemporains de la construction des pyramides. Les deux cases F et G renferment des spécimens curieux de leur habileté en ce genre d'industrie.

La case F contient des yeux entiers ou des pupilles d'yeux. On avait l'habitude de donner aux statues, aux têtes des cercueils de momies, aux momies elles-mêmes, des yeux fabriqués en une sorte de mosaïque, d'émaux et de verre, maintenus par une monture d'émail, de bronze ou de bois. Les petites lentilles en verre transparent, blanc, bleu, blond, jaune, noir, simulent la pupille.

On a réuni dans la case G toutes les amulettes en verre opaque. Elles étaient coulées dans un moule de calcaire ou de terre.

a. Bœuf lié pour le sacrifice. Verre blanc opaque.

b. Osiris-momie, vu de face. Verre bleu-clair.

c. Hor assis à tête d'épervier. Verre blanc opaque.

d. Bœuf lié pour le sacrifice. Verre mi-partie vert et jaune.

e. Vache d'Hâthor, couchée. Verre jaune.

f. Harpocrate assis sur un coussin. Verre rouge.

g. Isis debout, marchant. Verre bleu-clair.

h. Bélier debout, marchant. Verre mi-partie, blanc et noir-bleu.

i-i. Fragments provenant de figures en mosaïque : *i* est le corps assis, la tête a disparu.

Case H.

Collier et réseau en perles et en menus objets de terre émaillée. Le réseau a été fait sur un modèle antique par Mme Clot-Bey.

Case I.

Dès la plus haute antiquité les Égyptiens ont décoré leurs maisons, parfois leurs tombeaux et leurs temples, de briques émaillées. Un temple, construit par Ramsès III à l'endroit nommé aujourd'hui Tell-el-Yahoudî, était recouvert de haut en bas de scènes et d'ornements formés de petites rondelles et de petites plaques de terre découpées et assemblées de manière à figurer des fleurs, des oiseaux, des étoiles, des dessins géométriques. Les objets exposés dans la case I proviennent de Tell-el-Yahoudî. Ce sont des rondelles de deux types, dont l'une (*a*) est ornée de fleurettes et de boutons d'un émail bleu pâle, des fleurs de lotus (*c*), des pétales de fleurs jaunes et rouges (*d*). Ces objets ont été attribués longtemps à la Chaldée ou à l'Assyrie : quelques grands musées, notamment celui du Louvre, conservent encore cette fausse attribution.

Cases K-L-M.

Ces trois cases renferment des fils de perles, des colliers, des bandeaux en petites figures de verre ou de terre émaillée, fleurons, amandes, olives, coquillages, perles longues et perles rondes. Beaucoup de verroteries modernes y sont mêlées aux verroteries antiques. Trouvées isolément dans le sable, près des momies, elles ont été enfilées et disposées par Mme Clot-Bey, comme les colliers de la case H.

Case N.

Elle contient une collection de plaques et d'objets en terre émaillée de travail très soigné.

a. Bout de collier monâit (cf. n° 610, p. 137) en émail bleu, aux cartouches d'Amasis. — Haut. 0 m. 059. — XXVIe dynastie.

b. Cartouche de Nectanébo Ier sur émail vert. — XXXe dynastie.

c. Bout de collier, simulant une sorte de chapiteau, émail bleu pâle.

d. Plaque d'un émail bleu éclatant, sur laquelle est tracée en hiéroglyphes violet-noir, la légende royale de Ramsès II. — Haut. 0 m. 07. Larg. 0 m. 11.

e. Casque royal, émail bleu passé. — Haut. 0 m. 09. Larg. 0 m. 074.

f. Les deux bras levés, l'hiéroglyphe *ka*, qui sert à écrire le nom d'une des formes de l'âme égyptienne, le *double* (cf. p. 7-8). Émail bleu. — Haut. 0 m. 053.

g. Étui à kohol, à quatre trous, émail bleu, les liens en violet manganèse. — Haut. 0 m. 09. Larg. 0 m. 062.

h. Plaque d'émail bleu-verdâtre, sur laquelle sont tracés les cartouches de Siti II Mineptah. — XIXe dynastie.

Case O.

On a réuni dans cette case des amulettes et des figures de divinités en pierre dure.

681. **Lapis-lazuli.** — Haut. o m. 023.

a. Isis debout, étendant les ailes.

b. Singe en feldspath vert.

c. Grenouille en jaspe vert. La grenouille Hiqit était une des déesses les plus anciennes de l'Égypte. Elle existait dans les eaux primordiales et avait présidé à la naissance du monde; elle présida plus tard à l'accouchement des femmes et à la destinée des enfants. Les chrétiens d'Égypte adoptèrent les idées de renaissance qu'elle symbolisait aux derniers temps du paganisme égyptien et firent d'elle un emblème de résurrection; on trouve dans l'Égypte chrétienne nombre de lampes communes en forme de grenouilles, sur lesquelles est gravé le mot Anastasis, résurrection.

d-d. Serpents en cornaline.

e. Boucle de ceinture (cf. n° 875, p. 164) : jaspe rouge, au nom du défunt scribe de la table royale Aouni.

f. Amande en jaspe rouge.

La plupart de ces objets sont d'un travail très soigné et très minutieux. La collection est complétée par des amulettes et des verroteries, que le Musée du Louvre a donnés au Musée de Marseille et qui sont exposés sur les deux cartons Q et R. Comme on n'y remarque rien qui n'ait déjà été expliqué en quelque endroit de ce catalogue, je me contente de les signaler sans les décrire.

Vitrine inférieure.

Les panneaux en bois qu'on remarque dans la partie inférieure de la vitrine ont été déjà décrits ailleurs (cf. n° 58, p. 45, n° 60, p. 46, n° 65, p. 47). Ils décorent les côtés d'un socle sur lequel est allongé un jeune crocodile. Les Égyptiens embaumaient les crocodiles et les enterraient dans une grotte immense, située à Mâabdèh, en face de Manfalout, dans les derniers contre-forts du Djebel Abou-Fédah. Les vases en terre cuite renferment des momies d'ibis provenant de Saqqarah. Une jambe et un bras de momie humaine, des paniers, l'arc et les flèches déjà décrits (cf. n° 272, p. 91) complètent cet étalage.

Cadre triangulaire.

On a réuni dans le cadre triangulaire qui est posé sur la cheminée un certain nombre d'objets en pierres dures. Ceux qui représentent des images de dieux ont déjà été décrits (cf. n°s 657, 660, 671, 685, 687, 720, 723, p. 144, 145, 146, 149, 150) à leur rang dans le Panthéon. Les autres, sans être d'un travail très fin, n'en méritent pas moins un examen sérieux : on se demande en les voyant de près quels procédés les Égyptiens employaient pour tailler avec tant de netteté une matière aussi cassante que le lapis-lazuli. Les cœurs et les pendeloques en jaspe, en feldspath, en cornaline, sont également remarquables pour la finesse et la précision du travail. Le gros cœur en jaspe vert porte le nom de la dame Toïrit. Les figurines en bois ont déjà été décrites (cf. n°s 736 et 760, p. 150, 151) sauf une :

890. **Bois.** — Haut. 0 m. 039.

Le serpent Nahbkoou (cf. n°s 569-570, p. 132) debout sur deux jambes humaines, et se préparant à tirer de l'arc : l'arc a disparu.

Le scarabée s'appelait en égyptien *Khopirrou*, de la racine *Khopirou*, être : aussi est-il devenu l'emblème de la vie humaine et de la vie de l'âme. Il était avant tout le symbole mystique de la vie et de l'organe où résidait la vie chez les Égyptiens, le cœur. Après avoir enlevé le cœur du mort on le remplaçait par un gros scarabée en pierre dure ou en émail que l'on collait sur la poitrine à la naissance du cou. On y gravait d'ordinaire, soit le nom du mort, soit une formule magique, empruntée au *Livre des Morts* (ch. xxx et ch. LXIV, 33-36) : « O mon cœur qui me vient de ma mère, mon cœur de quand j'étais sur terre, ne te lève pas contre moi, ne porte pas témoignage en ennemi contre moi par-devant les chefs divins, ne m'abandonne pas devant le Dieu Grand, Seigneur de l'Occident ! Salut à toi, cœur d'Osiris qui vis dans l'Occident, salut à vous dieux à la barbe tressée, puissants par votre sceptre, dites du bien du mort et accordez qu'il prospère par l'intermédiaire de Nahbkoou. » Le cœur était placé dans la balance, au moment du jugement suprême (p. 38-39) et son témoignage décidait du sort de l'homme ; la formule avait pour effet de le contraindre à ne dire que le bien devant les dieux et à taire les mauvaises actions. Quelquefois, on lit des textes historiques sur les scarabées de ce type : Amenhotpou III en a laissés qui sont restés célèbres.

Les scarabées du cœur étaient fabriqués à l'avance et s'achetaient tout faits chez le marchand. On en trouve où les lignes sont marquées, mais non remplies, où la formule a été gravée et le nom laissé en blanc (n° 900, p. 173). Les faussaires modernes ont souvent mis des inscriptions fausses sur des scarabées antiques qui ne portaient point d'écriture (n°s 891, 894, 904, p. 171-172).

891. **Jaspe vert.** — Haut. 0 m. 08.

Le scarabée est d'un beau travail. Sur le plat, une main moderne a gravé une inscription connue par de nombreux exemplaires, et relative au mariage d'Amenhotpou III avec la reine Tii.

892. **Serpentine verte.** — Haut. 0 m. 068.

Bon travail. Le chapitre du cœur, complet, au nom du prophète de Nouit, Nibtooui. — xxe dynastie.

893. **Jaspe vert.** — Haut. 0 m. 067.

Vase en forme de cœur. Sur la panse un scarabée est gravé au trait. Sur le plat, chapitre du cœur au nom d'un gouverneur d'Héliopolis, Harmos. — xxe dynastie.

894. **Serpentine verte.** — Haut. o m. 075.

Bon travail. Une main moderne a gravé le chapitre du cœur sur le plat.

895. **Serpentine grise.** — Haut. o m. 07.

Bon travail. Chapitre du cœur, très grossièrement gravé sur le plat : nom illisible.

896. **Jaspe vert.** — Haut. o m. 07.

Assez bon travail. Chapitre du cœur, gravure médiocre : nom peu lisible. — xxe dynastie.

897. **Jaspe vert.** — Haut. o m. 088.

Scarabéoïde, au nom du prêtre scribe du dieu grand Osiris, Ounnofri, fils du juge et scribe Phtahoumhabi.

898. **Schiste verdâtre.** — Haut. o m. 065.

Le plus beau de la collection. La légende est au nom de Nofirhotpou.

899. **Malachite.** — Haut. o m. 061.

Beau travail. Sur le plat, chapitre du cœur au nom de Na.

900. **Pierre ollaire.** — Haut. o m. 043.

Le chapitre du cœur sur le plat, mais la place du nom a été laissée en blanc.

901. **Feldspath vert.** — Haut. o m. 038.

Scarabée; sur le plat, une main moderne a gravé le cartouche-prénom de Thoutmos III.

902. **Jaspe vert.** — Haut. o m. 056.

Travail assez bon : appartenait au prophète, chef des mystères de Phtah, scribe de l'atelier du temple, intendant des bœufs de Phtah, Zadphtahaoufònkh, fils de Hor. — Époque saïte.

903. **Schiste rougeâtre.** — Haut. o m. 053.

Mauvais travail : sur le plat, le chapitre du cœur presque illisible.

904. **Jayet.** — Haut. 0 m. 074.

Très beau scarabée. Sur le plat, une main moderne a tracé une inscription connue racontant les chasses au lion d'Amenhotpou III.

905. **Serpentine verte.** — Haut. 0 m. 068.

Travail médiocre. Sur le plat, le chapitre du cœur au nom de Râmirisou.

906. **Lapis-lazuli.** — Haut. 0 m. 082.

Scarabée plat, d'un travail très fin; était probablement incrusté au milieu d'un pectoral de momie. Pas d'inscription.

907. **Jaspe verdâtre.** — Haut. 0 m. 048.

Travail médiocre : aucune inscription.

908. **Schiste verdâtre.** — Haut. 0 m. 096.

Bon travail. Sur le dos, au corselet, le disque et le croissant lunaire, entre les deux yeux; aux élytres, à droite Osiris, à gauche Harmakhis accroupis. Sur le plat, Osiris-momie est assis entre Isis et Nephthys qui, debout, l'abritent de leurs ailes.

909. **Schiste verdâtre.** — Haut. 0 m. 085.

Sur le plat, Osiris entre Isis et Nephthys, comme au numéro précédent. Rien sur le dos.

910. **Jaspe vert.** — Haut. 0 m. 04.

Travail assez bon : aucune inscription.

911. **Schiste noir.** — Haut. 0 m. 46.

Travail médiocre : aucune inscription.

912. **Jaspe vert tacheté.** — Haut. 0 m. 04.

Travail assez bon : aucune inscription.

Le scarabée n'était au début qu'une amulette. Il finit par devenir un simple bijou, sans valeur religieuse, comme chez nous la croix : on l'employa comme chaton de bague, comme pendant d'oreille, comme perle dans les colliers. Les signes gravés sur le plat sont tantôt de simples combinaisons de lignes, des enroulements, des entrelacs sans signification précise; tantôt des symboles auxquels le propriétaire de l'objet attachait un sens mystérieux et que personne, sauf lui, ne pouvait comprendre; tantôt le nom et les titres d'un individu, tantôt des cartouches royaux ayant un intérêt historique, tantôt des souhaits de bonheur, des sentences pieuses, des formules magiques. Ici encore une description est rarement possible : il me suffira presque toujours d'indiquer les dimensions du scarabée et la matière dans laquelle il est taillé.

913. **Pierre émaillée verte.** — Haut. o m. o25.

Prénom de Thoutmos III, suivi du titre *élu par le Soleil.* — xviiie dynastie.

914. **Schiste.** — Haut. o m. 843.

915. **Schiste.** — Haut. o m. o39.

916. **Schiste.** — Haut. o m. o45.

917. **Pierre émaillée verte.** — Haut. o m. o28.

Prénom de Séti Ier. — xixe dynastie.

918. **Pierre émaillée verte.** — Haut. o m. o43.

Prénom d'Amenhotpou III, suivi de l'épithète «très vaillant». — xixe dynastie.

919. **Émail bleu.** — Haut. o m. o5. Long. o m. 154.

Beau scarabée, muni de deux ailes : les ailes rattachées au corps par deux bouts de ficelle. Était sur les momies, à la place ordinaire des scarabées du cœur.

920. **Terre émaillée verte.** — Haut. o m. o31.

921. **Terre émaillée verte.** — Haut. o m. o27.

Cartouche-prénom de Thoutmos III.

922. **Terre émaillée verte.** — Haut. o m. o25.

Sur le plat, figure du dieu Sit.

923. **Terre émaillée bleue.** — Haut. o m. o3.

924. **Terre émaillée verte.** — Haut. o m. o28.

925. **Terre émaillée bleue.** — Haut. o m. o4.

Sceau formé de deux fleurs de lotus, liées tige à tige. Sur le plat, légende à sens mystérieux.

926. **Terre émaillée verte.** — Haut. o m. o3.

Scarabéoïde. Sur le dos, un poisson en relief; sur le plat, le prénom de Thoutmos III.

927. **Terre émaillée verte.** — Haut. o m. o25.

Scarabée ; sur le plat, le prénom de Thoutmos III.

928. **Terre émaillée blanche.** — Haut. o m. o3.

Scarabée; sur le plat, une légende mystérieuse.

929. **Terre émaillée verte.** — Haut. o m. o26.

Plaque provenant d'un collier. Sur une des faces, deux personnages debout se tenant par la main, sur l'autre la légende : «Amon est son maître.»

930. **Terre émaillée verte.** — Haut. o m. o43.

Assemblage de petits yeux mystiques. Sur le plat, un gros œil mystique est dessiné au trait.

931. **Terre émaillée bleue.** — Haut. o m. o65.

Sceau formé de deux fleurs de lotus liées tige à tige. Sur le plat, Harmakhis à tête d'épervier est debout.

932. **Terre émaillée bleue.** — Haut. o m. o65.

Sceau formé de deux fleurs de lotus, liées tige à tige. Sur le plat, dessin sans signification précise.

933. **Terre émaillée blanche.** — Haut. 0 m. 029.

Plaque cubique provenant d'un collier. Sur l'une des faces, le cartouche de Thoutmos III; sur l'autre, le roi lui-même lève le sabre contre un petit personnage agenouillé devant lui et qu'il tient par les cheveux. — XVIII° dynastie.

934. **Terre émaillée verte.** — Haut. 0 m. 03.

Deux scarabées sans légende. Le dessous n'est point plat, mais modelé de manière à imiter le ventre de l'insecte.

935-937.

Sceaux formés de deux fleurs de lotus, liées tige à tige.

935. **Terre émaillée verte.** — Haut. 0 m. 024.

936. **Terre émaillée bleue.** — Haut. 0 m. 032.

937. **Terre émaillée bleue.** — Haut. 0 m. 02.

938-952. **Quatorze scarabées.**

938. **Pâte de verre.** — Haut. 0 m. 023

939. **Terre émaillée verte.** — Haut. 0 m. 033.

940. **Pâte de verre bleue.** — Haut. 0 m. 021.

941. **Calcaire noir.** — Haut. 0 m. 02.

942. **Calcaire.** — Haut. 0 m. 023.

943. **Brèche noire mêlée de blanc.** — Haut. 0 m. 02.

944. **Hématite.** — Haut. 0 m. 022.

945. **Terre émaillée verte.** — Haut. 0 m. 028.

946. **Chalcédoine.** — Haut. 0 m. 025.

947. **Brèche noire mêlée de blanc.** — Haut. 0 m. 025.

948. **Calcaire noirci.** — Haut. 0 m. 018.

949. **Calcaire noirci.** — Haut. o m. 028.

950. **Calcaire noirci.** — Haut. o m. 025.

951. **Terre émaillée vert-olive.** — Haut. o m. 023.

952. **Jayet.** — Haut. o m. 027.

953. **Calcaire noirci.** — Haut. o m. 026.

La collection des bagues en terre émaillée est assez complète et présente la plupart des modèles employés par les Égyptiens. Ce ne sont pas en général des bagues d'usage. Les cérémonies de l'embaumement exigeaient qu'au moment d'envelopper la main, on lui passât au doigt un anneau d'or, appelé *l'anneau de justification* : muni de cet anneau, le mort avait désormais *la voix juste* et retenait toutes les prières dont il avait besoin. Pour que le charme durât, il fallait laisser l'anneau au doigt. Mais l'or coûtait cher : la cérémonie terminée, on retirait l'anneau d'or qu'on remplaçait par un anneau en terre émaillée, ordinairement vert ou bleu. Le chaton a le plus souvent la forme d'une fleur (nos 963, 978) d'un œil mystique (nos 957, 959, 964, etc.). Il porte un cartouche, un souhait ou des signes sans signification précise.

954. **Terre émaillée bleue.** — Diam. o m. 02.

Prénom de Ramsès II.

955. **Terre émaillée bleue.** — Diam. o m. 02.

Chaton en forme de cône de pin.

956. Diam. o m. 02.

Chaton en forme de chatte.

957. Diam. o m. 02.

Chaton en forme d'œil mystique.

958. Diam. o m. 02.

Prénom d'Amenhotpou III.

959. Diam. o m. 024.

Chaton en forme d'œil mystique.

960. Diam. o m. 02.

Sur le chaton, le scorpion de Selkit (cf. n° 432, p. 113) et l'épithète *bon*.

961. Diam. o m. 02.

Horus dansant.

963. Diam. o m. 02.

Fleur de lotus.

964. Diam. o m. 02.

Chaton en forme d'œil mystique.

965. Diam. o m. 02.

Uræus lovée.

966. Diam. o m. 019.

Œil mystique.

967. Diam. o m. 019.

Tête d'Hâthor.

968. Diam. o m. o 18.

Prénom de Ramsès II.

969. **Terre émaillée verte.** — Diam. o m. 02.

Prénom de Ramsès II.

970. **Terre émaillée bleue.** — Diam. o m. 02.

Sur le chaton, la légende «Amonrâ, vivant éternellement».

971. Diam. o m. 02.

L'uræus lovée entre deux co[illegible]es.

972. Diam. o m. 018.

OEil mystique.

973. **Terre émaillée blanche et violette.** — Diam. o m. 018.

OEil mystique.

974. **Terre émaillée violette.** — Diam. o m. 021.

Nom d'Amenhotpou III, avec l'épithète «maître de Thèbes».

975. **Terre émaillée jaune-verdâtre.** — Diam. o m. 019.

Prénom d'Amenhotpou III.

976. **Terre émaillée rouge-sombre.** — Diam. o m. 018.

L'uræus lové entre deux corbeilles.

977. **Terre émaillée verte.** — Diam. o m. 02.

OEil mystique.

978. **Terre émaillée bleue.** — Diam. o m. 017.

Lotus épanoui.

979. **Terre émaillée verte.** — Diam. o m. 029.

La déesse Sokhit à tête de lionne, debout (cf. n° 519 et suiv., p. 124, 125 et suiv.).

980. Diam. o m. 02.

Signes sans signification appréciable.

981. **Terre émaillée bleue.** — Diam. o m. 031.

982. **Terre émaillée verte.** -- Diam. o m. 03.

Prénom d'Amenhotpou III.

983. **Terre émaillée bleue.** — Diam. o m. 062.

Prénom de Ramsès II.

984. Diam. o m. 03.

Signes sans valeur appréciable.

985. Diam. o m. o31.

986. Diam. o m. o31.

Le dieu Sit, debout.

987. Diam. o m. o24.

On trouve assez souvent, perdus dans l'épaisseur de la chevelure, des anneaux brisés de diverses matières, qui paraissent avoir servi de boucles d'oreilles. Beaucoup sont en bronze doré, quelques-uns en or ou en argent, d'autres en cornaline, en bois, en émail. Ils sont formés d'un bâton cylindrique bordé extérieurement d'une saillie, semblable à celle que produirait une couture faite sur les deux extrémités d'une toile ou d'un cuir dont on unirait les deux bords; on dirait que les ouvriers égyptiens ont voulu reproduire en métal une forme employée primitivement pour la fabrication d'objets en cuir. Deux petites bélières servaient à les suspendre à l'oreille au moyen d'un fil ou d'une tige de bois ou de métal passé dans le lobe.

988. **Terre émaillée jaune, attaches et bourrelet violets.** — Diam. o m. o17.

989. **Terre émaillée violette, attaches et bourrelet vert-clair.** — Diam. o m. o24.

990. **Ivoire.** — Diam. o m. o35.

991. **Ivoire.** — Diam. o m. o37.

992. **Bois.** — Diam. o m. o43.

993. **Terre émaillée bleue.** — Diam. o m. o38.

994. **Ivoire.** — Diam. o m. o3.

995. **Ivoire.** — Diam. o m. o3.

996. **Ivoire.** — Diam. 0 m. 021.

Les numéros suivants appartiennent à des amulettes provenant du Louvre, qui n'ont pu être classées à leur place naturelle dans les séries.

997. **Jaspe vert.** — Haut. 0 m. 067. (Don du Louvre, n° 2739.)

Scarabée du cœur, sans légende (cf. p. 170 et suiv.).

998. **Lapis-lazuli.** — Haut. 0 m. 042. (Don du Louvre, sans numéro.)

Tat (cf. n° 878, p. 164).

999. **Terre émaillée verte.** — Haut. moyenne 0 m. 025-0 m. 043. (Don du Louvre, n°s 4745-4751.)

Sept Tats.

1000. Haut. moy. 0 m. 024-0 m. 033. (Don du Louvre, n°s 4738-4744.)

Sept Tats, cinq en terre émaillée verte, un en cornaline, un en lapis-lazuli.

1001. **Serpentine.** — Haut. 0 m. 057. (Don du Louvre, n° 2803.)

Scarabée du cœur sans légende.

1002. **Calcaire noirci.** — Haut. 0 m. 033. (Don du Louvre, n° 5708.)

Scarabée du cœur; le plat, jadis couvert d'une couche de stuc blanc, portait une inscription à l'encre, aujourd'hui illisible.

1003. **Jaspe vert.** — Haut. 0 m. 053. (Don du Louvre, n° 3992.)

Scarabée du cœur sans légende : traces de dorure sur les élytres.

1004. **Lapis-lazuli artificiel.** — Haut. 0 m. 077. (Don du Louvre, n° 2816.)

Scarabée incrusté jadis dans un pectoral.

1005. Terre émaillée verte. — Haut. et larg. 0 m. 19.

Grande plaque, sur laquelle un œil mystique d'émail bleu se dessine en relief.

1006. Terre émaillée blanche. — Haut. 0 m. 102.

Fragment de canope (cf. n°s 100 et suiv., p. 64-65), sur lequel est tracée, en beaux caractères violets, la dédicace à Amsit au nom de la Supérieure des femmes d'Amon Taïnozmit. — xxe dynastie.

SALLE N° 7.

La salle n° 7 est remplie entièrement par les momies et par le linge ou l'équipage des momies. Le cadavre était en effet enveloppé, des pieds à la tête, d'une couche épaisse de bandelettes, de serviettes, de pièces d'étoffes, parfois revêtu de chemises ou de toiles brodées. Le paquet, toujours volumineux, qu'il formait était ensuite orné de cartonnages peints ou dorés, qui reproduisaient les traits du mort et les principales amulettes qui étaient nécessaires à son salut.

Aux premiers plans de l'armoire qui occupe le fond de la salle, trois momies sont couchées. Deux d'entre elles, une d'homme et une de femme, sont débarrassées de leurs bandelettes. Les traits du visage sont assez bien conservés et la chevelure est intacte. Le corps est décharné et n'a plus littéralement que la peau sur les os. Aussitôt après la mort, le cadavre était remis aux mains des embaumeurs. Une incision pratiquée au flanc gauche leur permettait d'extraire les intestins, les poumons, le cœur, tous les viscères, qu'on préparait à part. Pour vider le crâne, on y introduisait par les narines un instrument en fer, qui brisait la cloison osseuse. Un liquide légèrement corrosif, versé par cette ouverture, changeait la matière cérébrale en une sorte de bouillie, qui se répandait facilement au dehors : afin de sécher la cavité, on y projetait de la sciure de bois et de l'huile de cèdre qui, s'unissant aux débris non écoulés du cerveau, finissait par se coaguler en boules. Le corps, débarrassé de ses éléments le plus aisément putrescibles, était plongé dans un bain d'eau saturée de natron (carbonate de soude) et y séjournait jusqu'à ce qu'il en fût pénétré ; une quarantaine de jours suffisaient d'ordinaire, mais on prolongeait parfois le bain jusqu'à cent et cent dix jours. La momie, séchée avec soin, était alors emmaillotée membre à membre. Cette opération était accompagnée de prières perpétuelles et de cérémonies compliquées. Il s'agissait d'identifier la momie du mort avec celle d'Osiris, et on reproduisait le cérémonial qu'Isis, Nephthys, Anubis et Horus étaient censés avoir observé lors de l'enterrement du dieu. Chaque membre recevait une incantation spéciale et parfois une amulette destinée à perpétuer la vertu de l'incantation. La plupart des amulettes étaient posées sur le corps même, le scarabée du cœur sur la poitrine, à la naissance du cou (cf. n°s 891 et suiv., p. 170-171), la bague d'émail au doigt (cf. n°s 954 et suiv., p. 177), les pendants aux oreilles (cf. n°s 988 et suiv., p. 180): les papyrus (cf. n°s 91 et suiv., p. 58-60), étaient parfois placés sur la poitrine ou entre les jambes, parfois déposés dans le cercueil à côté de la momie, parfois enfermés dans des figures en bois (cf. n°s 69 et suiv., p. 53) en forme d'Osiris. D'autres amulettes étaient perdues dans l'épaisseur des bandelettes : ainsi les quatre enfants d'Horus (cf. n°s 863-866, p. 170-171), et en général les petites figurines en terre émaillée qui représentent les divinités du cycle osirien (cf. p. 107-122), Isis, Nephthys, Horus, Anubis, Thot. D'autres enfin étaient cousues ou placées sur le maillot et formaient comme les pièces d'une armure magique, destinée à protéger le mort contre ses ennemis d'outre-tombe.

Ces amulettes couvrent le fond de l'armoire. Elles sont en toile stuquée et peinte ou dorée, et reproduisent exactement la forme des ornements réels en matières précieuses qu'on devait donner au mort : un collier, des bijoux en émail, des sandales. Dans la région du haut, sont exposés des colliers de l'espèce nommée Ouoskhit (large), à laquelle le chapitre CLVIII du Livre des Morts est consacré. « Mon père Osiris et ma mère Isis m'enveloppent, y dit le défunt, ils me regardent et je deviens un de ceux qu'a enveloppés et que regarde le dieu Sibou, la terre. » Il fallait réciter cette phrase sur le collier, avant de le placer au cou du mort, le jour de l'enterrement : l'objet ainsi consacré le mettait sous la protection du dieu Sibou. Les deux colliers du centre sont dorés et identiques pour la forme à ceux qu'on voit sur les deux sarcophages n°s 66 et 67 (p. 48, 49) : les colliers placés à droite et à gauche sont peints de couleurs vives, et l'un d'eux nous montre cette figure de déesse étendant les ailes que nous avons rencontrée déjà sur la poitrine des morts (n° 53, p. 33). Les deux paires de sandales sont également stuquées et peintes. Le mort en avait d'autant plus besoin qu'à une certaine époque on enlevait à la momie la peau de la plante des pieds : c'était afin qu'en arrivant à la Salle de Vérité il n'y apportât aucune des souillures de la terre. « Ne marche point sur moi, disait le sol de cet salle, car je suis propre, et si tu ne sais pas le nom de tes deux pieds, tu ne marcheras point sur moi. Le nom de mon pied droit est *Bandelette de Minou*, le nom de mon pied gauche est *Boucle de Nephthys*. » Sur quatre carrés de toile qu'on posait le long des genoux deux à deux, on retraçait la figure des quatre génies d'Horus (cf. n°s 863-866, p. 170, 171) : la place qu'ils occupaient sur la momie était la même que celle qu'ils avaient sur le couvercle du sarcophage (cf. n° 53, p. 39 et n° 54, p. 40). Les carrés de toiles stuquées et peintes qu'on voit au-dessous des colliers appartiennent à cette catégorie d'amulettes. Je dois ajouter, pour être vrai, que les morts des anciennes époques n'étaient jamais équipés aussi complètement : c'est vers la fin de l'époque saïte que l'usage se répandit de leur donner ces colliers, ces sandales et ces scapulaires simulant des objets réels. Jusqu'alors ils n'avaient eu le plus souvent qu'un masque en carton peint qui emboîtait leur tête. C'est ce masque à face dorée qu'on aperçoit sur la momie encore emmaillotée qui s'étale au second plan, dans le bas de l'armoire. Des momies de gazelles et d'ibis, des sandales en feuille de palmier, des étoffes disposées au fond et sur les côtés complètent la décoration : on remarquera une sorte de tunique presque intacte, trouvée à Saqqarah sur une momie d'époque romaine, et de beaux spécimens de cette toile floconneuse que les Grecs appelaient Kaunakès, et qui répond, comme procédé de fabrication, à notre serviette-éponge.

Les cadres suspendus aux murs de la salle renferment eux aussi des pièces d'habillement qui proviennent des momies. Celui de droite contient douze sandales dépareillées, une paire de babouches pointues en maroquin rouge, des échantillons de fil et de cordes, des anneaux en fer, de petites amulettes en cire dorée, collées sur un carton, et cinq bouts de bretelles en cuir rouge et jaune. Vers la fin de la grande époque thébaine, de la xxe à la xxiie dynastie, les momies portaient souvent sous leur maillot des bretelles en toile, terminées par ces bouts en cuir. Ils étaient fabriqués par les prêtres, et avaient ordinairement comme marque d'origine une scène d'adoration à Amon-Râ, estampée en relief. Ceux du musée de Marseille sont fort usés : on voit pourtant, sur l'un d'eux, le roi Osorkon Ier, de la xxiie dynastie, debout devant Amon-Râ. Le cadre de droite contient des spécimens d'étoffes chargées d'inscriptions en écriture hiératique empruntées au *Livre des Morts* (cf. p. 58-60), et de broderies ou de tapisseries coptes. Les plus beaux morceaux d'origine copte ont été donnés au Musée en 1887, par M. Tano Panaghiotti, marchand d'antiquités au Caire, et viennent d'Akhmîm.

SALLE N° 8.

ARMOIRE.

L'Égypte, conquise par la Grèce et par Rome, résista plus longtemps que le reste du monde classique à l'influence de ses vainqueurs. Elle ne se laissa entamer que lentement à la civilisation, aux arts, aux religions helléniques : mais les Grecs établis à Alexandrie, à Memphis, au Fayoum, à Ptolémaïs et à Khemmis dans le Saïd, à Syène, adoptèrent en partie les mœurs et les superstitions égyptiennes. Ils créèrent un art mixte qui, dans certaines localités, tenait plus de l'égyptien, dans certaines autres tenait plus du grec : les divinités du cycle osiriaque, Sérapis, Isis, Horus, identifiées à Zeus, à Déméter, à Dionysos, prirent des formes ambiguës et reçurent un culte bigarré. Le christianisme hérita les traditions de cet art, et, les appropriant à ses besoins, créa l'art copte, qu'il transmit aux Arabes après la conquête de l'Égypte par les Musulmans. L'histoire de ce curieux mouvement n'a jamais été faite, ni même abordée. C'est pourquoi j'ai cru devoir développer la partie du catalogue qui se rapporte aux objets gréco-égyptiens et coptes plus qu'on n'est accoutumé à le faire ordinairement.

1007. **Basalte verdâtre.** — Haut. o m. 25.

Un personnage sans tête, torse nu, les jambes recouvertes d'une draperie, est assis sur un rocher ; le bras gauche est posé sur une lyre, le bras droit manque. C'est une œuvre honorable de l'époque des Antonins. Peut-être un Orphée habillé à la grecque.

1008. **Faïence verdâtre.** — Haut. o m. 09.

Spécimen de faïence verdâtre, légèrement endommagée à la cuisson. C'est l'intermédiaire entre la terre émaillée verte de l'époque saïte et la faïence copte et arabe dont on trouve de nombreux fragments près du Vieux-Caire.

1009. **Marbre gris.** — Haut. 0 m. 20.

Débris d'un groupe de grande taille. Une main d'homme tient une tête aux traits aplatis, où l'on est tenté de reconnaître le masque de la Gorgone. Mauvais travail d'époque romaine.

1010. **Terre cuite rougeâtre.** — Diam. 0 m. 19.

Sorte de sceau ou de moule plat, muni au dos d'une poignée, et enduit de peinture blanche. L'usage était constant, à Alexandrie et dans les villes grecques de l'Égypte, d'imprimer des figures et des représentations en ronde-bosse sur le plâtre dont on bouchait l'ouverture des urnes funéraires. L'objet inscrit sous le n° 1010 était un sceau servant à cet usage. On y a représenté en creux l'enlèvement d'Europe par le taureau. Très mauvais style, lignes faussées et rondeurs exagérées. Époque romaine.

1011. **Terre rouge.** — Diam. 0 m. 068.

ΕΥΛΟ
ΓΙΑΤΟΥ
ΑΓΙΟΥΜ
ΗΝΑ†

Saint Ména, l'un des plus populaires parmi les saints de l'Égypte, était d'abord légionnaire : après avoir déserté pour fuir la persécution, il vint lui-même se remettre aux mains des juges impériaux et fut décapité. Avant de mourir, la légende veut qu'il recommanda aux fidèles de mettre son corps sur un chameau et de l'enterrer où l'animal s'arrêterait, ce qui fut fait. Plus tard ses reliques furent transportées à Alexandrie, et y opérèrent tant de miracles que sa réputation se répandit au loin et attira de nombreux pèlerins. Les fidèles avaient coutume d'emporter avec eux de l'huile placée sur son tombeau ou puisée aux lampes qui brûlaient dans le sanctuaire : elle guérissait les maladies et effaçait les péchés. Le vase n° 1011 a servi à cet usage, comme le montre l'inscription. Le tableau qu'il porte sur la panse représente le saint debout entre deux chameaux qui se prosternent et l'adorent ; c'est en souvenir du chameau qui l'avait mené à la sépulture.

1012. **Terre cuite.** — Diam. 0 m. 072.

Même objet, mais le goulot et les anses sont intacts. Sur une des faces, saint Ména est debout entre les deux chameaux prosternés; sur l'autre, le saint en costume militaire est debout entre les deux bouquets.

1013. **Terre blanche.** — Diam. 0 m. 07.

Ampoule; sur les faces deux rosaces en croix.

1014. **Terre rouge.** — Diam. 0 m. 10.

Ampoule de saint Ména (cf. n°s 1011-1012).

1015. **Terre rouge.** — Diam. 0 m. 016.

Moule ou sceau du même genre que la sceau n° 1010 (cf. p. 187). Sur le plat, tête du taureau Hâpi, entourée d'un cercle de lotus.

1016. **Calcaire blanc.** — Haut. 0 m. 14.

Tête de serpent barbu et joufflu. C'est le serpent qu'on voit si souvent figuré sur les pierres gnostiques d'Égypte, le serpent de Kneph (cf. nos 551 et suiv., p. 128-129).

1017. **Schiste noir.** — Haut. 0 m. 05.

Représentation assez rare en Égypte du sphinx grec, à poitrine de femme. La bête est assise sur le train de derrière; la tête est coiffée du modius des divinités gréco-égyptiennes.

1018. **Terre émaillée bleue.** — Haut. 0 m. 06.

Tête féminine, qui parait représenter Héra. Le nez manque. L'émail est mauvais et tient à peine sur la terre.

1019. **Terre émaillée bleue.** — Haut. 0 m. 06.

Épervier de style égyptien : les pattes et la coiffure sont cassées.

1020. **Terre rouge.** — Haut. 0 m. 07.

Ampoule ; la croix grecque est empreinte sur les deux faces (cf. n° 1013, p. 187).

1021. **Terre rouge.** — Haut. 0 m. 07.

Ampoule intacte. Sur la face antérieure, le porche d'une église est figuré : arc en plein cintre supporté par deux colonnes torses, à base plate et à chapiteau fleuri, encadrant un tympan hémisphérique cannelé. Les deux battants de la porte sont ouverts. Sur l'autre face on aperçoit le fond de l'église : l'arc de triomphe soutenu de deux colonnes torses, et l'autel rond surmonté de la croix grecque. Les représentations de ce genre sont d'autant plus précieuses, qu'il n'y a plus en Égypte aucune église antérieure pour la construction à l'invasion arabe. Vers le VIe siècle de notre ère.

1022. **Terre rougeâtre.** — Long. 0 m. 10.

Lampe intacte : le plat est orné d'une croix grecque en relief.

1023. **Terre rouge.** — Haut. 0 m 27.

Aphrodite debout, la tête chargée d'une énorme couronne évasée.

Elle relève sa robe jusqu'au nombril et montre ses jambes rapprochées. Cette figure est fréquente au Fayoum : elle représente la déesse Hâthor adorée dans le nom voisin d'Aphroditopolis (Atfiéh) et que les Grecs avaient identifiée avec Aphrodite. — Fayoum.

1024. **Terre brun-rouge.** — Long. 0 m. 11.

Lampe en forme de tête de nègre : joli travail, d'une facture assez spirituelle.

1025. **Terre rouge.** — Haut. 0 m. 05.

Masque d'homme riant, la bouche grand ouverte. Travail assez fin.

1026. **Terre rouge.** — Haut. 0 m. 080.

Un nègre, enveloppé d'une peau de bête, dort accroupi, appuyé sur son coude. Bon travail.

1027. **Terre blanchâtre.** — Long. 0 m. 10.

Masque comique de vieillard : paraît être une imitation récente d'un original antique.

1028. **Terre rouge.** — Haut. 0 m. 10.

Tête de femme souriante, couronnée de lierre : facture assez bonne.

1029. **Terre rouge.** — Haut. 0 m. 20.

Figure de femme debout, cassée aux genoux, sans bras. Les cheveux ondés, les traits assez fins : stola sur laquelle s'entrecroisent deux longues chaînes à forts anneaux, retenues par un disque plat.

1030. **Terre rouge.** — Diam. 0 m. 09.

Sorte de cachet ou de moule (cf. n° 1010, p. 187) : un esclave nu apporte des volailles posées sur deux paniers, des légumes entassés et, par-dessus, deux grosses grappes de raisin.

1031. **Terre rouge.** — Long. 0 m. 14.

Petit vase de style à moitié égyptien, à moitié grec. La pointe simule une fleur de lotus épanouie : deux guirlandes épaisses, modelées sur la panse en haut relief, encadrent la coiffure d'Isis-Hâthor, les deux cornes entre lesquelles sont placés le disque et les deux plumes.

1032. **Terre rouge.** — Haut. o m. 47.

Isis-Aphrodite, barbouillée de blanc. Elle est debout, nue, les bras tombants, les jambes collées l'une à l'autre; la saillie des seins, la largeur des hanches, l'ampleur du ventre sont exagérées à dessin pour donner l'idée de la fécondité. La coiffure est surmontée des cornes de vache, du disque et des plumes : c'est le seul trait qui rappelle l'origine égyptienne de la figure.

1033. **Terre rouge.** — Haut. o m. 13.

Le dieu Bîsou (cf. n°s 557 et suiv., p. 129-130), peint en rouge, lève l'épée : il est armé du bouclier.

1034. **Terre rouge.** — Haut. o m. 185.

Zeus-Sarapis, coiffé des deux longues plumes et du disque d'Amon-Râ, est assis dans un fauteuil : sa main droite repose sur la tête d'un petit Éros appuyé contre son genou. Les deux figures sont entièrement peintes en blanc.

1035. **Terre rouge.** — Haut. o m. 13.

Poignée de lampe en forme de volute. Zeus-Sarapis assis sur son fauteuil en relief. Bon travail.

1036. **Terre rouge.** — Haut. o m. 17.

Isis, la tête surmontée des cornes, du disque et des plumes, assise sur un fauteuil à dossier haut, allaite Horus qui est nu. Le modelé est grec, mais la donnée religieuse est encore entièrement égyptienne (cf. n°s 427 et suiv., p. 112-113, n°s 650 et suiv., p. 143).

1037. **Terre rouge vernissée.** — Haut. o m. 12.

Horus enfant, nu, debout, le bras gauche appuyé contre une colonne et portant sa propre statue, laisse retomber sa main droite sur la tête d'un petit singe qui, debout contre sa jambe, mange tranquillement un fruit.

1038. **Terre rouge.** — Haut. o m. 017.

Isis-Athéné, coiffée de la corne d'abondance, la poitrine couverte d'une cuirasse écaillée. Buste.

1039. **Terre grise.** — Haut. o m. 12.

Homme vêtu de la tunique, la tête encapuchonnée : il tient une cassette à deux mains devant lui.

1040. **Terre rouge.** — Haut. o m. 09.

Guerrier oriental, coiffé de la tiare, le bouclier rond à la gauche, robe longue : il est assis et tient à la main droite une arme de forme indistincte qui lui remonte le long de la joue.

1041. **Terre rouge.** — Haut. o m. 115.

Vase de forme humaine, le goulot cassé en partie. Il représente un musicien, la tête couronnée, vêtu de la robe longue, tenant une lyre de la main gauche et, de la main droite, serrant un vase sur sa poitrine. Les jambes ont été brisées.

1042. **Terre rouge.** — Diam. o m. 18.

Grande ampoule lenticulaire, à deux petites anses, sans ornements.

1043. **Terre jaune.** — Haut. o m. 25.

Vase à une seule anse; il est orné d'herbes, de coquilles et de bêtes marines en noir sur fonds jaune, d'un travail assez précis. Trouvé en Égypte, mais n'est pas de fabrication égyptienne; probablement originaire des îles de la Grèce.

1044. **Terre rouge.** — Haut. o m. 15.

Petit vase à quatre anses (une rompue), de pur style égyptien pharaonique. Il est peint en bleu léger et orné de raies rouges ; autour du cou, un collier de fleurs de lotus épanouies et de boutons alternativement rouges et bleus. Sur la panse, une large zone bleue, rayée de rouge. Très joli de forme et de couleurs, il pourrait remonter à la xve dynastie.

1045. **Terre noire.** — Diam. o m. 12.

Ampoule lenticulaire, à deux petites anses : les plats ornés de rosaces encadrées. Paraît provenir d'Abydos. — Époque saïte ou ptolémaïque.

1046. **Terre rouge.** — Haut. o m. 12.

Tête d'enfant encapuchonnée, et posée sur une base rectangulaire.

1047. **Terre rouge.** — Long. o m. 17.

Lampe de forme ordinaire ; sur le plat, une tête de femme. Travail médiocre.

1048. **Terre rouge. — Haut. o m. 19.**

Buste d'Athéné (cf. n° 1038, p. 190) : le cimier du casque est cassé, la chevelure tombe en boucles sur l'épaule, l'égide couvre la poitrine. A côté, dans le socle, un simulacre de petite lampe est modelé.

1049. **Terre rouge pâle. — Haut. o m. 15.**

Lampe en forme de barque. Une écoutille s'ouvre à l'arrière ; à l'avant, l'artiste a représenté en relief le four à cuire le pain, qui se trouve encore aujourd'hui sur la plupart des barques égyptiennes.

1050. **Terre rouge pâle. — Haut. o m. 19.**

Sorte de lanterne votive. Sur la face antérieure un masque comique aux yeux et à la bouche largement ouverts, sur l'autre face qui est arrondie, une petite porte de temple, surmontée d'une corniche, s'ouvre entre deux colonnes. Ce modèle se trouve fréquemment au Fayoum : le musée de Boulaq en possède une trentaine au moins d'exemplaires d'un travail très fin.

1051. **Terre rouge pâle. — Haut. o m. 10.**

Quadrupède de forme indécise ; tête de femme, coiffée de boucles disposées en rayons autour de la face, et cerclée du diadème. Travail grossier.

1052. **Terre rouge vif. — Haut. o m. 19.**

Cynocéphale accroupi, la main droite posée sur le genou, la tête encapuchonnée : la bélière manque au bout du capuchon.

1053. **Terre rouge pâle. — Haut. o m. 16.**

Lampe votive, en forme de chapelle ronde, surmontée d'un toit conique (cf. n° 1050, p. 192). Sur une des faces s'ouvre une large porte carrée, encadrée d'un bandeau plat assez étroit. Sur l'autre face est modelée la divinité qui occupait le fond de la chapelle : un Horus enfant, nu, le doigt à la bouche, la tresse à la tempe, le pskhent sur la tête, tenant la corne d'abondance, et vu à demi-corps, entre deux longues torches enflammées.

1054. **Terre rouge pâle. — Haut. o m. 11.**

Lampe plate par devant, arrondie par derrière. La face plate représente la façade du temple avec la porte fermée : au bas s'avance le bec d'une petite lampe. Sur la face arrondie, la tête de Dionysos, couronnée de lierre, apparaît entre deux colonnes doriques surmontées d'un fronton triangulaire. Comme au numéro précédent, la face postérieure montre ce qui était enfermé au fond du temple.

1055. **Terre rouge sombre.** — Diam. 0 m. 12.

Ampoule d'un travail assez fin. Sur l'ombilic, la rosace ordinaire, encadrée d'une bande plate et d'un rang d'oves.

1056. **Terre rouge brun-pâle.** — Haut. 0 m. 15.

Imitation des vases à libations en bronze, reproduisant exactement en terre la facture spéciale du métal. Au bas, la fleur de lotus, autour du goulot des guirlandes épaisses: entre le lotus et les guirlandes, une série de scènes où l'on voit un personnage armé du bouclier, levant l'épée sur une femme ou sur un génie ailé. Le tout très flou.

1057. **Terre jaunâtre.** — Haut. 0 m. 13.

Une almée, ou une Vénus en almée, nue, accroupie. La coiffure disposée en étage se termine en fleuron au sommet du front : un voile s'y attache dont les plis tombent dans le dos. La poitrine est large; les mamelles, assez fortes, sont écrasées par une bande d'étoffe d'où pend une grosse bulle. Les deux mains écartent le voile, et les jambes ouvertes laissent voir les parties sexuelles gonflées outre mesure.

1058. **Terre rouge brique.** — Haut. 0 m. 25.

Pallas, casquée, l'égide sur la poitrine, et revêtue de la robe longue se tient debout, la corne d'abondance dans les mains (cf. n°° 1038, 1048, p. 190 et 192).

1059. **Terre rouge pâle.** — Haut. 0 m. 21.

Pallas, casquée, l'égide sur la poitrine, et revêtue de la robe longue, se tient debout, la main gauche appuyée sur le bouclier; la main droite, levée à hauteur du casque, serre une lance, dont le bout repose sur un simulacre de petite lampe engagée dans le socle. Revers brut.

1060. **Terre rouge pâle.** — Haut. 0 m. 18.

Horus, enfant, nu, debout, la jambe gauche appuyée contre un amas de fruits, tient à deux mains sur l'épaule gauche une statuette assise qui le représente lui-même. La coiffure égyptienne (les deux cornes, les deux plumes et le disque) nettement marquée sur d'autres figurines de ce type, s'est atténuée et confondue avec la coiffure grecque, deux boucles de cheveux dressées symétriquement au milieu du front.

1061. **Terre rouge pâle.** — Haut. 0 m. 18.

Horus, enfant, encapuchonné, se tient debout. De la main droite, il semble tirer son capuchon; il a, dans la main gauche, la corne d'abondance avec une charge de fleurs et de fruits. Le trou circulaire, percé dans le bas ventre, était destiné à recevoir un phallus de forte taille. Le tout est peint, les chairs en rouge, la corne en jaune, la cagoule et les fruits en violet. Revers brut.

1062. **Terre rouge noire.** — Haut. 0 m. 135.

Horus, enfant, appuyé du coude contre un cippe carré, surmonté d'une corniche. Il a le doigt à la bouche, et porte sur la tête une énorme couronne surmontée du pskhent. Travail soigné, de mauvais style.

1063. **Terre rouge brique.** — Haut. 0 m. 062.

Horus, enfant, vêtu d'une tunique courte, la tresse à la tempe, le doigt à la bouche, est assis, la jambe droite allongée, la jambe gauche repliée sous lui. De la main gauche il serre contre lui un vase à large panse. L'artiste a voulu évidemment représenter un dieu enfant qui mange du miel ou quelque matière sucrée. Le geste par lequel l'Horus égyptien porte le doigt à la bouche, comme font les petits enfants, avait inspiré à d'autres une idée de silence et de mystère : il lui a inspiré une idée de gourmandise, et l'a poussé à ajouter le vase.

1064. **Terre rouge pâle.** — Haut. 0 m. 11.

Horus, enfant, la tête rase, la tresse au front, vêtu de la tunique, est assis à terre : une double chaîne de fleurs, passant sur les épaules, se croise sur la poitrine. Les deux bras sont cassés.

1065. **Terre rouge pâle.** — Haut. 0 m. 14.

Horus, enfant, nu, le doigt à la bouche, le pskhent sur la tête, est assis sur un cippe arrondi, la jambe droite pendante, la jambe gauche repliée sous lui. Il tient la corne d'abondance de la main gauche.

1066. **Terre rouge pâle.** — Haut. 0 m. 14.

Bisou de pur style égyptien (cf. n°s 555 et suiv., p. 129-130, n° 1033, p. 190), debout, les mains aux genoux, les plumes sur la tête : assez endommagé.

1067. **Terre rouge pâle.** — Haut. 0 m. 145.

Éphèbe nu, hanchant à gauche, bras et jambes cassés. Assez soigné, mais sans style.

1068. **Terre rouge brique.** — Haut. o m. 16.

Horus, enfant, est assis sur un cippe, les deux jambes écartées : une draperie jetée sur les cuisses laisse voir le phallus. Le bras droit est accoté au genou; le doigt se porte à la bouche selon le geste de l'Horus égyptien. Le bras gauche tient appuyée à la hanche une petite lampe en forme de temple, fronton triangulaire, deux colonnes et guirlande retombant entre les deux : le bec fait saillie sur la façade. Le dieu a la grosse couronne et le pskhent.

1069. **Terre grise.** — Haut. o m. 19.

Un fourré de lotus et, sur la fleur centrale, Horus, enfant, nu et accroupi; le bras droit est appuyé sur le genou, le doigt à la bouche. Grosse couronne surmontée du pskhent. Revers informe.

1070. **Terre rouge pâle.** — Haut. o m. 19.

Isis Alexandrine, debout, vêtue de la longue robe nouée sous les seins, et laissant voir la gorge nue, dont une chaîne de fleurs passée sur l'épaule gauche accentue encore la saillie. Perruque à l'égyptienne, surmontée du disque entre les cornes, et où s'attache un voile. Le bras gauche tombe le long du corps et la main tient la patène. Le bras droit est accoudé à un vase placé sur un cippe et la main porte un objet indistinct. Revers informe. La figure est entièrement peinte en blanc.

1071. **Terre rouge.** — Haut. o m. 16.

Isis accroupie, coiffée de la grosse couronne et vêtue de la robe longue, s'apprête à allaiter Horus, enfant. La poitrine est découverte, la main droite soutient le sein gonflé de lait : le petit dieu, entièrement nu, s'appuie contre le genou gauche de sa mère. Revers informe. La figure était peinte, mais on ne distingue plus que des traces de noir dans les cheveux, de rouge au turban.

1072. **Terre rouge pâle.** — Haut. o m. 18.

Horus, enfant, assis, coiffé de la couronne aux deux plumes. Il est nu, le bras gauche tombant, le bras droit relevé et le doigt à la bouche, la bulle sur la poitrine. C'est la reproduction exacte de l'Horus pharaonique.

1073. **Terre rouge pâle.** — Haut. o m. 125.

Horus debout, nu, sauf une draperie passée sur le bras droit. Il a la grosse couronne sur la tête, et tient de la main droite une patène, de la main gauche la corne d'abondance. Les jambes sont cassées : on distingue encore le haut du cothurne dont les pieds étaient chaussés. Facture entièrement grecque, assez bonne : le corps est un peu trop plié sous le poids de la corne d'abondance.

1074. Toile stuquée. — Haut. 0 m. 30. Larg. 0 m. 19.

Masque de momie : les lèvres sont fardées, les yeux avivés de kohol; aux oreilles boucles d'or, couronne de fleurs et de baies sur le front. Les momies de ce type ne sont pas antérieures au IIe siècle de notre ère et beaucoup sont plus modernes encore. Les emblèmes dessinés sur les cartonnages ne permettent pas de douter que plusieurs d'entre elles aient été chrétiennes.

1075. Terre noire. — Haut. 0 m. 07.

Petite bouteille : un homme encapuchonné, accroupi, et un enfant nu se tiennent embrassés.

1076. Terre noire. — Haut. 0 m. 08.

Fragment détaché d'une composition plus vaste. Un buste de femme est posé sur un cippe carré droit, la gorge nue, une double chaîne croisée et retenue entre les seins par une boucle ronde; deux longues tresses encadrent la face.

1077. Terre rouge pâle. — Haut. 0 m. 20.

Femme, debout, nue, tenant à deux mains sur la tête une corbeille de fruits : un voile jeté sur les épaules flotte par derrière et enveloppe le genou et la jambe droite. Un enfant, vêtu d'une tunique et le doigt à la bouche, est debout contre la jambe droite; à gauche, une amphore à deux anses, posée sur une selle. La figurine est entièrement peinte en blanc.

1078. Terre rouge. — Haut. 0 m. 12.

Plaque brisée. Le dieu Bisou (cf. p. 129-130) serre un serpent de la main gauche et lève l'épée de la main droite. Son bouclier rond est posé près de lui à droite.

1079. Terre rouge brique. — Haut. 0 m. 14.

Bisou, debout, le bouclier passé au bras gauche. La coiffure et le bras droit sont brisés.

1080. Terre émaillée verte. — Haut. 0 m. 16.

Un gros cynocéphale, assis sur un trône, tient à deux mains sur les genoux une feuille de palmier à laquelle il appuie son menton comme s'il se préparait à en manger le bout. Le tout est posé sur un chapiteau à campane. L'émail vert est tombé presque entièrement. Le style est purement égyptien, sans influence grecque.

1081. **Terre rouge violacée.** — Haut. 0 m. 19.

Isis, debout, le voile et le modius sur la tête, vêtue de la robe longue, tient à droite la longue torche dont le bout s'appuie à terre : le bras gauche tombe le long du corps, la main étendue. La figurine est entièrement peinte en blanc.

1082. **Terre rouge sombre.** — Haut. 0 m. 15.

Silène nu, ventru, est assis à terre, la jambe droite repliée, la jambe gauche allongée. De la main droite, il tient une petite coupe ronde : le bras gauche est appuyé sur une amphore légèrement inclinée. Les chairs sont peintes en rouge, l'amphore et les cheveux en violet noir : un trou est ménagé au bas-ventre pour recevoir le phallus.

1083. **Terre jaune.** — Haut. 0 m. 165.

Isis, nue, accroupie, coiffée de la grosse couronne surmontée des cornes et du disque. Elle a les jambes très écartées et fait de la main droite le geste traditionnel de Baubo : la main gauche est appuyée au genou et soutient un vase. Toutes les marques sexuelles de la femme sont exagérées. L'aspect général de la figure rappelle assez celui de la grenouille.

1084. **Terre rouge pâle.** — Haut. 0 m. 215.

Le dieu Bisou, mais transformé en soldat romain. Les formes générales sont celles du dieu égyptien, les jambes sont cagneuses, le corps trapu, la face grimaçante. Sur la tête, le casque romain avec les deux mentonnières, relevées et d'une aigrette de plumes, qui imite la coiffure de Bisou. Un baudrier rouge passe sur l'épaule droite, et le corps est nu. Au bras gauche, un bouclier rond, blanc, orné d'une croix noire cernée de traits rouges; à la main droite, une grosse épée. Ceinture rouge et trou destiné à recevoir un phallus; la queue de panthère du Bisou égyptien, mal comprise, a probablement déterminé le caractère phallique du Bisou romain (cf. p. 129-130).

1085. **Terre rouge brique.** — Haut. 0 m. 16.

Canope grec. Le couvercle, adhérent au vase, est surmonté de la tête humaine et de la couronne; sur la panse, un large collier d'où pend un pectoral surmonté du scarabée ailé. Le bas du vase manque.

1086. **Terre rouge pâle.** — Haut. o m. 145.

Buste d'Horus enfant, les cheveux ras, la tresse à la tempe, le doigt à la bouche, la bulle au cou. Les chairs sont roses, les cheveux noirs, la bulle est relevée de rouge.

1087. **Terre rouge pâle.** — Haut. o m. 11.

Bateau sur lequel sont accroupis de face un homme tenant la corne d'abondance et une femme nue, coiffée de la grosse couronne, probablement Sérapis et Isis Pharia. La facture est très grossière, les détails sont méconnaissables.

1088. **Terre rouge pâle.** — Haut. o m. 145.

Tête de taureau Hâpi, le disque et l'uræus entre les cornes, la bulle au cou. Style purement égyptien.

1089. **Terre rouge.** — Haut. o m. 145.

Cynocéphale accroupi, les mains aux genoux, le disque et le croissant sur la tête : les pieds sont refaits. La figure est peinte en rouge, sauf les yeux et le disque qui sont noirs.

1090. **Terre rouge pâle.** — Haut. o m. 155.

Zeus-Sarapis, cassé aux genoux et mutilé du bras droit. Longue robe à manches, coiffure en tresses frisées, grosse couronne; la main gauche relève la barbe.

1091. **Terre rouge.** — Haut. o m. 175.

Zeus-Sarapis, coiffé du modius, debout, hausse le bras droit et relève sa robe de la main gauche pour montrer un énorme phallus. C'est un mélange de Minou avec Sarapis, comme l'indiquent et le phallus et le geste du bras droit, et le rapprochement des pieds : le bras gauche, invisible dans les figures purement égyptiennes, a été employé par l'artiste grec à relever la robe. La statuette était entièrement colorée, la robe en bleue, la coiffure en noire, mais les couleurs sont à peine reconnaissables.

1092. **Terre rouge.** — Haut. o m. 13.

Anubis, à museau court de chien et à oreilles droites : les bras sont à peine ébauchés et les poings ramenés sur la poitrine semblent presque des seins de femme. Le bas de la figure n'est qu'une masse de terre conique sans forme définie. La face est peinte en rouge; un collier noir est passé autour du cou.

1093. **Terre blanchâtre.** — Haut. 0 m. 145.

Anubis, à tête de chacal, une petite palme entre les deux oreilles. Corps d'homme, vêtu d'une tunique courte; jambes cassées au-dessous du genou. Le bras droit tombe le long du corps : la main droite tient la palme du dieu conducteur d'âmes. — Anubis est ici identifié à Hermès.

1094. **Terre rouge pâle.** — Haut. 0 m. 16.

Femme coiffée de la grosse couronne et d'une étoffe rayée dont les extrémités lui encadrent le cou. Elle est assise à terre, la jambe droite repliée sous elle; la robe relevée laisse voir les jambes nues et le ventre jusqu'au-dessus du nombril. Elle tient de la main gauche un vase appuyé sur le genou : la main droite va chercher le vase (cf. n° 1083, p. 197).

1095. **Terre gris-rougeâtre.** — Haut. 0 m. 15.

Bastit, debout, à tête de chatte, coiffée de l'étoffe rayée dont les bouts lui retombent sur les épaules, vêtue de la robe égyptienne rayée qui lui descend jusqu'à la cheville. Elle a les mains croisées sur la poitrine.

1096. **Terre rouge grise.** — Haut. 0 m. 195.

Isis nue, debout. Tête petite, coiffée de tresses courtes, surmontée de la grosse couronne et du pskhent. Les seins sont petits, saillants, placés haut sur la poitrine. Les hanches sont larges, les jambes rapprochées.

1097. **Terre rouge noirâtre.** — Haut. 0 m. 135.

Horus déguisé en centurion romain. Il a les cheveux coupés court et est revêtu de la cuirasse et de la tunique courte. Il tient une palme de la main droite : la main gauche, appuyée au genou, serre une couronne de petite taille. La jambe gauche est cassée, mais la courbure caractéristique de la jambe droite montre que la figurine était à cheval. Le cheval était d'une autre pièce que le cavalier et probablement soudé à celui-ci par la jambe manquante, qui a dû rester accrochée à ses flancs.

1098. **Terre cuite rouge.** — Haut. 0 m. 34.

Vénus nue, debout, les jambes rapprochées, les bras collés au corps : elle a des anneaux à la cheville et le large diadème évasé sur la tête.

1099. **Terre rouge.** — Haut. o m. 46.

Bisou, armé du bouclier et de l'épée, vêtu de la jupe courte, la coiffure de plumes sur la tête : les plumes sont alternativement rouges et bleues. Le corps est peint en rose, la jupe en bleu, le bouclier en rose avec une bordure bleue, mais les couleurs ont disparu, et les dessous blancs sont restés seuls.

1100. **Bronze.** — Haut. o m. 09.

Horus en général romain. Il a la tête d'épervier, surmontée du disque et la cuirasse d'écailles. Le manteau militaire, attaché sur l'épaule droite, lui retombe sur le dos. Le bas du corps et les jambes sont perdus (cf. n° 1097, p. 199).

1101. **Bronze.** — Haut. o m. 08.

Bout de candélabre, décoré de trois têtes de Silènes barbues et grimaçantes, séparées par des cornes repliées en volutes.

1102. **Bronze.** — Haut. o m. 17.

Imitation moderne, probablement italienne, d'une tête d'Isis Alexandrine; la perruque à mèches étagées et le vautour aux ailes éployées forment la coiffure. Les seins, très saillants, sont à découvert.

1103. **Ivoire.** — Haut. o m. 16.

Epingle de tête en forme de lotus, dont la tige est surmontée d'une fleur épanouie. Travail purement égyptien.

1104. **Bronze.** — Haut. o m. 11.

Isis Alexandrine, debout, vêtue de long, les bras collés au corps : sur la tête, les cornes, le disque et les deux plumes. Très oxydé.

1105. **Bronze.** — Haut. o m. 17.

Isis Alexandrine, coiffée et vêtue comme la précédente, mais marchant, le pied droit en avant, et le manteau flottant sur les épaules.

1106. **Diorite.** — Haut. o m. 175.

Vase très ancien de pur style égyptien et remontant certainement aux dynasties memphites, mais employé comme urne funéraire à l'époque gréco-romaine. Il est encore à moitié rempli de cendres et de débris d'ossements humains.

1107. **Corne.** — Haut. o m. 09.

Flacon sans ornement : le fond manque. Travail égyptien.

1108. **Bois.** — Haut. o m. 13.

Etui à kohol, décoré de dessins au trait : le fond manque. Travail égyptien.

1109. **Os.** — Haut. o m. 11.

Etui de même facture que le précédent.

1110. **Ivoire.** — Haut. o m. o3.

Petit vase à anse; travail purement égyptien.

1111. **Ivoire.** — Haut. o m. o3.

Petit vase de même facture que le précédent, mais sans anse.

1112. **Ivoire.** — Haut. o m. o4.

Petit vase à anse, de même facture que les précédents.

1113. **Ivoire.** — Haut. o m. o45.

Pion de jeu de dames, cassé en deux. Travail purement égyptien.

1114. **Ivoire.** — Long. o m. 115.

Petite spatule pour vase à kohol. Travail purement égyptien.

Objets en or et en argent.

(Au premier étage avec la collection des bijoux gréco-romains.)

Les Égyptiens d'époque pharaonique, ne connaissant point la monnaie, employaient tout ce qu'ils possédaient d'or et d'argent à fabriquer des statues de dieux ou de rois, des vases d'apparat, des ustensiles domestiques, des bijoux, des amulettes. La plupart de ces objets précieux ont disparu : quelques statuettes mignonnes, placées sur les momies, quelques figures adorées comme divinités domestiques et égarées dans les ruines des maisons, quelques ex-voto oubliés dans le coin obscur d'un temple, sont à peine parvenus jusqu'à nous. Le visiteur ne s'étonnera pas s'il ne trouve ici qu'un petit nombre de monuments de ce genre : les soixante pièces que possède le musée de Marseille forment une collection assez importante si l'on songe à la rareté des objets en or et en argent d'origine égyptienne.

Carton A.

Nous avons rencontré dans les salles du bas (nos 954-987, p. 177-180) une collection assez complète de bagues en terre émaillée ; les bagues en or et en argent présentent la même variété de types. La bague n'était pas, comme chez nous, un simple ornement, c'était un objet de première nécessité : on scellait les pièces officielles au lieu de les signer, et le cachet faisait foi en justice. Chaque Égyptien avait donc le sien qu'il portait constamment sur lui afin d'en user à l'occasion. C'était pour les riches un bijou de modèle plus ou moins compliqué, chargé de ciselures et d'ornements en relief. Le chaton était mobile le plus souvent et tournait sur pivot. Il était souvent incrusté d'une pierre avec la devise ou l'emblème choisi par le propriétaire.

1115. Or. — Diam. 0 m. 22.

Bague. Jonc d'or creux : chaton immobile en forme d'Œil d'Horus.

1116. Or. — Diam. 0 m. 023.

Bague. Pour chaton, un scarabéoïde de pierre émaillée au cartouche de Ramsès II.

1117. Or. — Diam. 0 m. 023.

Bague. Pour chaton, une rosace en terre émaillée verte.

1118. Or. — Diam. 0 m. 02.

Bague. Pour chaton, un scarabée en pierre émaillée verte, avec le titre : *Roi de la Haute et de la Basse-Égypte.*

1119. Or. — Diam. 0 m. 021.

Bague. Pour chaton un carré en jaspe vert, portant sur une face le prénom d'Amenhotpou III, aimé de Sokhit la magicienne, et sur l'autre des épithètes assurant au roi l'amour et la faveur de Phtah. A peut-être appartenu au roi lui-même. — XVIIIe dynastie.

1120. Électrum. — Diam. 0 m. 019.

Anneau brisé (cf. n°s 988-996, p. 180-181) creux, sans ornement.

1121. Or. — Diam. 0 m. 024.

Bague. Pour chaton, une pièce de jade, sur laquelle est gravé d'un côté : *Favori de Mout Miri-si-Bastit*, de l'autre un œil mystique de très bon style.

1122. Or. — Diam. 0 m. 022.

Bague. Chaton en cornaline portant d'un côté le prénom d'Amenhotpou III, de l'autre, *le Sphinx vie de Toumou.*

1123. Or. — Diam. 0 m. 02.

Bague. Pour chaton, un scarabée en pierre émaillée verte, et sur le plat, la devise *Râ le Soleil est.*

1124. Or. — Diam. 0 m. 02.

Bague. Pour chaton, un scarabée en pierre émaillée verte, au prénom de Thoutmos III.

1125. Or. — Diam. 0 m. 017.

Bague. Chaton immobile, sur lequel sont gravées deux raies de convention.

1126. Or. — Long. 0 m. 025.

Boucle d'oreille, terminée en tête de taureau : un grenat oblong est incrusté sur le front. Travail soigné d'époque romaine.

1127. Or. — Haut. moy. 0 m. 048.

Quatre feuilles d'or sur lesquelles les quatre fils d'Horus sont frappés au repoussé, chacun avec sa tête caractéristique. Ces feuilles d'or placées sur les jambes ou sur la poitrine de la momie, dans l'épaisseur du maillot, avaient les mêmes vertus et servaient au même usage que les cartonnages exposés dans la salle n° 7 (cf. p. 183-184).

1128. Or.

Collier formé par douze feuilles minces en or, séparées l'une de l'autre par une perle longue de verre, dorée. Elles portent au repoussé, trois d'entre elles, Tioumoutf à tête de chacal, deux Hâpi à tête de cynocéphale, deux Qabhsonouf à tête d'épervier, une Amsit à tête humaine, une Hor à tête d'épervier debout, marchant, une Isis debout, une Isis agenouillée, une enfin Thot à tête d'ibis. Elles sont percées à chaque extrémité et étaient cousues avec du fil sur le maillot. Mme Clot-Bey les a assemblées en collier; et cette disposition a été respectée par les conservateurs du Musée.

1129. Or. — Haut. o m. 016

Une paire de boucles d'oreilles formées d'un fil d'or recourbé dans lequel est passée une perle de verre bleu turquois.

1130. Or. — Haut. o m. 019.

Ame (cf. n° 259, p. 88) à tête humaine, en or, cloisonnée et incrustée de pierres rares, la face est en feldspath vert, la coiffure en lapis-lazuli. Le reste des pierres est perdu, mais le dessin est indiqué par les cloisons. Le travail, très fin, nous reporte à la xxe dynastie.

1131. Or. — Haut. moy. o m. 021.

Cinq petites pellicules d'or dans lesquelles ont été imprimés au repoussé, puis découpés deux Tats (cf. n° 878, p. 164), un vautour et deux éperviers, l'un tourné à gauche et couronné du disque, l'autre tourné à droite.

Carton B.

1132. Or. — Haut. moy. o m. 03.

Dix boucles d'oreilles dépareillées, de forme variée, toutes d'époque grecque ou romaine : la plupart consistent en un simple fil d'or muni de pendeloques en grenat, en nacre ou en perle, etc.

1133. Or. — Long. o m. 038.

Paire de boucles d'oreilles consistant en un crochet d'or auquel sont suspendues deux perles en pâte de verre bleue, l'une ronde, l'inférieure oblongue.

1134. Or. — Long. o m. 015.

Œil mystique, au repoussé : travail très fin, d'époque saïte.

1135. Or. — Long. o m. o53. Haut. o m. o38.

Plaque mince percée aux quatre angles pour être cousue sur le maillot de la momie. Le lit funéraire à tête et pieds de lion, la momie et le dieu Anubis à tête de chacal terminent les rites de l'embaumement. — Époque grecque.

1136. Électrum et Bronze. — Diam. o m. o15.

Anneau brisé (cf. n°° 988-996, p. 180-181) en bronze revêtu d'une feuille d'électrum.

1137. Or.

Un collier composé de soixante perles d'or rondes et lenticulaires, et de quatorze palmettes en or travaillées au repoussé : comme pièce centrale, un petit Osiris-momie (haut. o m. o34) au repoussé, de facture assez fine. Les pièces, trouvées séparément, ont été assemblées par Mme Clot-Bey.

1138. Or.

Un collier composé de perles longues en or, simples et ouvrées, séparées par deux yeux mystiques et quatre pendeloques : comme pièce du centre une grosse mouche. Reconstitué par Mme Clot-Bey.

1139-1142. Or.

Quatre âmes humaines (cf. n° 1130, p. 204). Le n° 1139 (haut. o m. 42, long. o m. o55) représente l'âme vue en dessous, les pattes en relief, les ailes rajoutées, le tout au repoussé. Le n° 1140 (haut. o m. o39, larg. o m. o48) est identique à la précédente, mais d'un travail plus fin. Le n° 1142 (haut. o m. o56) a perdu les ailes. Le n° 1141 (haut. o m. o23, larg. o m. o52) est en cloisonné, mais les émaux ont disparu sans laisser autre chose que des traces blanchâtres : la tête qui manquait a été remplacée, dans les temps modernes, par un bouton d'or grossièrement modelé.

1143. Or. — Haut. o m. o4.

Tat (cf. n° 878, p. 164) au repoussé.

1144. Or. — Haut. o m. o34.

Boucle d'oreille, formée d'un fil d'or auquel est suspendue une perle longue en onyx, rayée de blanc.

1145. Or. — Haut. moy. o m. o12.

Trois petits croissants en or surmontés du disque solaire : faisaient partie d'un collier.

1146. **Or.** — Haut. moy. o m. 013.

Trois mouches. On a pensé que ces mouches étaient une sorte de décoration officielle, conférée par le roi à ceux de ses généraux qui s'étaient distingués à la guerre : jusqu'à présent, rien n'est venu confirmer cette hypothèse.

1147. **Or.** — Long. o m. 021.

Simulacre de ceinture ou de natte. L'usage de cette amulette est inconnu.

CARTON C.

1148 **Argent.** — Diam. o m. 02.

Bague. Sur le chaton, la légende Khopirkeri qui sert de prénom à plusieurs rois égyptiens ou éthiopiens, entre autres à Ousirtasen Ier de la XIIe dynastie, et à Nectanébo II, de la XXXe dynastie.

1149. **Argent.** — Diam. o m. 019.

Bague. Sur le chaton, la barque du soleil.

1150. **Argent.** — Diam. o m. 019.

Bague. Sur le chaton les titres d'un personnage qui s'appelait Ahmas, comme le roi Amasis, et qui, pour cette raison, a entouré son nom du cartouche royal. — XXVIe dynastie.

1151. **Argent.** — Diam. o m. 024.

Bague. Sur le chaton, une légende d'une authenticité douteuse. Beaucoup de ces bagues ont le chaton vide, et les Arabes y gravent des signes hiéroglyphiques pour en augmenter la valeur vénale. Je ne serais pas étonné que la légende de notre bague n° 1151 fût moderne.

1152. **Argent.** — Diam. o m. 02.

Bague. Sur le chaton, légende qui parait signifier : «Qu'Hâpi, Phtah et Sokhit soient avec le double du prince».

1153. **Argent.** — Diam. o m. 02.

Bague. Le chaton est formé d'un scarabée en pierre émaillée verte qui porte le cartouche prénom de Sheshonq Ier, de la XXIIe dynastie.

1154. **Argent.** — Diam. o m. 023.

Anneau très mince, d'époque romaine. Sur le chaton, le serpent à tête de taureau, dont on trouve souvent l'image sur certaines pierres gravées basilidiennes.

1155. **Bronze.** — Diam. o m. 018.

Bague. Pour chaton, un scarabéoïde en pâte de verre blanc légèrement transparente : sur le plat légende peu distincte.

1156. **Bronze.** — Diam. o m. 22.

Bague. Sur le chaton, rosace à quatre bras.

1157. **Bronze.** — Diam. o m. 021.

Bague. Sur le chaton, légende qui paraît signifier: «L'âme juste est plus forte que tous les dieux.»

1158. **Bronze.** — Diam. o m. 033.

Bague. Sur le chaton, une main moderne a tracé la figure et le nom d'Amon-Râ.

1159. **Bronze.** — Diam. o m. 032.

Bague. Sur le chaton, le Tat surmonté du disque et du croissant, debout sur une corbeille entre deux plumes.

1160. **Bronze.** — Diam. o m. 02.

Bague. Sur le chaton, une main moderne a tracé une inscription peu lisible.

1161. **Bronze.** — Diam. o m. 022.

Bague. Inscription illisible sur le chaton.

1162. **Argent.** — Haut. o m. 051.

Khnoumou (cf. n°° 551-553, p. 128-129), à corps humain, à tête de bélier, debout, marchant, les bras tombant le long du corps. Facture médiocre. — Époque grecque.

1163. **Argent.** — Haut. o m. 034.

Horus à tête d'épervier (cf. n°° 448 et suiv.), coiffé du pskhent, debout marchant, les bras tombant le long du corps. — Époque grecque.

1164. Argent. — Haut. o m. o38.

Horus à tête d'épervier surmontée du disque solaire, debout, marchant, les bras tombant le long du corps. — Époque grecque.

1165. Argent. — Haut. o m. o32.

La déesse hippopotame, Thouéris (cf. n°s 692 et suiv., p. 147), debout sur les pattes de derrière, marchant. — Époque grecque.

1166. Argent. — Haut. o m. o61.

La déesse Mout (cf. n°s 375-378, p. 104-105), coiffée du pskhent; debout, les jambes réunies, les bras tombant le long du corps. Mauvaise facture. — Époque grecque.

1167. Argent. — Haut. o m. o38.

Isis debout, son hiéroglyphe sur la tête; elle marche, les bras tombants le long du corps. — Époque grecque.

1168. Argent. — Haut. o m. o36.

Amon (cf. n°s 371-374, p. 103-104) debout, marchant. Il a perdu les deux plumes de sa couronne. Facture assez fine. — Époque grecque.

1169. Argent. — Haut. o m. o38.

Nephthys, debout, son hiéroglyphe sur la tête; elle marche, les bras tombant le long du corps. Facture assez fine. — Époque grecque.

1170. Argent. — Haut. o m. o35.

Horus, à tête d'épervier coiffée du pskhent, debout, marchant, les bras tombant le long du corps. — Époque grecque.

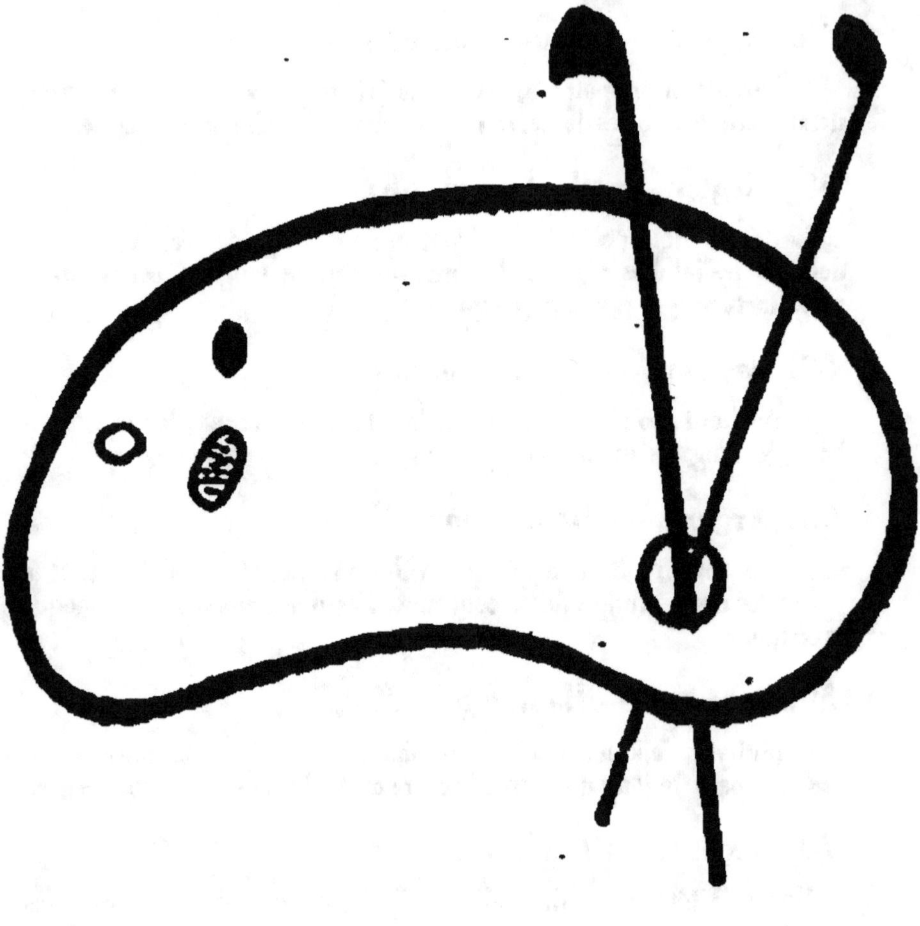

www.ingramcontent.com/pod-product-compliance
Lightning Source LLC
Chambersburg PA
CBHW071529220526
45469CB00003B/708
* 9 7 8 2 0 1 2 6 4 0 1 2 2 *